KB062545

에너지 혁명 2030

에너지 혁명 2030

토니 세바 지음 | 박영숙 옮김

교보문고

호세 코르데이로 Jose Cordeiro

싱귤래리티 대학교 교수, 밀레니엄프로젝트 베네수엘라 대표

"합리적으로 미래를 예측하는 것은 옳지 않다.
미래는 비합리적이기 때문이다. 이 얼마나 환상적인가?"

아서 C. 클라크 Arthur C. Clarke

토니 세바 스탠퍼드 대학교 겸임교수는 에너지 분야의 세계적인 전문
가다. 특히 태양광 연구에 수십 년을 투자했다. 10년 전, 당시에는 비
합리적인 주장처럼 보였던 그의 태양광 에너지 전면 부상의 예측이
이미 실현되고 있다. 2030년까지 태양 에너지의 시대가 오며, 새로이
등장하는 자동차는 모두 전기차, 자율주행자동차가 될 것으로 예측
하고 있다. 현재 전 세계 에너지 생산의 1%만이 태양에 의존하고 있
는 탓에 2030년까지 100% 태양광에너지 달성이 불가능해 보일 수
있다. 하지만 이 책에서 저자가 제시하는 다양한 사례와 설명을 보면
이를 수긍할 수밖에 없다. 에너지뿐만이 아니다. 현재 점유율 1%인
전기차와 0%인 자율주행자동차가 2030년에는 각각 100%인 시대가
온다.

이 책은 앞으로 20년 동안 에너지와 교통산업의 발전을 예측하

는 혁명적 내용을 담고 있다. 에너지와 교통운송 산업의 경제적 가치는 에너지산업이 8조 달러, 교통산업이 4조 달러로 이 엄청난 수치의 파괴를 말하고 있는 것이다. 현존하는 기업이나 산업이 소멸하고 완전히 다른 산업이 부상한다. 토니 세바 교수는 《솔라 트릴리언스Solar Trillions》라는 책에서 이미 태양 에너지의 기하급수적인 성장을 언급한 바 있다. 그의 2010년의 예측은 놀랄 만큼 정확했다. 국제에너지기구 International Energy Agency, IEA가 기본적인 선형 예측을 하는 동안 토니 세바는 태양광 에너지의 생산과 비용이 기하급수적으로 감소해서 한계 비용이 제로가 되면서 그 사용량은 기하급수적으로 성장할 것을 예측하고 있다.

2030년, 석유 시대에서 태양광 시대로의 변화는 정말 가능한 것인가? 사우디아라비아의 석유 시대를 풍미한 세이크 아메드 자키 야마니Shaikh Ahmed Zaki Yamani 전 석유부 장관은 "분명히 그렇다"고 대답한다. 실제로 태양광 에너지에 드는 비용은 1970년대 이후 기하급수적으로 감소하고 있다. 태양광 에너지 생산의 기하급수적인 증가와 비용의 기하급수적인 감소로 몇 년 후에는 최소한의 비용으로 언제 어디에나 태양광을 설치할 수 있게 된다.

현재 인류가 소비하는 전력은 생산량의 절반이 낭비되고 있다. 특히 에너지를 운송할 때 80%가 낭비된다. 기술의 발전, 태양광에너지, 자율주행자동차 등이 이 에너지 낭비를 막을 수 있다. 에너넷Enernet은 에너지Energy와 인터넷Internet을 합친 신조어로, 네트워크화된 에너지가 전 세계를 연결해 소비량을 줄여주는 미래 에너지 시장을 말한다. 새로운 배터리, 가정용 에너지 저장고 특히 일론 머스크Elon Musk의 테슬라Tesla가 2015년 5월에 내놓은 배터리 파워월과 파워팩은 발전소를 소멸시키는 등 에너지 사용 문화를 송두리째 변화시킬 수 있다.

애플Apple, 페이스북Facebook, 구글Google, IBM, 이케아IKEA, 월마트Wal-Mart 등 글로벌 기업은 이미 청정에너지, 신재생에너지를 위한 모든 노력을 다할 것임을 공개적으로 발표했다. 30분 안에 자동차 한 대를 충전하는 테슬라의 충전기가 무료인 것처럼, 월마트 등의 대기업은 자사를 방문하는 소비자들에게 무료로 자동차를 충전해주는 전기자동차 충전기를 설치할 것이라고 발표했다. 또 미국 정부는 2050년이 되면 모든 에너지는 재생에너지로 생산할 수 있을 것이라고 발표했다.

청정에너지로 인한 화석연료와 원자력 에너지의 붕괴는 경제적이고 효율적이며 값싸고 풍부한 에너지로의 이동을 의미한다. 사람들이 유선전화에서 휴대폰 시대로 넘어가듯이, 이제 에너지는 화석연료에서 태양광에너지로 이동하게 된다. 이것은 모든 인류뿐 아니라 지구환경을 위하는 변화이기도 하다.

옮긴이의 글 ————

박영숙

유엔미래포럼 대표, 《유엔미래보고서》 저자

"세계의 모든 군대는 생각하는 것만큼 강력하지 않다."

빅토르 위고 Victor Hugo

세계의 미래 예측 동향을 한국에 소개하는 《유엔미래보고서》를 내면서 나는 많은 미래학자들과 교류해왔다. 그 중에서도 최근 몇 년간은 우리 생활에 가까이 있고 거대하며, 절대 사라지지 않을 것만 같은 거대한 산업이자 기업인 전력회사, 자동차회사들이 2030년이 되면 사라질 것이라는 예언을 하는 전문가를 만나 그의 이야기에 새롭게 눈뜬 기분이었다. MIT 출신으로 실리콘밸리에서 오랫동안 활동한 토니 세바는 1990년대 초반에 이미 인터넷 기기의 전 세계적 보급을 정확히 예측했었다. 그리고 현재 스탠퍼드 대학교에서 차세대 자동차와 에너지에 대해 강의하는 그는 에너지와 자동차의 판이 조만간 완전히 뒤바뀔 것이라고 자신 있게 이야기한다.

토니 세바의 예측이 특히나 놀라운 것은 차세대 에너지로의 전환의 이유가 순전히 경제적인 이유라는 점이다. 많은 미래학자들은 그

동안 핵심 에너지로 세기를 풍미했던 화석연료 에너지가 태양광이나 그 밖의 대체에너지로 넘어가는 데는 피크오일로 인한 석유의 고갈, 기후 변화로 인한 환경 파괴 등 불가피한 변화를 계기로 들었다.

피크오일의 시기는 국가별로 다르지만 세계적인 산유국인 중동의 석유가 정점을 맞는 시기는 2025년경으로 예상되고 있다. 피크오일 뒤에 산유량이 급격히 감소하는 것은 아니지만, 전 세계적으로 에너지의 가장 큰 부분을 차지하는 석유가 줄어든다는 압박감에 산유량을 줄이려는 공급자와 비축량을 늘리려는 수요자의 치열한 공방 속에 석유 가격은 폭등과 폭락을 거듭하며 요동칠 것이다. 이렇게 되면 피해는 고스란히 소비자에게 넘어간다. 뿐만 아니라 한정된 자원인 석유를 계속해서 지금처럼 쓰다가는 21세기를 넘기기 전에 바닥날 것이 뻔하다.

한편 화석연료가 온난화의 주범으로 꼽히고 있는 지금, 1961년 대비 지구 평균기온이 2021년에 $1°C$ 상승, 2041년에 $2°C$, 2054년에 $3°C$, 2070년에 $4°C$로 상승한다는 예측이 나왔다. 하루 일교차만큼도 안 되는 $1\sim4°C$가 큰 문제가 있을까 싶지만, 전문가들에 의하면 이것만으로 지구의 허파인 열대우림이 소멸하고 많은 해안지대가 수몰되며, 육지는 사막화되어 사람이 살기 어려운 환경이 된다. 그러니 화석연료에너지를 버리는 일은 인류의 생존을 위해서도 반드시 필요하다.

이처럼, 에너지의 세대교체가 이루어져야 하는 절박한 이유가 두 가지나 있다. 그럼에도 석유회사들의 로비는 끊이지 않고 차세대 에너지로의 전환은 좀처럼 이루어지지 않을 것이다. 그러면 어떤 계기가 있어야 자연스러운 에너지 전환이 이루어질까? 안전하고 청정하며 무한한 에너지가 현재의 화석연료 에너지보다 저렴하다면 어떨까?

더 좋은 에너지를 더 저렴하게 이용할 수 있다면 소비자의 이동은 자연스럽게 이루어질 것이다. 어떤 보조금도, 기업의 로비로도 이 흐름을 막지는 못할 것이다. 저자의 예측이 바로 이것이다. 지금은 태양광을 에너지로 변환시키는 반도체 패널의 기술이 발전 중이고 아직 비싸며, 이를 저장해줄 배터리 역시 기능이나 수명, 가격 면에서 경쟁력이 떨어지는 것이 사실이다. 하지만 이 모든 기술은 실리콘밸리에서 나오는 정보기술information technology, IT의 산물이다. 정보기술은 무어의 법칙에 지배된다. 마이크로프로세서 기술이 매년 약 41% 개선된다는 이 법칙에 따라 저자는 마이크로프로세서의 성능이 20년 전에 비해 1,000배, 그리고 40년 전에 비해서는 100만 배 향상되어 왔다고 말한다. 기하급수적인 기술 개선비율은 태양광에너지에도 적용된다. 즉 태양광에너지로의 전환은 시간문제다.

미래학자라면 누구라도 밝은 미래만을 예측하고 소개할 수 없다. 모든 밝은 면에는 반드시 반동이나 부작용이 따르기 마련이다. 편리한 자동차의 대중화 뒤에 사고로 인한 인명피해가 따라붙은 것처럼, 화석연료로 인한 우리 삶의 개선 뒤에는 지구 온난화와 같은 무서운 미래가 있다. 그런데 미래는 예측 가능하다면 대응도 가능하다. 그것이 미래학자들이 열심히 미래를 예측하는 이유 가운데 하나다.

에너지 전문가인 토니 세바는 태양광 기술의 현황과 2030년까지의 미래를 예측해 차세대 에너지로 각광받을 태양광이 어떻게 기존의 석유, 원자력, 석탄, 천연가스 등을 제치고 미래 중심 에너지로 자리 잡을지 설명하고 있다. 특히 기존의 각 에너지에 어떤 장단점이 있는지 그동안 우리 눈을 가리고 있던 로비 정황들과 세금으로 나가는 보조금, 위험성 등을 적나라하게 공개한다. 저자의 설명대로라면 우리가 안전하고 무한하며 저렴한 태양광 에너지로 나아가는 길은 그리 멀고 어렵지는 않을 것으로 보인다.

한편 차세대 자동차 기술에도 관심이 많은 저자는 소위 무인자동차, 즉 자율주행자동차 기술을 집중적으로 소개하고 이 기술과 함께 찾아올 전기자동차에 대해서도 몇 장을 할애해 소개하며, 이 기술들이 바꿀 미래 풍경을 보여준다. 소유에서 공유의 개념으로 넘어가는 자동차와 함께 더 좁아지는 도로 폭, 더 낮아지는 사고율, 더 효율적인 에너지 소비, 러시아워가 사라지고 주차난이 해결되는 미래의 모습이다.

우리 역시 이런 미래를 향한 발걸음에서 떨어져 있거나 눈 돌리고 있어서는 안 된다. 내가 이 책을 독자 여러분에게 소개하는 데는 그런 경각심을 불러일으키고자 하는 바람이 담겨 있다. 이 책을 읽고 소비자는 물론 우리 기업들도 에너지와 자동차의 전환에 한 발 앞서 대비하기를 바란다.

| 목차 |

서장

에너지와
석기시대

━━━━━ 한 시대가 암흑시대라고 불리는 것은 빛을 밝히지 못해서가 아니라 사람들이 보기를 거부했기 때문이다. 제임스 미치너 James Michener ━━━━━ 외부에서 오는 변화의 비율이 내부의 변화 비율보다 높다면, 종말이 가까워진 것이다. 잭 웰치 Jack Welch ━━━━━ 누군가가 그것을 해내기 전까지는 언제나 그것은 불가능한 일이라고 여겨진다. 넬슨 만델라 Nelson Mandela

인류가 돌을 다 써버렸기 때문에 석기시대가 종말을 맞이한 것은 아니다. 석기시대가 끝나게 된 것은 더 나은 기술인 청동기가 석기를 몰아냈기 때문이다. 바위는 사라지지 않았다. 청동기시대를 맞아 도구를 만드는 목적으로 더는 쓰이지 않게 되었을 뿐이다.

마차 시대가 끝난 것은 말이 없어졌기 때문이 아니다. 내연기관 휘발유와 디젤이라는 상위의 기술을 가진 자동차와 20세기의 새로운 비즈니스모델이 마차 운송산업을 무너뜨렸기 때문이다. 말은 아직 사라지지 않았다. 대중 운송수단의 목적으로 더는 쓰이지 않게 되었을 뿐이다.

현재의 석유, 가스, 원자력의 시대는 석유나, 천연가스, 석탄, 우라늄이 고갈되기 때문에 종말을 맞게 되지는 않을 것이다. 상위의 기술과 제품 구조, 비즈니스모델이 이러한 시대를 지탱하고 있는 에너지 자원, 제품, 비즈니스모델을 무너뜨릴 때 종말을 맞을 것이다. 태양력, 풍력, 전기자동차, 자율주행자동차 등의 새롭고 강력한 기술은 우리가 알고 있는 에너지산업을 무너뜨리고 붕괴시킬 것이다.

원자 기반 산업을 무너뜨린 비트 기반 기술을 창조한 실리콘밸리의 생태계는 이제 비트-전자 기술을 창조해 원자 기반 에너지산업을 무너뜨릴 것이다.

석유와
자동차 시대의
끝

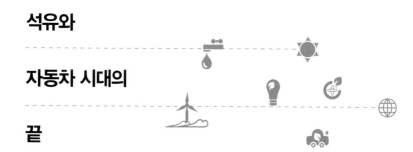

20세기 인류의 편리한 삶은 자동차를 비롯한 각종 기계와 화석연료로 만들어내는 풍부한 에너지를 기반으로 이루어졌다. 하지만 100년의 편리함 뒤에 21세기에서 다시 살펴보면, 편리함만큼 많은 부작용도 따랐다. 자동차로 인한 매연, 교통사고로 인해 높아진 사망률, 화석연료를 태우면서 생기는 온실가스로 인한 온난화와 기후 변화, 에너지를 만드느라 일어나는 물 부족, 그리고 이제 화석연료의 고갈 역시 눈앞에 다가왔다. 이 시점에서 인류의 편안한 삶을 상징하는 에너지에 어떤 변화가 찾아올지 미래를 예측해보고 이에 대비할 필요가 있다.

이것이 우리가 이 책에서 2030년 시점의 에너지 시장을 살펴보는 목적이다. 먼저 기존의 에너지가 어떻게 끝나는지부터 차근차근 살펴보겠다.

정보기술은 새로운 운송수단과 지식 기반 에너지의 길을 열어주었다. 이 말은 비트 기반 기술과 전자 기반 기술의 결합이 전통적인 원자 기반 에너지와 운송산업에 종말을 가져오게 된다는 뜻이다. 기존의 에너지와 운송산업의 붕괴는 완전하고 깨끗하게 이루어질 것이며 다음과 같은 특징을 갖게 될 것이다.

1. 기술 기반 붕괴

'완전한 붕괴'란 디지털비트과 청정에너지전자 기술이 자원화석연료 기반 산업을 붕괴시키는 것이다. 청정에너지태양. 풍력는 무료다. 청정 운송수단은 태양과 바람에서 얻은 전력을 사용한다. 기존 에너지 붕괴의 핵심은 청정에너지의 변환, 관리, 저장, 공유기술의 발달로 원가가 기하급수적으로 낮아지는 데 있다.

2. 에너지 구성의 전환

인터넷과 휴대폰이 정보의 구조를 뒤집어놓은 것과 마찬가지로 기존 에너지의 '완전한 붕괴'는 오늘날 우리가 알고 있는 것과는 다른 에너지 구조를 만들게 될 것이다. 현존하는 에너지는 거대 기업에 의해 중앙집중식으로 이루어지고 통제적이며, 자원을 추출하는 비밀스러운 구조다. 하지만 새로운 에너지 구조는 분산, 모바일, 지능형, 참여형이 될 것이다. 이는 정보혁명 이전에 정보가 언론사 등에서 대중에게 일방적으로 오던 것이 정보혁명 이후에 대중이 참여해 정보를 전파하는 현재의 형태로 변한 것과 유사할 것이다.

3. 완전한 붕괴는 필연적 결과

에너지와 운송 분야의 완전한 붕괴는 대체에너지 기술의 기하급수적인 원가 개선, 새로운 비즈니스모델의 창조, 전력생산과 금융, 접근성의 민주화, 그리고 급속한 시장의 성장을 고려할 때 필연적이다.

4. 상상 이상의 속도로 찾아오는 붕괴

2030년경에 완전한 붕괴가 이루어질 것이다. 어쩌면 더 빠를 수도 있다.

이때가 오면 석유, 천연가스, 석탄, 우라늄원자력은 발전 및 차량 연료로서의 위치를 상실하게 될 것이다. 그렇더라도 이 에너지의 용도는 여전히 남아 있을 것이다. 예를 들어 우라늄은 핵무기 제조에 사용될 것이고 천연가스는 주방용이나 비료 생산에 사용될 것이다. 완전한 붕괴가 현존하는 산업을 완전히 소멸시키지는 않는다는 뜻이다. 지금도 여전히 비닐 레코드와 범선, 주크박스가 존재하는 것처럼 말이다. 틈새시장 상품은 생존할 것이다. 다만 에너지와 운송산업이 오늘날처럼 수조 달러의 에너지 자원이 되지는 않을 것이다.

앞으로 20년 안에 우리는 연간 8조 달러 규모인 기존 에너지산업의 충격적인 결말을 보게 될 것이다. 에너지산업 붕괴의 첫 번째 파도는 태양광과 풍력발전의 확산으로 이미 시작되었다. 그리고 첫 번째 파도에서 살아남은 것들을 파괴할 다음 파도가 머지않아 다가올 것이다.

운송산업은 전 세계적으로 4조 달러에 이르는 산업으로 에너지와 불가분의 관계다. 앞으로 설명하겠지만 내연기관자동차는 조만간 사라질 것이며, 그에 따른 파괴적 충격파가 석유산업을 덮칠 것이다. 100년이 넘은 자동차산업을 사라지게 할 첫 번째 파도는 전기자동차에서 시작되고 있다. 두 번째 파도는 자율주행자동차이며, 첫 번째 파도가 파괴를 끝내기 전에 밀어닥칠 것이다. 이로써 운송산업은 완전히 달라질 것이다.

이 책에서는 지난 100년 동안 거의 진화하지 못한 에너지산업이 새로운 기술 기반 인프라와 제품 서비스군에 의해 어떻게 소멸해갈지 설명할 것이다.

코닥의 운명을

맞이할

자동차

완전한 붕괴의 힘을 이해하기 위해 21세기에 들어서 실리콘밸리에 의해 붕괴된 필름사진 산업을 살펴보자.

필름사진 시대가 종말을 맞은 것은 우리가 필름을 다 소모해서가 아니다. 우리는 필름이나 필름 카메라를 생산하는 데 필요한 어떤 요소도 다 써버리지 않았다. 필름사진은 선도 기업이었던 코닥, 후지필름이 경쟁할 수 없었던 디지털 이미지 기술의 급속한 발전과 정보기술, 비즈니스모델의 붕괴, 참여적 문화로 인해 파괴되었다.

20세기 사진산업의 선두주자였던 코닥의 비즈니스모델은 사람들이 카메라 셔터를 누를 때마다 돈을 버는 것이었다. 셔터를 누를 때마다 필름을 소모하게 된다(코닥은 돈을 번다). 필름은 특정한 인화지를 사용해 인화한다(코닥은 돈을 번다). 인화지에 사진을 인쇄하기 위해서는 사진 전용 프린터, 즉 인화기가 필요하다(코닥은 돈을 번다). 2

배 크기의 사진이나 사진 두 장을 원하는가? 코닥은 계속 돈을 번다.

디지털카메라는 이러한 방정식을 변화시켰다. 디지털카메라를 소유하면 사진을 찍는 데 들어가는 추가 한계비용은 기본적으로 제로가 된다. 사용자는 필름을 살 필요가 없고 인화할 필요가 없다. 그저 컴퓨터에 파일들을 넣어놓고 즐기면 된다. 카메라 메모리나 USB 드라이브를 지우면 원하는 만큼 사진을 찍을 수 있고 원하는 만큼 컴퓨터에 넣어놓고 즐길 수 있다. 이는 반영구적으로 반복된다.

에너지와 운송 관련 기업도 코닥과 비슷한 비즈니스모델을 가지고 있다. 현재 우리는 전등 스위치를 한 번 켤 때마다 전력회사에 돈을 지불한다. 스위치를 켜는 일은 석탄, 석유, 가스 또는 우라늄을 소비하고 자원 기반 에너지 공급회사들은 돈을 번다. 우리는 또 자동차의 가속페달을 밟을 때마다 석유산업에 돈을 지불한다. 휘발유를 천연가스나 에탄올로 대체하는 것으로는 비즈니스모델을 바꾸지 못한다. 가속페달을 밟을 때마다 연료가 여전히 소모되며 에너지산업에 돈이 지불된다.

하지만 태양과 풍력발전은 디지털카메라가 필름카메라의 방정식을 바꾼 것과 같은 방식으로 에너지 방정식을 바꿀 것이다. 옥상에 태양광발전 설비를 설치하고 나면 추가적인 한계비용은 기본적으로 제로가 된다. 태양광이나 바람은 공짜이기 때문이다. 스위치를 켜는 일이 아무것도 태우지 않으며 전력회사에 돈을 지불해야 할 필요도 없다.

이것은 옥상 위의 태양광발전에만 해당하는 것은 아니다. 대규모의 태양광이나 풍력발전 설비는 경쟁 도매전력 시장의 방정식을 변화시킨다. 태양광, 풍력발전 설비의 한계비용은 제로다. 3장에서 한계비용 제로가 석탄, 원자력, 가스, 석유를 이용하는 전력회사들을 어떻게 붕괴시키고 있는지에 대해 더 자세히 설명할 것이다.

코닥과 필름사진 공급체인은 디지털사진과 경쟁하기 위해 노력했다. 예를 들면 코닥은 며칠씩 걸리던 인화 시간을 몇 시간으로 줄이는 기술을 개발했다. 하지만 디지털 사진은 기술 자체일 뿐 아니라 비즈니스모델 혁신이 수반되는 것이었다. 새로운 비즈니스모델에 의하면 디지털 사진의 한계비용은 제로였다. 코닥은 이런 비즈니스모델과는 경쟁할 수 없었다.

디지털 사진이 전통적인 사진을 붕괴시킨 이야기는 코닥에서 끝나지 않는다. 파괴의 다음 파도는 온라인에 사진을 올리고 공유하는 일을 쉽게 만들어주는 플리커Flickr에서 시작되었다. 사진을 업로드하고 저장하는 비용이 제로가 된 것이다. 피카사Picasa 같은 회사들은 사진들을 컴퓨터와 온라인에 쉽게 저장할 수 있도록 해준다. 다시 한 번 말하지만 사진이 추가될 때마다 드는 비용은 제로다.

다음으로 소셜미디어의 파도가 밀려왔다. 페이스북Facebook은 세계에서 가장 큰 사진 게재 업체가 되었다.

얼마 지나지 않아 스마트폰의 파도가 밀려왔다. 스마트폰 카메라는 독립형 카메라와 비슷할 정도로 성능이 좋거나, 적어도 일상적인 사진을 찍기에는 충분한 성능을 가지고 있다. 사진을 찍고 가공하고 즉시 온라인에 올리는 일을 스마트폰만으로 전부 할 수 있게 되었다. 10여 명의 직원이 있는 샌프란시스코의 신생기업 인스타그램Instagram은 불과 몇 달 만에 세계에서 가장 빠르게 성장하는 사진 게재 기업이 되었다. 페이스북은 소셜네트워크 분야에서 실제적인 위협이 되기 전에 인스타그램을 10억 달러에 인수했다.

나는 사진업계에서 일어난 일과 다른 많은 산업 분야에서 일어날 일들을 '파괴적인 파도' 또는 '붕괴를 가져오는 파도'라고 부른다. 이러한 파도는 매 세기마다, 또는 매 세대마다 일어나곤 했다. 컴퓨터 산업에서는 파괴적인 파도가 더 잦아서 10년 정도의 주기로 닥쳐온다(자료 0-1 참조).

우리는 현재 영속적인 붕괴의 시대에 살고 있다. 붕괴를 일으키는 기업들이 이전의 기업들을 물리치고 승리를 축하하자마자 다음 파괴자들이 일으키는 파도의 목표가 되고 있다.

소니가 디지털카메라로 코닥과 후지에게 거둔 승리를 축하하기 시

[자료 0-1] 정보산업의 파괴적인 파도

1세대 정보기술 대형 컴퓨터	2세대 정보기술 퍼스널 컴퓨터	3세대 정보기술 인터넷 컴퓨팅	클라우드 컴퓨팅	4세대 정보기술 스마트 플래닛
공급자 중심	구매자 중심	글로벌 에코 시스템	불균형적인 가치 네트워크	
·공급자 중심의 시장 ·제한된 시장 경쟁	·구매자 패턴으로 이동 ·구매자에게 도달하기 위한 채널로 변화	·글로벌 네트워크 ·고정된 조건으로 정체된 모형 ·중앙 집중식 제어 ·시장 공급업체의 대규모 증가	·지역화된 바이럴 네트워크 ·고객 중심 ·분산 제어 ·지역 브랜드 가치 극대화 ·공동 시장 진출 ·전략 협력 당사자 ·공유하고 결과를 함께 책임진다	

작하자마자 플리커와 같은 웹포토 기업들이 상품화되었다. 그 사이 플리커는 야후에게 인수되었고, 플리커의 종업원들이 샴페인을 터뜨리는 동안 플리커 포토사이트는 페이스북과 같은 소셜미디어 허브 기업에 의해 붕괴되었다. 페이스북은 인스타그램의 위협을 받았다. 이제 인스타그램과 페이스북은 스냅챗SnapChat에 의해 선도되고 있는 또 다른 파도의 위협을 받고 있다.

에너지와 운송산업의 붕괴를 선도하고 있는 것은 오늘날 우리가 알고 있는 세 가지 주요 기술 기반 상품의 조합이다.

1. 태양광
2. 전기자동차
3. 자율주행자동차

태양광발전은 모든 형태의 전통적인 에너지산업을 붕괴시키고 있다. 태양광발전은 이미 원자력발전보다 발전 원가가 낮다. 태양광발전 원가는 독일의 베를린에서 스페인의 세비야, 미국의 팔로알토에 이르는 수백 개의 시장에서 다른 전력의 소매가격보다 저렴하다. 일부 시장에서는 태양광 전력이 도매가격을 40%가량 낮추었다.

태양광패널 제조기업들은 전형적인 기술 원가곡선에 따라 원가를 154분의 1로 감소시켜왔다. 기술기업들은 원가를 기하급수적으로 낮추는 동시에 품질을 기하급수적으로 높이고 있다. 디지털카메라, 디스크드라이브, 마이크로프로세서, 라우터, 휴대폰을 지배하는 경제학이 이제 태양광 기술 발전을 지배하고 있다.

전기자동차는 이미 내연기관자동차보다 우수하고 빠르며 안전해지고 있다. 또한 전기자동차는 운영비와 유지보수비가 저렴하다. 현재 전기자동차의 가격이 비싼 것은 배터리 가격 탓이다. 다른 기술 상품과 마찬가지로 전기자동차의 기술비용곡선은 조만간 급격히 내려가기 시작할 것이다. 혁신적인 비즈니스모델이 휘발유자동차에서 전기자동차로 바뀌는 현상을 가속화할 것이다. 그 결과 내연기관자동차 기업들은 코닥이 겪었던 순간을 맞이할 것이다. 2025년이 되면 휘발유자동차는 전기자동차와 더 이상 경쟁할 수 없다.

자율주행자동차는 곧 사람이 운전하는 자동차보다 우수하고 빠르고 저렴하며 안전해질 것이다. 자율주행자동차가 가져올 파괴적인 파도는 휘발유자동차산업과 석유산업의 마지막 자취를 쓸어버릴 것이다.

거대하고 일방적인 에너지에서

모두가 참여하는

에너지로

청정에너지 분야에서 파괴자태양광, 전기자동차, 자율주행자동차들은 서로 보완하면서 각자 점유율을 높이는 과정을 가속화할 것이다. 이런 이유 때문에 오늘날의 에너지와 운송 부문의 붕괴는 역동적이다.

휴대폰, 컴퓨터, 인터넷을 생각해보자. 이들은 서로 다른 시장에서 서로 다른 상품군으로 시작되었다. 그러나 이들의 공생은 시장에서 서로 보완하면서 각자 점유율을 높이는 과정을 가속화했다. 휴대폰, 컴퓨터, 인터넷 라우터 공급자들은 모두 마이크로프로세서, 그래픽 프로세서, 데이터 저장장치, 접속장치를 더 작고 강력하게 만들고 에너지 효율적인 모듈화를 위한 연구개발과 투자에 혜택을 받았다. 마침내 본질적으로 서로 다른 산업들이 융합되었다. 이들은 함께 거대한 모바일컴퓨팅 인프라를 구축했다. 모바일컴퓨팅 인프라는 컴퓨터, 휴대폰, 스마트폰, 태블릿 컴퓨터에서 클라우드 컴퓨팅 서비스를 제공하는 데이터센터까지 망라한다. 이 기술들은 오래된 산업들을 붕괴시키고 전 세계 수십억 인구의 삶을 개선하고 있다.

붕괴는 파도처럼 다가온다. 서로 다른 등급의 컴퓨터에서 이러한 붕괴 현상을 관찰할 수 있다. 일반 컴퓨터의 판매는 감소했으며 스마트폰과 태블릿 같은 모바일인터넷 플랫폼의 판매는 증가하고 있다. 기술 시장의 변화는 더 신속해질 수도 있다. 노트북 컴퓨터의 보급이 5,000만 대에 이르기까지 12년이 걸렸고, 스마트폰의 보급이 5,000만 대에 이르기까지는 7년이 걸렸다. 반면 태블릿의 보급이 5,000만 대에 이르기까지는 불과 2년밖에 소요되지 않았다.

마이크로소프트Microsoft의 운영체제operating system, OS인 윈도즈를 탑재한 컴퓨터는 애플Apple의 아이오에스iOS를 갖춘 아이폰과 구글 Google의 안드로이드를 갖춘 스마트폰에 의해 퇴출당하고 있다. 애플의 태블릿 컴퓨터 아이패드는 큰 성공을 거두었고 나머지 제품들은 아직 애플을 따라잡기 위해 노력하고 있다. 유튜브의 트래픽 가운데 모바일 인터넷이 차지하는 비율은 2011년 6%에서 2012년 25%, 2013년에는 40%로 증가하고 있다.

태양광발전, 전기자동차, 자율주행자동차는 서로 다른 상품군과 시장에서 출발했다. 하지만 이들의 공생은 서로의 기술 발전과 시장 적용성을 보완해주며 가속화할 것이다.

자동차산업의 전기저장 기술에 대한 투자 확대는 리튬이온 배터리의 기술 혁신과 가격 인하를 가져오고 있다. 리튬이온 배터리가 저렴해지면 사용이 증가해 태양광발전과 풍력발전의 에너지 저장장치로 널리 이용될 것이다. 저장이 가능해지면서 태양광발전과 풍력발전의 수요가 증가하면 리튬이온 배터리 공급자의 규모가 커질 것이고 이는 다시 전기자동차, 태양광발전과 풍력발전의 원가를 낮춰줄 것이다.

전기자동차와 태양광발전의 수요 증가가 이러한 기술 분야에 더 많은 투자를 유인할 것이다. 수요 증가에 따른 투자 확대와 이에 따르는 혁신의 증가로 이어지는 선순환은 비용을 급속히 낮춰주고 청정에너지와 청정 운송산업 모두에 혜택을 주어 품질을 기하급수적으로 개선할 것이다. 또한 배터리에 융합된 기술은 운송산업과 전력망 저장장치에 사용될 것이다. 전기자동차는 주행 중에도 충전할 수 있으며, 집에서 자동차에 저장된 전기를 사용하는 것도 가능하므로, 자동차가 에너지원의 하나가 될 것이다. 이 모든 결과로 석유를 이용한 운송에서 전기를 이용하는 운송으로 빠르게 바뀔 것이다.

자율주행자동차는 인공지능, 센서기술, 그래픽 처리기술, 로봇기술, 광대역 무선통신, 첨단소재, 3D 시각화 기술, 라이더LIDAR: 레이저 레이더, 3D 프린팅과 같은 기술 발전의 혜택을 입고 있다.

오늘날 구글의 자율주행자동차는 라이더 3D 시각화기술을 사용하고 있다(5장 참조). 라이더는 임업, 고고학, 지진학 등 여러 분야에서 사용되는 고해상도 지도를 만드는 데 활용되는 기술이다. 예를 들어 미국해양대기청National Oceanic and Atmospheric Administration, NOAA은 라이더를 이용해 자료를 수집하고 3차원 해안지도 제작 도구를 개발하고 있다. 이 도구가 완성되면 미국 해안에 일어나는 파도의 범람과 폭풍을 지금보다 정밀하게 지도화해 보여줄 것이다.

케임브리지, 매사추세츠, 샌디에이고, 캘리포니아에 이르는 여러 도시들이 라이더를 이용해 도시계획, 건축과 디자인에 사용되는 '버즈 아이 뷰' 3D 지도를 만들고 있다. 또 3D 구글어스 지도는 마치 심시티처럼 원하는 빌딩을 확대하거나 다른 각도에서 볼 수 있으며 새로운 집이나 병원, 공원을 가상으로 디자인할 수 있게 해준다.

라이더는 해안 주민들을 보호하기 위해 지진 단층선을 추적하며, 도시계획 입안자들에게 도시 설계에 유용한 자료를 제공한다. 또한 지방의 태양광 잠재력을 더욱 정확하게 측정해 빌딩 옥상에 설치하는 태양광 설비 설계에도 이용할 수 있다. 매사추세츠 공과대학 Massachusetts Institute of Technology, MIT의 연구에 따르면 정확한 태양광발전량 예측으로 비용을 10.8% 감축할 수 있다고 한다. 라이더는 바람의 속도, 방향, 강도를 측정해 설계자에게 풍력발전소의 설계와 운영관리를 개선해줄 자료를 제공할 수 있다.

라이더는 자율주행자동차와 전기자동차, 태양광발전과 풍력발전에 응용 가능한 획기적인 기술 발전의 한 예다. 자율주행자동차의 시장이 커지면 라이더의 수요도 커질 것이고 라이더에 대한 연구개발 투자도 늘어나게 될 것이다. 이러한 요소들의 결합으로 라이더의 가격은 낮아질 것이고 그 결과 자율주행자동차뿐만 아니라 태양광과 풍력발전 산업에도 도움이 될 것이다.

자율주행자동차는 기본적으로 모바일 컴퓨터이기 때문에 데이터 저장, OS와 응용소프트웨어, 통신과 그래픽 가속 등 현존하는 실리콘밸리의 컴퓨팅기술과 통신기술 발전의 도움을 받고 있다.

실리콘밸리 닛산연구소의 미타무라 다케시 소장은 "자율주행자동차의 기본적 플랫폼은 전기자동차"라고 말했다. 닛산Nissan은 2020년까지 자율주행자동차를 시장에 선보일 것이라고 발표했다.

에너지,

비즈니스모델의 혁신

정보기술혁명은 권력과 지성을 중심에서 가장자리로 이동시켰다. 불과 30년 동안에 대형 컴퓨터에서 소형 컴퓨터로, 다시 데스크톱 컴퓨터에서 휴대폰과 태블릿으로 이동했다. 신경마디들은 더 작아지고 더 많이 연결되었으며 더 똑똑해졌다. 이제 1조 개의 센서가 존재하는 세상이 눈앞에 와 있다.

정보기술혁명은 소형화 기술만을 가져온 것은 아니다. 공급자 중심, 중앙집중식 정보 모델에서 사용자 중심, 참여적 정보 모델로의 변화를 가져왔다. 21세기의 디지털 소비자들은 인터넷과 스마트폰에 의해 권한을 가지게 되었다. 과거에 한두 개의 신문을 볼 수 있었던 소비자들이 이제는 세계 어디에서나 정보를 얻을 수 있다. 신문은 사라지지는 않았지만 깊은 상처를 입었고 쇠약해졌다. 대신 대중이 콘텐츠 생산 및 배포에 참여하도록 만든 회사들은 충분한 보상을 받왔다. 페이스북, 트위터Twitter, 링크드인LinkedIn과 같은 회사를 예로 들수 있다.

에너지산업도 이와 다르지 않을 것이다. 에너지와 운송 부문은 정보기술의 발자취를 따라 참여적 에너지 모델로 신속하게 움직이고 있다. 우리가 에너지 생산과 소비의 분산적 구조로 나아갈 수 있는 것은 소프트웨어, 센서, 인공지능, 로봇공학, 스마트폰, 모바일 인터넷, 빅데이터, 분석서비스, 위성, 나노기술, 전기저장기술, 재료과학, 그리고 급속도로 발전하고 있는 여타 기술들 덕분이다.

태양광발전은 에너지 생산을 중심대규모, 중앙 집중, 거점 중심의 발전소에서 가장자리소비자가 있는 곳로 이동시키고 있다. 신경마디들은 더 작아지고 더 많이 연결되었으며 더 똑똑해졌다.

모든 최종소비자가 에너지 발전, 저장, 관리, 거래에 참여할 수 있는 참여적 에너지 시대가 오는 것이다.

수확체증의 태양광 vs.

수확체감의 화석연료

최근 에너지산업에서는 새로운 자원 채굴 방식인 수압파쇄법fracking 을 도입했다. 수압파쇄를 위해서는 하나의 원유 또는 가스 시추공에 수백 대의 트럭, 수백만 톤의 물, 수 톤의 모래와 수백 가지의 화학물 질을 땅속으로 분사해야 한다. 또한 가스를 저장하고 선적하기 위해 수천 마일의 파이프라인과 가스를 액화하거나 압축할 수 있는 거대 한 공장이 필요하다. 그뿐만 아니라 가스를 다시 발전소에 공급하기 위한 파이프라인과 가스압력을 낮추는 거대한 설비도 필요하다. 이 모든 루브 골드버그 장치Rube-Goldberg-device: 최소의 결과를 얻기 위해 몹시 어렵고 복 잡하게 만드는 장치. 루브 골드버그의 만화에 나오는 밥 먹여주는 기계 등을 의미가 완성된 뒤에 비 로소 발전을 시작할 수 있다.

하지만 이렇게 만든 시추공에서 나오는 수확은 끌어올리자마자 그 양이 줄어들기 시작한다. '풍부함'과 '에너지 황금시대'에 관한 모든 전망에도 불구하고 수압파쇄법을 적용한 시추공은 생산량이 1년 만에 60∼70% 감소한다.

업계에서는 이와 같은 고갈 현상을 '붉은 여왕 효과Red Queen Syndrome'라고 한다.루이스 캐럴Lewis Carrol의 소설 《거울 나라의 앨리스》에서 붉은 여왕이 앨리스에게 "여기서는 같은 자리에 있으려면 계속 달려야 해. 저쪽으로 가려면 지금보다 2배로 달려야 한다고"라고 말한다. 붉은 여왕 효과에 의해 현재의 생산량을 유지하려면 수백만 개의 새로운 수압파쇄 시추공을 뚫어야 한다. 이것은 수압파쇄에만 해당하는 현상이 아니다. 전통적인 시추 방식에서도 약 2년이 지나면 생산량이 절반으로 줄어든다. 채굴 경제학은 수확체감과 관련이 있다.

• 더 많이 퍼낼수록 하나의 시추공에서 나오는 생산량은 줄어든다.
• 더 많이 퍼낼수록 이웃한 시추공의 생산량은 줄어든다.
• 더 많이 퍼낼수록 에너지 생산 단위비용은 증가한다.

반면에 태양광발전, 전기자동차, 그리고 완전한 붕괴는 수확체증법칙에 관련된 것이다.

1936년 T.P 라이트T.P. Wright에 의해 항공산업에 학습곡선의 개념이 도입되며 처음 등장했다. 학습곡선이란 어떤 상품이나 서비스가 더 많이 생산될수록 더 빠르고 더 저렴해진다는 것이다. 공학자들은 많은 산업의 학습곡선을 측정했다. 공학자들은 학습곡선을 통해 예측할 수 있는 미래의 생산량에 따른 상품 원가를 계산할 수 있다. 예를 들어 조선산업의 학습곡선이 20%이고 첫 번째 선박 건조비용이 100달러라면, 생산량이 2배가 되면 원가는 80달러가 된다. 다시 생산량이 2배가 되면 원가는 64달러가 된다.

공학 서적에는 서로 다른 산업의 학습곡선이 나와 있다. 미국 과학자 연맹은 숫자를 학습곡선에 대입해 미래의 원가를 계산할 수 있는 온라인 계산기를 제공하고 있다.

태양광패널의 학습곡선은 22%다. 태양광패널 생산비용은 태양광 인프라가 2배로 늘어날 때마다 22%씩 감소한다. 시장의 수요가 늘어날수록 당신과 당신의 이웃은 더 싼 가격에 패널을 구매할 수 있으며 더 많은 이웃이 혜택을 받게 된다. 독일에서 태양광발전 설비가 지어질 때마다 캘리포니아에 사는 사람들이 더 낮은 비용으로 태양광발전 설비를 설치할 수 있게 되는 것이다. 호주에서 태양광패널이 판매될 때마다 남아프리카의 태양광패널 가격은 낮아진다. 낮아지는 원가는 새로운 소비자 모두에게 혜택으로 돌아간다.

사막에 광대한 태양광발전소가 건설되면 그 지역 사람들만 혜택을 받는 것이 아니라 미래에 태양광 전력을 사게 될 모든 사람에게 혜택이 돌아간다. 태양광패널의 수요가 증가할수록 낮아지는 원가는 모든 사람에게 적용된다. 태양광발전의 학습곡선으로 인해 태양광 시장은 더욱 성장할 것이며 원가는 갈수록 낮아질 것이다.

원유나 가스와 같은 기존 에너지에서는 학습곡선이 정반대로 나타난다. 지난 10년 동안 중국의 원유 수요가 급증하자 전 세계 원유 가격 역시 급등했다. 베이징의 원유 수요가 늘어나 팔로알토와 시드니의 휘발유 가격도 오른다.

이는 이론적 이야기가 아니다. 1970년 이래 태양광패널은 원유와 비교해 상대적으로 5,000배가 넘게 원가를 개선해왔다(7장 참조). 태양광 시장이 더욱 확대되는 2020년이 되면 원유와 비교해 1만 2,000배의 원가 개선이 이루어질 것이다. 에너지 자원 채굴 경제학은 수확체감의 법칙에 기초하고 있으므로 수확체증의 법칙에 기초하는 태양광과는 경쟁할 수 없다.

붉은 여왕 효과 탓에 화석연료 산업은 더 많은 시추공을 만들어야 하고 더 깊게 파야 하며 더 유독한 화학물질을 사용하기 때문에 더 많은 불모지를 만들게 된다. 화석연료 산업은 제자리에 있기 위해 이렇게 할 수밖에 없다. BP의 멕시코 만 원유 유출 사고나 앨버타 오일샌즈캐나다 앨버타 주에 있는 점토나 모래에 원유가 10% 이상 함유된 오일샌드 개발 지역의 흉물스러운 풍경은 이례적인 것이 아니다. 붉은 여왕의 말처럼 '제자리에 있기 위해서는 힘들게 달려야 하는 것'의 필연적인 결과일 뿐이다.

오늘날의 에너지와 자동차는 2030년엔 없다

전기자동차는 인터넷 연결, 모바일, 정보기술 플랫폼이다. 테슬라Tesla 의 모델 S는 무선으로 운영 시스템을 업데이트하거나 패치할 수 있다. 이 자동차는 3G망에 연결되어 있고 와이파이도 이용할 수 있다. 테 슬라 모델 S는 스마트폰이나 태블릿 컴퓨터와 크게 다르지 않다. 분 명한 것은 테슬라가 아버지 세대의 올즈모빌2004년 단종된 제너럴 모터스General Motors, GM의 자동차 브랜드은 아니라는 것이다. 그리고 더 명백한 것은 올즈모 빌 공장은 테슬라와 경쟁할 수 없다는 점이다.

전기자동차는 정보기술의 산물이며, 정보기술의 다른 산물들과 마찬가지로 무어의 법칙이 적용된다. 무어의 법칙은 마이크로프로세 서 기술이 매년 약 41% 개선된다는 것이다. 이 법칙에 따르면 매년 같은 돈으로 41% 향상된빠르고, 작아지고, 더 강력해진 컴퓨터를 살 수 있다.

이와 같은 성장이 여러 해 동안 누적되어 컴퓨터, 스마트폰, 태블릿과 같은 정보기술 기기들을 소유할 수 있게 되었다. 이러한 기술발전 속도는 마이크로프로세서의 성능이 20년 전에 비해 1,000배, 그리고 40년 전에 비해서는 100만 배 향상될 수 있었던 이유를 설명해준다. 기하급수적인 기술 개선비율은 실리콘밸리가 어떻게 지난 수십년 동안 기존 산업과 기업들을 파산시킨 기술들을 개발해낼 수 있었는지를 설명해준다.

기하급수적으로 개선되는 상품은 똑같이 기하급수적으로 개선되는 상품이 아니라면 경쟁할 수 없다. 만약 경쟁자의 개선 속도가 당신보다 빠르다면 당신은 끝장난 것이다. 파산 변호사가 당신의 문을 두드리는 것은 시간문제다. 코닥을 보라. 헨디의 법칙Hendy's Law은 이미지 시장에서 무어의 법칙에 비견할 수 있다. 1998년 코닥의 배리 헨디Barry Hendy가 발견한 이 법칙은 달러당 픽셀의 수가 18개월마다 2배가 된다는 것이다. 이를 연평균 성장률로 환산하면 59%가 되는데, 이는 무어의 법칙보다 속도가 빠르다. 디지털 이미지 시장에서 경쟁하기 위해서는 이 성장률을 극복해야 한다.

애플은 혁신적이고 잘 디자인된 상품으로 경쟁력을 갖춘 기업이다. 아이폰은 아름다운 디자인과 함께 기하급수적인 기술 발전을 보여준다. 아이폰 5S는 1세대 아이폰에 비해 40배 빠른 중앙처리장치 central processing unit, CPU 속도를 갖추고 등장했다. 이를 연평균 성장률로 계산하면 85%다. 그래픽 기술은 56배 개선되었는데 이는 96%의 연평균 성장률이다.

경쟁자들이 아이폰에 뒤지지 않기 위해서는 매년 같은 비용으로 그래픽 기술을 2배씩 개선해야 한다.

당신의 경쟁자가 무어의 법칙 곡선을 따르고 있는데 당신은 그렇지 못하다면 당신이 내놓는 상품은 곧 사라질 것이다. 당신의 회사가 붕괴하는 것은 시간문제일 것이다. 이는 산업계 안팎에 모두 적용된다. 노키아Nokia와 블랙베리Blackberry를 보라.

전기자동차의 발전 속도를 따라잡기 위해서 내연기관자동차 제조기업들은 더욱 빠른 기하급수 곡선을 타야 한다. 하지만 이는 사실상 불가능하다. 올즈모빌은 꾸준한 개선비율-매년 몇 %을 나타냈지만 결코 기하급수적 비율로 개선될 수는 없었다. 내연기관자동차는 끝이 보인다. 4장에서는 전기자동차의 파괴적인 파도가 다가오고 있는 여러 가지 이유에 대해 다룰 것이다.

대형화, 중앙집권화, 하향식, 공급자 중심의 에너지산업 역시 막다른 길에 몰려 있으며 모듈 방식, 분산화, 상향식, 개방형, 지식 기반, 소비자 중심의 에너지산업으로 대체되고 있다. 에너지산업의 붕괴는 자동차산업의 붕괴와 결부되어 도미노효과를 불러올 것이다. 화물운송, 공공 운수, 렌터카, 주차, 보험 등 많은 부문의 산업이 붕괴할 것이다. 도시계획과 토지이용계획 역시 급변하고 그 파장은 놀라운 결과로 나타날 것이다.

100년이 넘은 에너지와 운송산업은 붕괴의 정점에 있다. 변화는 이미 시작되었고 붕괴는 신속할 것이다. 기존의 에너지는 이미 구식이 되었거나 곧 구식이 될 것이다. 그들을 지탱해왔던 비즈니스모델은 태양광, 전기자동차, 자율주행자동차의 파괴적인 기술력과 경쟁할 수 없다. 실리콘밸리에서 나오는 혁신적인 비즈니스모델과 참여적 문화가 결국 승리를 거둘 것이다.

100년 된
석유산업은
어떻게 될 것인가?

1990년대에 '종이 피크'와 관련해, 과연 미국이 앞으로 100년을 버틸 수 있는 종이가 충분한가에 대한 논쟁이 있었다. 이를 기억하는 독자가 혹시 있는가? 나도 기억하지 못한다. 웹이 신문산업을 붕괴시킨 것은 종이를 다 써버렸기 때문이 아니다. '비닐 피크' 또는 'CD 피크' 위기를 기억하는가? 나도 기억하지 못한다. 웹이 음악 시장을 붕괴시킨 것은 우리가 비닐이나 CD를 다 써버렸기 때문은 아니다.

웹은 더 빠르고 더 저렴하며, 더 흥미로운 방법으로 콘텐츠를 생산, 저장, 전송, 소비할 수 있는 방법이다. 신문산업과 음악산업은 웹과 경쟁할 수 없다. 웹은 상품과 서비스, 비즈니스모델들을 붕괴시킬 힘을 가지고 있다. 웹은 전통적인 신문산업과 음악산업을 구식으로 만들어버리는 참여적 문화를 창조했다.

현재 언론과 정계, 에너지산업에서 논하는 국가적 담론은 지금이

'오일 피크'인지, 30년, 100년, 400년을 버틸 수 있는 천연가스또는 원자력, 석탄가 충분한지에 사로잡혀 있다. 이러한 담론은 전적으로 핵심을 벗어난 것이다.

휴대폰이 유선전화 시장을 붕괴시킨 것은 구리가 모자라서가 아니다. 100년 동안 쓸 수 있는 충분한 구리가 땅속에 있지만 그것이 유선전화에 투자할 이유가 되지는 못했다. 다시 한 번 말하지만, 휴대폰 산업이 유선전화 산업을 붕괴시킨 것은 휴대폰이 더 빠르고 더 깨끗하며, 통신에 더 매력적인 도구이기 때문이다. 그리고 콘텐츠를 생산하고 저장하고 전송하고 소비할 수 있기 때문이다.

원유, 천연가스, 석탄 또는 당신이 선호하는 기존의 에너지원을 종이, 비닐, 필름이라는 단어로 대체해보면 에너지산업의 미래를 볼 수 있을 것이다.

실리콘밸리의 기하급수적으로 개선되는 기술과 새로운 비즈니스모델, 참여적 문화에 의한 에너지와 운송 부문의 완전한 붕괴는 필연적이며 신속하게 다가올 것이다.

오늘날 우리가 알고 있는 에너지와 운송 부문은 2030년에는 지나간 역사가 될 것이다.

1장

태양광으로 인한
붕괴

━━━━━ 많은 사람들은 단순히 자신의 편견을 재배치해놓고 새로운 생각을 하고 있다고 믿는 다. 올더스 헉슬리Aldous Huxley ━━━━━ 먼저 그들은 당신을 무시할 것이다. 그리고 당신을 비웃을 것이다. 그리고 당신과 싸울 것이다. 그리고 당신은 승리할 것이다. 마하트마 간디Mahatma Gandhi ━━━━━ 만약 당신이 1년 전, 또는 3개월 전에 옥상 태양광발전에 대해 평가했다면 당신은 낡은 방식으로 평가한 것이다. 데이비드 크레인David Crane, NRG에너지의 CEO

2013년 2월 1일 엘패소 일렉트릭El Paso Electric은 퍼스트솔라First Solar

의 50메가와트급 마초스프링스 태양광발전소에서 킬로와트시kWh; 전력

요금 산정에 쓰이는 에너지 단위당 5.79센트에 전력을 구매하기로 계약을 맺

었다. 이는 일반적인 석탄발전소의 킬로와트시당 12.8센트에 비하면 절

이하 수준이다.

태양광발전의 원가는 빠르게 하락하고 있으며 태양광 전력은 이미 전력

회사에 공급되는 가격이나 상업용 전기, 주택용으로 공급되는 전력 소

매가격 모두 가장 저렴한 에너지가 되고 있다. 이러한 사실은 호주, 미국,

독일, 스페인, 그리고 전 세계의 많은 시장에서 현실이 되었다.

미국에서 태양광발전 용량은 2009년 435메가와트에서 2013년 4,751

메가와트로 증가했으며 연간 증가율은 82%에 이른다(자료 1-1 참조). 태

양광발전은 2013년 신규 발전 용량의 29%를 차지했다. 이는 2010년의

4%, 2012년의 10%에 비해 대폭 증가한 것이다.

2012년 5월 25일 맑은 오후 독일의 태양광발전 용량이 22기가와트를

[자료 1-1] 미국의 신규 태양광발전소 용량

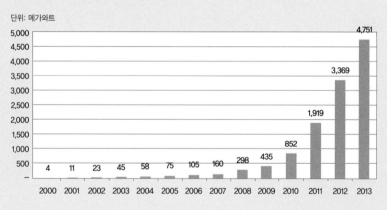

단위: 메가와트

• 출처: 미국 태양에너지산업협회

돌파했다. 이 수치는 독일 전체의 전력 수요의 3분의 1에 해당하는 것으로 태양광발전 점유율 세계기록이 되었다. 그다음 날 오후 태양광발전은 독일 전체 전력 수요의 50%를 생산해 전날의 세계기록을 경신했다. 독일의 전력망에 흐르는 전자 둘 가운데 하나는 태양빛으로 만든 것이다. 이 놀라운 점유율은 이제 일상적인 일이 되었다.

미국의 절반에 못 미치는 일사량을 가진 독일의 태양광에너지는 2013년 독일의 전력 도매가격을 2008년에 비해 40% 이상 하락시켰다. 이는 독일 경제에 50억 유로(67억 달러)의 비용절감 효과를 가져왔음을 의미한다. 태양광은 또한 전력 가격의 변동성을 상당 부분 줄여주었다.

풍력과 태양광의 조합은 더욱 강력하다. 2013년 10월 3일 정오 풍력발전과 태양광발전 용량의 합계는 독일 전체 전기에너지의 59.1%를 공급했다. 정확히 한 달 뒤인 2013년 11월 3일 덴마크는 전체 전력 수요의 100%를 풍력발전으로 생산했다. 1초 전에 불었던 바람의 운동에너지가 덴마크 전력 수요의 100%를 충족시킨 것이다.

지구를 반 바퀴 돌아, 호주에서는 몇 가지 세계기록이 수립되었다. 호주에는 약 4년 동안 100만 개의 태양광발전 설비가 세워졌다. 이 수치는 호주 내 주택 전력 소비자의 11%에 해당된다. 독일에서는 100만 개의 태양광발전 설비가 세워지기까지 약 12년이 걸렸다(현재 독일에는 약 140만 개의 설비가 있다). 미국에서 가장 성공적인 투자자 워런 버핏Warren Buffet은 태양광발전 사업에 세계에서 가장 많은 돈을 투자하고 있다. 버핏의 지주회사 버크셔 해서웨이Berkshire Hathaway의 자회사인 미드아메리칸 에너지MidAmerican Energy는 2015년에 완공될 예정인 세계 최대의 태양광발전소(579메가와트 규모) 인수에 약 24억 달러를 투자했다.

워런 버핏은 언제나 월스트리트보다 한 걸음 앞서 있다. 따라서 버핏의 태양광 부문 투자를 주류 투자자들이 태양광 전력을 수용하는 선행지표로 볼 수 있지 않을까? 워런 버핏은 대답을 기다리지 않는다. 미드아메리칸은 세계에서 두 번째로 큰 태양광발전소(550메가와트 규모)를 20억 달러에 사들였으며 애리조나 주에 있는 290메가와트 태양광발전소의 지분 48%를 소유하고 있다. 미드아메리칸은 이러한 프로젝트를 인수할 때 언제나 필요 이상의 금액을 제시했다.

이와 동시에 미드아메리칸은 일곱 기의 석탄발전소에서 철수할 것이라고 발표했다. 태양광발전은 눈앞에 와 있다. 그리고 지금 세계에서 가장 거대한 산업을 붕괴시키고 있다.

저렴하고 빠른

침투력을 가진

태양광

태양광에너지의 성공은 기존의 에너지산업 대변인들이 오랫동안 지겹도록 반복해온 이야기인 '태양광은 비싸고 아직 대규모화할 준비가 되지 않았고 주류가 되기까지는 수십 년이 걸릴 것이며, 전기 공급망에 혼란을 일으킬 것'이라는 등의 잘못된 정보와 근거 없는 믿음들을 뒤흔들고 있다.

2010년 내가 《솔라 트릴리언스》를 출판한 이후, 에너지 세계에는 많은 일이 일어났다. 당시만 해도 태양광이 조만간 세계에서 가장 큰 에너지원이 될 것이라고 믿는 정책결정권자들은 거의 없었다. 지금은 많은 사람들이 이 사실을 믿는다. 이제 사람들이 궁금해 하는 것은 '만약'이 아니라 '언제'다. 석유산업의 거인인 쉘Shell조차 이제는 태양광이 세계 제일의 에너지원이 될 것이라고 말하고 있다. 그러나 쉘의 예측은 과녁을 70년이나 벗어나 있다. 우리는 이미 100년 전의 중앙

집중식 채굴 및 자원 기반의 에너지 생산구조에서, 깨끗하고 분산되어 있으며 기술을 기반으로 하는 에너지 생산구조로 빠르게 이전되는 과정에 있다. 2030년경에는 붕괴가 거의 완료될 것이다.

전 세계 태양광발전 용량은 2000년 1.4기가와트에서 2013년 141기가와트로 성장했다(자료 1-2 참조). 이를 연간성장률로 환산하면 43%다. 미국에서는 지난 3년 동안 태양광발전 용량이 매년 2배씩 성장했으며 중국에서는 2013년 한 해에만 3배 성장했다. 독일은 태양광발전 분야에서 선도자의 지위를 유지하고 있다. 2013년 6월 기준으로 국가 전력망에 34.1기가와트의 태양광발전이 포함되어 있다. 이 숫자는 34기의 원자력발전소 발전 용량과 맞먹는 것이다. 2012년 독일이 기존 에너지로 발전하는 월간 최대 전력생산량은 50~65기가와트였다.

현재 맑은 날 오후에는 태양광이 독일 전체 전력 수요의 20~35%를 생산하고 있다. 2012년 5월에는 태양광이 24일 연속 전체 전력 수요의 20% 이상을 생산해냈다. 독일에서는 그 뒤 7.6기가와트의 태양

[자료 1-2] 세계 태양광발전 용량

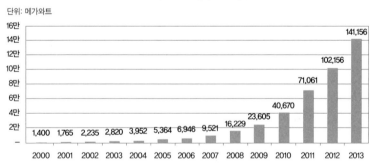

단위: 메가와트

• 출처: 유럽태양광산업협회, 블룸버그 뉴에너지파이낸스

광 생산 시설이 추가 건설되었다.

유럽에서는 깨끗하고 분산된 에너지로의 전환이 지속해서 이루어지고 있다. 2011년에 새로 건설된 발전소의 47%는 태양광발전소이며 21%는 풍력발전소였다(자료 1-3 참조). 따라서 2011년 유럽에서 신규로 건설된 발전 용량의 69%는 청정에너지 태양과 풍력라고 할 수 있다.

신규 발전소 가운데 태양과 풍력발전이 가장 많다는 사실에 익숙해지기 바란다. 호주에너지 시장기구Australian Energy Market Operator: AEMO 는 2020년에는 신규로 건설되는 발전소의 97%가 풍력 또는 태양광발전소가 될 것으로 예측했다.

중국은 세계에서 태양광패널을 가장 많이 생산하는 국가이며, 동시에 태양광 제품을 세계에서 가장 많이 소비하는 국가로 신속하게 바뀌고 있다. 2013년 한 해에만 태양광패널 수요가 3배 성장한 중국은 미국이 현재까지 건설한 태양광발전 시설 용량을 한 해 동안에 건설할 가능성도 있다. 중국의 태양광발전소 건설비율이 높은 것은 기하급수적으로 성장하는 시장에서는 이례적인 일이 아니다. 미국이 2013년에 건설한 태양광발전 시설은 2011년까지 건설된 모든 태양광발전 용량보다 많다.

태양광 부문에서 최고가 되기 위한 경쟁은 이미 시작되었다. 솔라시티SolarCity, 선지비티Sungevity, 선런SunRun과 같은 실리콘밸리의 기업들은 캘리포니아 주와 미국 전역에 네덜란드와 호주처럼 수십만 개의 주택용 및 상업용 태양광발전 설비를 시공하고 있다. 솔라시티는 2012년 12월 나스닥에 상장했으며 2013년 8월에는 시장가치가 4배 뛰어올라 약 29억 달러에 이르렀다. 기존의 에너지기업들에 대한 실

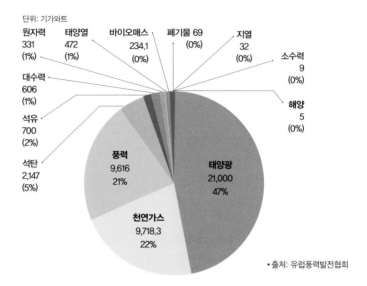

[자료 1-3] 2011년 EU의 신규 발전소 용량

단위: 기가와트

원자력 331 (1%) / 태양열 472 (1%) / 바이오매스 234.1 (0%) / 폐기물 69 (0%) / 지열 32 (0%) / 소수력 9 (0%)

대수력 606 (1%)

석유 700 (2%)

석탄 2,147 (5%)

풍력 9,616 21%

태양광 21,000 47%

천연가스 9,718.3 22%

해양 5 (0%)

• 출처: 유럽풍력발전협회

망으로 솔라시티의 시장가치는 앞으로도 성장할 것이다.

이 모든 태양광기업들은 혁신적인 비즈니스모델과 정보기술 인프라를 개발해 기하급수적인 성장을 이룩했다. 비즈니스모델 혁신은 태양광 사업 분야에서 핵심적인 경쟁우위 항목이 되고 있다.

5년 만에

10분의 1 가격이 된

에너지

캘리포니아 주 호플랜드샌프란시스코 북부에 있는 리얼굿즈솔라Real Goods Solar와 솔라리빙인스티튜트Solar Living Institute의 설립자인 존 섀퍼John Schaeffer는 태양광패널이 희귀하게 여겨지던 시절을 회상했다. 최근 인터솔라 콘퍼런스에서 섀퍼는 내게 1970년대 초에는 태양광패널이 희귀했으며 하루는 미국 군인이 찾아와 미 항공우주국National Aeronautics and Space Administration, NASA의 자산인 태양광패널을 판매하는 이유를 물었다고 말했다. 그는 중고 태양광패널을 와트당 90달러에 판매했었다. 재래식 에너지산업은 대중으로 하여금 태양광패널의 가격이 아직도 그렇게 높다고 믿게 하고 싶을 것이다.

　1970년대 태양광패널의 가격은 와트당 100달러였다. 태양광 사업가이며 솔라파워Solar Power Corporation의 창립자인 엘리엇 버먼Elliot Berman은 1973년에 몇 가지 혁신적인 제조공법을 적용해 가격을 와트당 20달러로 대폭 낮추었다. 2008년의 태양광패널 가격은 와트당 6 달러로, 1970년에 비해 94% 저렴해졌다.

태양광패널의 가격은 그때부터 급락하기 시작했다. 2011년에 태양광패널의 가격은 50% 하락했고, 2012년에는 다시 20%가 추가 하락했다. 2013년의 시장 가격은 와트당 65센트다. 5년 만에 가격이 10분의 1가량으로 떨어진 것이다. 1970년과 비교하면 와트당 100달러에서 와트당 65센트로, 무려 154분의 1로 하락했다.

태양광패널 가격의 기하급수적인 하락은 정보기술산업에서나 기대할 수 있는 수치이며, 에너지산업에서는 불가능한 일이다. 원유 가격이 태양광 가격 곡선을 따랐다고 가정해보자. 1970년에 원유 가격은 배럴158.9리터당 3.18달러였고 휘발유 소매가격은 갤런약 3.78리터당 0.36 달러였다. 1970년 이래 원유 가격이 태양광과 같은 비율로 하락했다면 원유 가격은 배럴당 2센트가 되었을 것이며, 휘발유는 갤런당 0.234센트일 것이다. 4갤런의 휘발유가 1센트다! 이 상상의 세계에서는 15갤런의 휘발유 탱크를 가득 채우는 데 3.5센트면 된다. 하지만 현실세계에서 원유 가격은 배럴당 110달러 주위를 맴돌고 있으며 휘발유 탱크를 가득 채우는 데는 50달러가 든다.

현실세계에서 1970년 이래 원유 가격이 35배 오르는 동안배럴당 3.18달러에서 110달러 태양광패널 가격은 154분의 1로 떨어졌다.

이 숫자들을 합쳐보면 태양광은 1970년 이래 원유에 비해 상대적으로 5,355배 원가를 개선한 것이다. 어떤 산업 분야에서 경쟁업체가 당신에 비해 상대적으로 5,000배의 원가 절감을 이룩했다면, 가까운 파산 변호사를 찾아야 할 것이다. 경쟁자의 한계비용이 제로라면 더

[표 1-1] 경쟁 에너지원과 비교해 태양광발전이 이룩한 원가 개선

1970년 이래 태양광의 상대적 원가 개선	원가개선비율	상세내용 참조
석유 대비	5,355배	7장
원자력 대비	1,540배	6장
천연가스 대비	2,275배	8장
석탄 대비	900배	10장

욱 그럴 것이다. 코닥을 보라.

태양광은 1970년 이래 다른 모든 자원 기반 에너지산업과 비교해 수백 배에서 수천 배에 이르기까지 원가를 개선했다. [표 1-1]은 태양광발전 기술이 네 가지 자원 기반 에너지에 대해 원가를 상대적으로 얼마나 개선했는지를 보여준다.

게다가 자원 채굴 에너지산업의 원가는 계속 상승하는 반면 태양광은 원가가 하락하고 있다. 만약 태양광이 석유와 경쟁할 수 없다고 믿는다면 다시 생각해보길 권한다. 태양광은 두 가지 방식으로 석유산업을 붕괴시킬 것이다(이 주제에 대해서는 7장에서 상세하게 설명하겠다). 첫 번째는 전 세계 수십억 인구가 사용하며, 비싸고 공해를 유발하는 에너지인 디젤과 등유를 대체할 것이다. 두 번째는 전기자동차가 내연기관자동차산업을 붕괴시키는 동안 전력산업도 함께 붕괴할 것이다.

재래식 에너지산업 관계자들은 태양광패널의 가격이 '안정'되거나 '상승'하기를 희망한다. 그런 행운은 찾아오지 않을 것이다. 태양광 비즈니스의 혁신은 냉혹하며, 태양광패널 제조산업의 경쟁은 잔

인할 정도다. 에너지산업의 거대 기업인 제너럴 일렉트릭General Electric Company, GE조차 견디지 못하고 태양광 비즈니스에서 철수했다. GE는 태양광기술을 선두기업인 퍼스트솔라에 매각했다. GE는 태양광 비즈니스에 계속 관심을 두겠지만 금융과 투자에 초점을 맞추겠다고 언급했다.

태양광발전 원가는 급격하게 하락하고 있으며 예측할 수 있는 미래까지는 하락 추세가 지속될 것이다. 원가의 하락은 혁신, 규모의 경제, 경쟁 덕분이다. 태양광 부문의 학습곡선은 약 22%다. 이 말은 산업 용량이 2배가 될 때마다 원가는 22% 하락한다는 의미다. 이러한 하락비율은 지난 5년 동안 사실상 가속화되었다.

게임의 규칙을 바꿀

태양광의 경제학

몇몇 에너지 '전문가'들은 워런 버핏의 미드아메리칸 에너지가 태양광 부문에 20억 달러 이상을 투자하는 것을 보고 경악을 금치 못했다. 전문가들은 버핏이 자신들은 주의를 기울이지 않았던 수백 메가와트의 태양광발전 프로젝트를 추가로 인수하는 것을 보고 더욱 놀랐다.

NRG에너지의 CEO 데이비드 크레인은 이런 움직임에 주의를 기울이고 있었다. 크레이그는 "만약 당신이 1년 전, 또는 3개월 전에 옥상 태양광발전에 대해 평가했다면 당신은 낡은 방식으로 평가한 것이다"라고 말했다. NRG에너지는 미국의 2,000만 가구에 주로 화석연료로 발전한 전기를 공급해 연간 88억 달러의 매출을 올리는 기업이다. NRG에너지는 이제 태양광 사업에 열정적으로 투자하고 있다.

크레인은 수년에 걸쳐 자신의 회사를 태양광발전으로 교묘하게 이전하고 있다. 크레인은 2011년에 이렇게 말했다. "2014~2016년이 되면 전선보다 옥상에서 더 저렴하게 전기를 얻을 수 있게 될 것이라고 믿는다. 태양광은 게임의 규칙을 바꿀 힘을 가지고 있다."

미드아메리칸 에너지는 전력의 58%를 석탄을 이용해 발전하며 연간 30억 달러의 매출을 올리는 에너지 기업이다. 미드아메리칸 에너지는 50억 달러에 육박하는 금액을 태양광 사업에 투자했고 일곱 기의 석탄발전소를 퇴역시킬 태세를 갖추고 있다.

호주와 독일에서는 태양광발전이 이미 수용주기의 초기 단계를 지나고 있다. 호주에서 태양광발전의 점유율은 11%에 이르고 있으며, 90%의 가정이 옥상에 태양광 설비를 설치한 마을도 있다(3장 참조). 캘리포니아 주에서는 이미 태양광 전력이 기존 전력망에서 오는 전력보다 저렴해졌다. 오클랜드에 위치한 태양광 설비업체 선지비티의 공동설립자인 대니 케네디Danny Kennedy는 "90% 이상의 고객이 매일 돈을 절약하기 시작했다"고 말했다.

나아가 2015년에는 3분의 2에 해당하는 미국인들이 보조금을 받지 않는 태양광 전력을 현재 사용하는 전력보다 저렴한 요금으로 살 수 있게 될 것이다. 스탠퍼드 대학교의 청정에너지 수업의 초청강사로 와주었던 대니 케네디는 수업에서 2016년이 되면 4,000만~5,000만 가정의 미국인들은 선택의 기로에 설 것이라고 말했다. 저렴한 태양광 전력을 원하는가, 아니면 비싼 전력회사의 전기를 원하는가?

대답은 분명하다. 미국인들은 깨끗하고 저렴한 전기를 원한다. 대니는 2022년이 되면 미국 안에 2,000만 개의 태양광발전 설비가 설치될 것이라고 예측했다. 미국의 태양광산업은 기하급수적으로 성장하면서 건강하고 지속 가능한 수조 달러 규모의 산업을 창출할 것이다.

연성비용으로 인한

태양광 원가 변화

태양광패널 가격이 급락하고 있음에도 미국의 옥상 태양광발전 설비 설치비용은 그렇게 빠르게 하락하지 않았다.

패널은 주거 또는 상업용 태양광발전소의 가장 중요한 원가 요소가 아니기 때문이다. 패널 가격보다 소위 연성비용soft costs이 전체 설치비용에서 높은 비중을 차지한다. 연성비용에는 인허가, 조사, 세금, 상호연결 수수료, 검사비, 설치비 등이 포함된다.

예를 들어 인허가비용은 상대적으로 태양광발전 설비 원가의 중요한 부분을 차지하고 있다. 태양광 설치업체인 선런에 따르면 태양광발전 설비의 인허가 비용은 한 기당 평균 2,516달러와트당 0.5달러에 달한다. 이는 패널 가격과 맞먹는 수준이다. 이 글을 쓰고 있는 지금 태양광패널 가격은 와트당 0.65달러이며 2017년에는 와트당 0.36달러까지 하락할 것으로 예측된다.

독일에서는 2012년 말 현재 소규모10킬로와트 이하 태양광발전 설비 설치비용이 와트당 1.698유로2.26달러로 하락했다. 호주에서는 2013년 7월 현재 주거용 5킬로와트 태양광 시스템의 설치비용이 와트당 1.76 호주달러1.62달러로 더욱 낮다. 서오스트레일리아의 주도인 퍼스에서는 와트당 1.38 호주달러1.27달러까지 낮아졌다.

미국의 주거용 또는 상업용 태양광발전 설비 설치비용은 독일보다 약 2배 정도 높은 수준을 유지해왔다. 로렌스버클리 국립연구소의 보고서에 따르면 패널, 인버터 등 대부분의 하드웨어는 전 세계적으로 거래되고 있으며 미국과 독일 시장에서 가격이 비슷하지만 미국 소비자는 독일보다 와트당 2.8달러의 자본비용을 더 들여야 한다. 패널 가격이 제로라고 하더라도 미국 소비자들은 독일이나 호주 소비자들이 전체 태양광 시스템을 설치하는 비용보다 더 큰 비용을 '연성비용'으로 지불해야 하는 것이다.

이처럼 미국의 태양광 시스템 설치비용이 세계시장보다 와트당 2.8달러가 더 비싼데도 미국의 태양광발전 시장은 지난 몇 년 동안 거의 4배의 성장을 보였다. 이를 통해 청정에너지의 미래를 볼 수 있다. 독일과 호주와 단순히 비교한다면 미국의 태양광 원가는 적어도 50~60% 더 하락할 것이다. 미 에너지부의 선샷비전Sunshot Vision 계획에서는 2020년에는 와트당 1.5달러가 될 것으로 예측하고 있다. 역대 가격과 학습곡선에 따르면 태양광발전 원가는 시장에서 예측하는 것보다 더 많이, 더 빠르게 하락할 것이다.

미국, 5년 안에

태양광발전 설비

1천만 기가

세계에서 가장 큰 태양광패널 판매회사인 퍼스트솔라는 정부 보조금을 받지 않는 태양광 시장을 형성하는 것이 자신들의 글로벌 전략이라고 말했다. 이미 전 세계 수백 개의 시장에서 보조금을 받지 않는 태양광발전이 보조금을 받는 화석연료와 원자력발전보다 더 저렴해졌다. 이것은 흥미로운 전개다.

  기존 발전소 규모의 태양광발전소를 건립하는 자본비용은 와트당 2달러 이하로 내려가 1달러에 가까워지고 있다. 이제 소비자가 태양광에너지로 전환을 결심하는 이유는 태양광이 친환경적이기 때문이 아니라 비용을 절감할 수 있기 때문이다. 미국의 주택용 태양광 시장의 가치만 해도 1조 달러에 이른다. 상업용 태양광 시장은 더 클 것이다. 수조 달러에 이르는 파괴적인 시장 기회가 전 세계에서 기다리고 있다.

그린테크미디어Greentech Media는 2017년에 태양광패널의 가격이 와트당 36센트로 하락할 것으로 예측한다. 또 씨티은행Citibank은 2020년까지 태양광패널의 가격이 와트당 25센트로 하락할 것으로 예측한다.

씨티그룹은 주택용 태양광 시스템의 전체 설치비용은 와트당 1.12달러까지, 일반 발전소 규모의 태양광발전소 건립비용은 와트당 65센트까지 하락할 것으로 내다보고 있다.

랭커스터, 에너지의 미래에 대한 사례 연구

저렴하고 보조금을 받지도 않는 태양광 전력이 에너지산업에 의미하는 바는 무엇일까? 거대한 산업이 붕괴하는 현상을 소개하기 위해 캘리포니아 주 랭커스터 시의 예를 살펴보자. 2013년 3월 26일 랭커스터 시의회는 신규로 건설되는 모든 주택에 태양광패널을 설치해야한다는 조례안을 통과시켰다.

로스앤젤레스 북쪽으로 수백 마일 떨어져 있는 랭커스터 시는 야심을 가진 도시다. 2012년 초 랭커스터 시의 제이슨 코들Jason Caudle 과장의 말에 의하면, 시의 인구는 15만 5,000명이고 23메가와트의 태양광발전 시설이 설치되어 있으며 추가로 100메가와트의 시설이 상호연결 승인을 기다리고 있다고 말했다. 모든 승인이 완료되면 랭커스터 시는 주민 한 명당 태양광 전력 794와트를 공급할 수 있게 된다. 이는 60%의 전력이 태양광에 의해 공급되는 것으로, 주에서 가장 앞선 소노마 카운티Sonoma County보다 더 높은 수치다. 이 수치를 캘리포니아 주 전체에 적용하면 30.5기가와트가 된다. 2011년 캘리포니아 주의 피크전력전력 수요가 정점에 이르는 때 수요는 60기가와트였다. 30.5기가와트를 태양광으로 발전하게 되면 캘리포니아 주 피크전력 수요의 절반 이상을 얻을 수 있는 것이다.

그런데 랭커스터 시는 이보다 더 야심 찬 계획을 세웠다. 랭커스터 시는 세계 최초로 배기가스 제로 도시를 꿈꾼다. 이를 위해 시는 약 600메가와트의 태양광발전 용량을 효율적으로 확보할 필요가 있었다. 산수를 해보면 15만 5,000명의 주민이 1인당 약 4킬로와트의 태양광 설비를 가져야 한다.

배기가스 제로 목표를 달성하기 위해 랭커스터 시는 정부에서 주도하는 시설 계획을 300% 증가시켰다. 시 당국은 목표를 달성하기 위해 규제 절차를 변경했다. 표준 주택용 태양광 설치 허가는 15분 내에 즉시 처리되도록 했으며, 수수료는 61달러로 고정했다.

랭커스터 시의 제이슨 코들 과장은 50메가와트의 태양광발전 시설을 건립해 이웃 주민들에게 킬로와트시당 8.5센트에 공급한다는 계획을 세웠다고 말했다. 이것이 가능할까? 다음은 랭커스터 시의 균등화 전력비용levelized cost of electricity, LCOE: 에너지로부터 전력을 생산하기 위해서 사용되는 전체 비용을 생산된 에너지로 나눈 값. 여기서는 태양광에너지로 한정한다을 계산한 것이다. 자본비용cost of capital, COC은 태양광 전기 원가의 주요 결정요인이기 때문에 균등화 전력비용과 자본비용을 비교해 표시했다. 2020년의 추정치는 다음과 같다.

- 일사량 : 2,400킬로와트시/㎡/연

- 태양광패널 효율성 : 15.9%(2013년과 동일)
- 와트당 건설비용 : 1.12달러
- 운용감리와 보수점검 : 건설비용의 1%
- 보험 : 건설비용의 0.3%

2020년에 랭커스터 시의 옥상 태양광발전 원가는 킬로와트시당 3.47~6.62센트에 이를 것이다. 이는 자본비용이자율에 따른 차이이며 보조금은 적용하지 않았다.

내가 계산한 추정치 중 현재 미국의 시장 가격과 다른 것은 와트당 태양광 설치비용이다. 나는 랭커스터 시의 계획서에 나오는 와트당 1.12달러를 적용했다. 이 수치는 얼마나 낙관적인 것일까? 2013년 8월 호주 퍼스에서의 주택용 태양광 설치비용은 1.38호주달러1.27달러였다. 기본적으로 랭커스터 시의 계획은 미국이 향후 6년 동안 2013년 호주의 설치 원가보다 약간 더 낮아지도록 개선할 것을 요구하고 있다.

랭커스터 시에서 신축되는 모든 주택에 창문이나 문처럼 태양광패널이 설치될 것이며 설치비용은 주택자금 융자에 포함된다. 미국의 주택자금 융자 금리를 3.47%15년 고정금리로 추산할 때 주택 옥상 태양광발전 원가는 킬로와트시당 4.4센트다. 어떤 형태의 에너지도 이렇게 낮은 원가에 발전할 수 없다. 송전과 배전만으로도 킬로와트시당 4.4센트를 초과한다. 태양광발전이 4.4센트에 이루어진다면 다른 전력회사들은 결코 사업을 영위할 수 없을 것이다.

원자력, 가스, 석탄, 석유 등 채굴 기반 중앙집중식 발전소들은 이 시점이 되면 전력 소매사업을 할 수 없다. 지금도 그들은 전력 도매시장에서 이미 태양광발전 때문에 휘청거리고 있다. 재래식 발전소는 투자 업계에서 '좌초된 자산stranded asset'으로 불리게 될 것이다.

2020년에 태양광 전력 소매 원가가 킬로와트시당 5센트 미만이 된다는 사실을 믿기 어려운가? 제이슨 코들 과장은 자체 빌딩에서 태양광으로 발전된 전기가 이미 킬로와트시당 10센트에 공급되고 있다고 말했다. "다른 전력회사들은 킬로와트시당 18센트의 요금을 부과합니다. 우리는 이미 돈을 절약하고 있습니다."

태양광패널 원가는 계속 낮아지고 있으며 설치비용과 자본비용, 유지보수비도 낮아지고 있다. 만약 랭커스터 시가 2020년에도 킬로와트시당 5센트를 달성하지 못한다면 그것이 더 놀라운 일이 될 것이다. 중요한 것은 랭커스터 시의 리더십이 열정적이며 태양광을 전적으로 지원하고 있다는 점이다. 시장인 렉스 패리시Rex Parish는 3년 이내에 에너지 소비 제로 도시를 만들 것이라고 말했다. 이 목표를 달성하기 위해 랭커스터 시는 700메가와트의 태양광발전 시설을 건설해야 한다. 목표를 달성한다면 랭커스터 시는 에너지 소비 제로 도시가 될 뿐 아니라 에너지를 밖으로 수출하는 도시가 될 것이다.

태양광에 의한 붕괴는 얼마나 빨리 일어날 것인가?

랭커스터 시의 경험이 국가적, 또는 세계적 규모에서도 가능할까? 만약 미국 전체가 랭커스터 시처럼 주민 1인당 4킬로와트의 태양광발전을 한다면 미국 전체의 태양광 용량은 1.2테라와트가 되며 미국의 피크전력 수요의 100%를 태양광발전으로 충족시킬 수 있을 것이다. 랭커스터 시는 2020년까지 목표를 달성할 수 있을 것으로 보인다. 미국 전체로 보면 어떨까? 회의론자들은 태양광 인프라를 갖추기 위해서는 수십 년이 걸릴 것이라고 주장한다. 그들은 옥상 태양광 전력이 전력회사가 공급하는 전력요금보다 저렴해진다고 하더라도 10년 안에 수천만 개의 옥상 태양광발전 설비를 설치할 수는 없다고 주장한다. 회의론자들이 이해하지 못하는 사실은 붕괴가 일단 일어나면 매우 신속하게 진행된다는 점이다. 누군가에게 가장 좋아하는 카메라 필름, 전보회사, 타자기 회사가 어디인지 물어보라.

호주는 시장이 얼마나 빨리 태양광을 받아들이는지를 설명할 수 있는 사례가 된다. 호주에서는 주택용 태양광발전이 거의 없을 때부터 100만 기가 설치되기까지 4년이 소요되었다. 현재 호주 인구의 11%인 260만 명이 옥상 태양광 설비를 가지고 있다. 미국의 인구는 호주 인구의 약 10배로, 같은 점유율을 적용한다면 1,000만 기의 옥상 태양광 설비를 설치하는 데 4년이면 충분하다.

미국에는 30만 개의 태양광 설비가 설치되어 있다. 현실적으로 미국의 태양광산업이 호주처럼 빨리 성장할 수 있을까? 4년이라는 짧은 기간에 1,000만~2,000만 기의 태양광 설비가 설치될 수 있도록 공급망이나 설치 인력을 갖출 수 있을까? 미국이 얼마나 빠른 속도로 태양광발전을 적용할 수 있을지 위성TV 설치기술로 가늠해보자.

다이렉TV의 옥상 설비에 의한 산업 붕괴

1994년 다이렉TVDirecTV라는 다채널 TV프로그램 서비스 기업이 설립되었다. 이 기업은 옥상의 위성안테나 접시를 통해 가정으로 직접 화면을 전송한다. 위성안테나 접시 기술이 매년 기하급수적으로 발전하면서 이 기업의 위성방송 서비스는 케이블TV의 대안이 되었다. 1984년에 '가정용 안테나 접시'는 지름이 약 3m에 가격은 5,000달러이고 27개의 채널을 전송할 수 있었다. 1994년에는 지름 45cm, 설치비 700달러로 줄어들었으며 175개의 채널을 전송하게 되었다. 신생 기업에 시장의 승자가 될 것 같지 않아 보이던 다이렉TV는 5년 만에 약 1,000만 고객을 확보했다(표 1-2 참조). 시장점유율은 TV를 가지고 있는 가정의 10%에 달했다.

태양광 설비의 설치는 위성안테나 접시를 설치하는 것보다 더 복잡하다. 그렇더라도 훈련받은 직원들은 몇 시간 안에 태양광발전 설비를 옥상에 설치할 수 있다. 다이렉TV 설치 기간5년과 시장점유율

[표 1-2] 옥상 위성방송DBS 설치 대수와 점유율

년	다이렉TV 설치가정 수(단위/백만)	다이렉TV 시장점유율(%)
1	1.15	1.21
2	3.076	3.21
3	5.076	5.25
4	7.358	7.55
5	9.989	10.16

• 출처: 프랭크 M. 바스Frank M. Bas 등

10%을 주목해보면 호주의 주택용 태양광발전 설비 적용 숫자4년, 11%와 유사하다는 점을 볼 수 있다.

1994년 다이렉TV의 물류기술을 이용한다고 하더라도 미국에 5년 안에 1,000만 기의 옥상 태양광 설비를 설치하는 일은 가능할 것이다. 다이렉TV는 모바일인터넷 통신, 클라우드 인프라, 빅데이터 분석학을 가지고 있지 않았다. 전사적 자원관리enterprise resource planning, ERP 개념도 막 시작되었을 시기였다. 구글맵Google Map과 구글 어스Google Earth는 생각도 하지 못하던 시절이다. 컴퓨터는 1994년 이래 무어의 법칙에 따라 1,000배 더 강력해졌고 물류 산업도 다이렉TV가 설립된 지 20년이 지난 지금 더욱 발전했다. 최상의 소프트웨어를 사용하는 물류기술을 이용할 수 있는 것이다. 재능과 자본을 갖춘 수십 개의 태양광 기업들도 있다.

다이렉TV라는 일개 기업이 20년 전의 물류기술을 가지고 5년 동안 1,000만 기의 위성안테나를 옥상에 설치할 수 있었다면, 태양광 기업 하나가 2014년의 물류기술과 매핑기술을 가지고 5~10년 안에 1,000만 기 또는 1억 기의 옥상 태양광발전 설비를 설치하지 못할 기술적 이유가 없다. 만일 하나의 기업이 할 수 없다면 열 개의 선도적인 태양광 설치기업이 집단으로 뭉친다면 할 수 있을 것이다.

태양광의 원가가 돌아올 수 없는 경계를 지나게 되면 10년 안에 1,000만 기, 4,000만 기, 1억 기의 옥상 태양광발전 설비를 설치하는 일에 방해가 되는 것은 아마 기술적인 측면은 아닐 것이다. 방해물이 될 수 있는 것은 법률적, 정치적 규제가 될 것이다. 즉 기존 에너지기업들의 로비에 의한 것일 가능성이 크다.

전력 피크 시간대에
저렴한 전기를
공급할 수 있을까

가까운 미래에 태양광발전소는 오늘날 컴퓨터나 휴대폰처럼 흔해질 것이다. 태양광발전소는 수요에 따른 전력을 생산해낼 것이다.

2011년 6월 나는 24시간 태양광 전력을 발전할 수 있는 제마솔라 Gemasolar 발전소를 견학하기 위해 스페인 남부로 갔다. 토레솔에너지 Torresol Energy에 의해 건설된 19.9메가와트의 제마솔라 발전소는 15시간 동안 열에너지를 저장해 밤낮으로 전기를 발전할 수 있다. 토레솔에너지의 공동설립자이며 설비 관리책임자인 산티아고 아리아스 Santiago Arias에 의하면 제마솔라는 연간 11만 메가와트시의 전력을 생산할 수 있다. 2만 5,000가구의 전기를 공급하기에 충분한 전력량이다. 특히 제마솔라 발전소는 에너지를 저장할 수 있기 때문에 저장설비가 없는 50메가와트 태양광발전소와 맞먹는 기능을 한다.

태양염 배터리

제마솔라 발전소의 배터리는 두 개의 용융염molten salt: 고체의 염을 약 300~1000℃에서 녹인 것 탱크를 가진 열에너지 저장장치로 이루어져 있다. 배터리 덕분에 야간이나 흐린 날, 비 오는 날에도 전기를 발전할 수 있다. 용융염 에너지 저장장치molten salt energy storage, MSES는 '태양염solar salt' 배터리라고 부르는 열 배터리로, 테슬라의 전기자동차 모델 S에 전기를 공급하는 리튬이온 배터리와 같은 화학 기반 배터리와는 다르다(4장 참조). 용융염 에너지 저장장치는 질산칼륨 60%, 질산나트륨 40%로 이루어져 있으며, 열의 99%를 24시간 이상 보존한다. 달리 말하면 태양염 배터리는 하루에 단지 1%의 열손실이 있을 뿐이다. 질산칼륨은 환경적으로 안전하고 대부분의 화학 기반 배터리보다 저렴하다. 질산칼륨은 중세시대 유럽에서 식품을 보존하는 데 사용되었다. 또 콘비프아일랜드 사람들이 즐겨 먹는 음식으로 소금물에 절인 쇠고기, 민감한 치아를 위한 치약, 정원용 비료를 만드는 데 여전히 사용되고 있다. 용융염 에너지 저장장치의 원가는 킬로와트시당 약 50달러로, 리튬이온 배터리에 비하면 10분의 1 수준이다.

제마솔라 발전소가 세계 최초로 용융염 에너지 저장장치를 이용한 상업용 발전소는 아니다. 제마솔라 발전소에서 남동쪽으로 안달루시아 A94 고속도로를 타고 300km 가면 50메가와트 규모의 집광형 태양열발전소concentrating solar power, CSP인 안다솔-1을 만날 수 있다. 이 발전소에서는 2009년 7월부터 7.5시간 용량의 배터리를 운용하고 있다. 제마솔라는 배터리 이용시간을 이 2배인 15시간으로 개선한 것이다.

산티아고 아리아스는 제마솔라 발전소에서 연간 6,400시간 전기를 생산하며 설비이용률capacity factor: 일정 시간 동안 발전 시설이 가지고 있는 용량 대비 실제 생산한 양의 비율은 75%에 달할 것이라고 예측했다. 그에 비해 후버 댐의 설비이용률은 23%이며 중국의 거대한 싼샤 댐 수력발전소의 설비이용률은 약 50%다. 2003년 클렘슨 대학교의 마이클 멀로니Michael Maloney 교수의 연구에 따르면 일본, 프랑스, 미국의 원자력발전소의 설비이용률은 65~72% 범위에 있으며 전 세계적인 부하율은 69.4%다. 이는 후쿠시마 원자력발전소의 재난으로 일본의 원자력발전 산업이 무릎을 꿇기 이전의 수치다.

에너지 저장장치가 어떻게 모든 것을 바꿀 수 있는가

토레솔에너지의 설비 관리책임자인 산티아고 아리아스는 38년 전부터 발전소 건설에 종사했다. 그는 24시간 발전할 수 있는 태양광발전소가 전력 시장에 가져온 충격을 흥미진진하게 보고 있다. 그는 발전소의 사무실에서 이렇게 말했다. "최대 전력 수요가 발생하는 시간은 연중 가장 더운 날의 저녁시간입니다." 전력 시장은 이 시간에 발전된 전력에는 프리미엄 가격을 지불한다. 태양광발전소는 뜨거운 여름날, 가장 많은 전력이 필요할 때 정확하게 가장 많은 전력을 생산한다. 아리아스는 이렇게 말했다. "태양광이 정점에 이를 때 에너지를 저장해 시장 수요가 정점에 이를 때 공급할 수 있는 능력을 가진다면 전력 시장의 모든 것을 바꿀 것입니다. 우리의 연료 원가는 제로입니다. 천연가스는 결코 우리와 경쟁할 수 없습니다."

100% 태양광으로

발전하는 나라

미국은 대규모 집광형 태양열발전소와 태양광패널 발전소를 모두 건설하고 있다. 태양에너지산업협회Solar Energy Industries Association의 자료에 따르면, 주택용 또는 상업용 건물의 태양광 설비를 제외하고도 미국에서 4,200메가와트의 태양광 프로젝트가 건설 중이며 2만 3,000메가와트의 프로젝트가 개발 중에 있다.

2014년 초 로스앤젤레스의 솔라리저브SolarReserve는 네바다 주에 세계에서 가장 큰 기저부하시간적 또는 계절적으로 변동하는 발전부하 중 가장 낮은 경우의 연속적인 수요발전 용량 태양광발전소110메가와트를 건설할 계획을 세웠다. 토노파에 건설될 이 태양광발전소는 스페인의 제마솔라 발전소보다 약 5배 더 크며, 야간에 라스베이거스에 전력을 판매할 예정이다. 라스베이거스 스트립대형 리조트호텔과 카지노들이 밀집해서 들어서 있는 거리은 곧 태양광 전력으로 불을 밝히게 될 것이다.

훨씬 더 작은 규모로 보면, 남태평양의 섬나라인 토켈라우는 세계에서 최초로 전력 수요 100%를 태양광으로 공급하는 나라가 되었다. 세 개의 산호초로 이루어진 토켈라우에서는 야간에 전기를 사용하기 위해 배터리 은행을 사용하고 있다. 토켈라우는 1년 만에 100% 디젤 발전에서 100% 태양광발전으로 전환했다.

태양광에 의한

붕괴의 진행

이 책의 상당 부분에서 나는 태양광발전이 에너지산업을 붕괴시키게 될 다양한 이유를 설명할 것이다. 나는 이와 비슷한 일을 경험한 적이 있다. 태양광발전의 기하급수적인 성장을 보며 나는 시스코 시스템즈Cisco SystemS가 지금보다 훨씬 작았던 시절을 회상한다.

1993년 시스코 시스템즈의 사업개발부서에서 일할 때 나는 인터넷의 성장을 보며 이런 예측을 했다. "시장이 지금과 같은 속도로 성장한다면 10년 안에 10억 개의 인터넷 기기가 보급될 것이다." 내가 이런 말을 하면 당시 사람들은 나를 이상하게 쳐다보곤 했다. 그들을 포함한 대부분의 사람들이 10억 명의 사람들이 조만간 인터넷에 연결되는 기기를 갖게 된다는 것을 믿기는커녕 인터넷이 무엇인지도 잘 몰랐다.

1990년에는 단 하나의 웹서버와 하나의 웹브라우저가 있었다.

둘 다 스위스의 유럽원자핵공동연구소Conseil Europeen pour la Recherche Nucleaire, CERN 소속 팀 베르너스 리Tim Berners Lee, '인터넷의 아버지'로 불리는 영국의 컴퓨터 과학자의 NeXT 컴퓨터에서 운영되고 있었다. 유럽 밖의 웹서버로는 1991년 12월 캘리포니아 주 팔로알토에 위치한 스탠퍼드 대학교 선형가속기센터SLAC, Stanford Linear Accelerator Center에 처음 등장했다. 그리고 오늘날 인터넷에 연결되는 기기는 100억 개가 넘는다.

태양광도 이와 비슷한 기하급수적 궤적을 보인다. 전 세계적으로 설치된 태양광발전 설비 용량은 2000년 1.4기가와트에서 2013년에는 141기가와트로 성장했다. 이 기간의 연평균 복합성장률compounded annual growth rate, CAGR은 43%다.

태양광발전 부문이 매년 43%씩 성장한다면 2030년경 태양광발전 설비의 용량은 56.7테라와트에 이를 것이다. 이를 기존의 기저부하 전력으로 환산하면 약 18.9테라와트에 해당한다. 미국 에너지정보청 Energy Information Agency은 2030년의 전 세계 에너지 수요량을 16.9테라와트로 예측한다. 태양광발전이 기하급수적 궤적을 지속한다면 2030년의 에너지 인프라는 태양광으로 100% 충족될 것이다. 전 세계의 에너지가 전부 태양광으로 채워질 것이라고 말하면, 20년 전에 10억 개의 인터넷 단말기가 생겨날 것이라고 예측했던 당시처럼 대부분의 사람들은 정신 나간 소리라는 반응을 보인다. 문제는 '태양광이 향후 10~20년 동안 지금의 기하급수적 성장을 나타낼 수 있을까?' 하는 점이다.

그 질문에 대한 대답은 태양광의 성장률이 실제로 가속되고 있다는 사실에서 예측할 수 있다. 일반적으로 어떤 기술의 산물이 임계량

돌이킬 수 없는 지점을 넘어서면 시장의 성장은 실제로 가속된다. 태양광이 전 세계의 많은 시장에서 임계량에 도달하면 시장의 선순환으로 태양광 시장의 성장은 다음과 같은 특징을 보이면서 점점 더 가속될 것이다.

- 자본 조달 능력은 증가하고 자본비용은 감소할 것이다.
- 지역으로 분산된 에너지 발전이 증대될 것이다.
- 에너지 구조가 중앙집중형에서 분산형으로 전환될 것이다.
- 센서, 인공지능, 빅데이터, 모바일통신 등의 기술 이용이 폭발적으로 늘어날 것이다.
- 자원 기반 에너지의 원가가 상승할 것이다.
- 풍력, 전기자동차, 자율주행자동차와 같은 상호보완적인 시장이 기하급수적으로 성장할 것이다.
- 태양광, 풍력, 전기자동차, 자율주행자동차와 공유할 수 있는 에너지 저장기술에 대한 투자가 증대될 것이다.
- 에너지 구조는 점점 더 분산될 것이다.
- 기존의 지휘 통제적 에너지 비즈니스모델은 가격 상승의 악순환을 겪으며 '좌초된 자산'이 될 것이다.

이러한 모든 태양광(그리고 풍력) 시나리오는 이미 진행되고 있다. 호주 에너지 시장기구의 보고서에 따르면, 2020년 새로 추가되는 발전용량의 97%는 태양광과 풍력발전이 될 것이다. 이후 전체 전력망이 태양광과 풍력발전으로 채워질 때까지 낡고 더러운 발전소들은 하나둘씩 퇴역하게 될 것이다.

기하급수적으로 개선되고 있는 기술과 새로운 비즈니스모델, 참여적인 금융과 에너지 문화로 인한 붕괴가 다가오고 있다. 상당수의 기존 '에너지 전문가'들은 이와 다르게 말할 것이다. 그들은 붕괴 과정에 돈이 매우 많이 들거나 수십 년 또는 100년이 걸린다고 말할 것이다. 과거 '통신 전문가'들도 비슷한 예언을 했다.

1985년 AT&T는 선도적인 경영컨설팅회사인 맥킨지McKinsey에 2000년의 미국 휴대폰 시장에 대한 예측을 의뢰했다. 맥킨지는 2000년에 판매될 휴대폰이 100만 대 미만일 것으로 예측했다. 그동안 사실상 무선통신 분야를 개척해왔던 AT&T는 시장 기회가 너무 적다고 생각해 무선통신 산업에 진입하지 않기로 했다. 1980년대 중반에는 '스마트'했던 유선통신 수입을 우선해 휴대폰을 거부한 것이다. 하지만 2000년이 되자 휴대폰 숫자는 1억 600만 대에 이르렀다. '스마트한 통신 전문가'들의 예측은 100배나 틀린 것이다. AT&T는 결국 1994년에 128억 달러에 이동통신기업 맥코우McCaw를 사들여 시장에 다시 진입했다.

전 세계 70억 인구 가운데 60억 명이 휴대폰을 가지고 있다. 유엔 자료에 의하면 전 세계 인구 가운데 45억 명만이 화장실 이용이 가능하다. 화장실을 이용하는 인구보다 휴대폰을 이용하는 인구가 더 많다. 미노아에서 화장실이 발명된 지 2,800년이 지났고 로마에 하수도 시스템이 건설된 지 2,000년이 지났다. 반면 휴대폰 이용자는 20년 만에 화장실 이용자를 넘어섰다. 분산형, 무선, 비트 기반의 인프라는 중앙집중식, 파이프라인, 원자 기반의 인프라보다 더 용이하게 구축할 수 있다는 사실을 인정해야 할 것이다.

조 달러 규모의 산업을 20년, 심지어 2년 안에 붕괴시킨 많은 예가 있다. 코닥은 2003년까지는 사진업계의 거인이었다. 애플이 2007년에 아이폰을 출시하기 전까지 스마트폰 시장은 틈새시장이었다. 애플이 2010년 아이패드를 출시하기 전까지 태블릿은 거의 찾아볼 수 없었다.

아이폰과 아이패드는 기하급수적 성장을 대표한다. 기하급수적 성장은 쉽게 이해하기 어려우며 쉽게 상상하기도 어렵다. 그러나 어떤 상품 종류가 기하급수적 성장세를 보인다면 주의를 기울일 필요가 있다. 10~20년 사이의 기하급수적 성장은 파괴적 영향을 가져온다. 태양광이 이런 파괴적 에너지가 될 것이다.

그러나 단지 파괴력을 가진 기술 혁신만이 현존하는 상품과 산업을 몰아내 시장을 붕괴시키는 것은 아니다. 현존하는 비즈니스를 붕괴시키는 요소로 기술 혁신 못지않게 비즈니스모델의 혁신도 중요하다. 비즈니스모델의 붕괴를 이해하기 위해서는 금융과 금융 혁신을 먼저 이해할 필요가 있다.

2장

금융과
에너지산업의 붕괴

■■■■■ 비즈니스모델 혁신은 기술 혁신보다 중요하다. 에이브 레이첸탈 Abe Reichental, 3D

시스템즈 CEO ■■■■ 사람들이 자신의 능력을 포기하는 가장 흔한 방법은 자신이 가진 것이

아무것도 없다고 생각하는 것이다. 앨리스 워커 Alice Walker ■■■■ 어떤 온라인 데이터베이스

라도 매일 읽는 신문을 대체할 수 없다는 것이 진실이다. 클리포드 스톨 Clifford Stoll, 천문학자

1918년 미국에서는 13가정 가운데 한 가정 정도가 자동차를 보유하고 있었다. 그 후 11년이 지나면서 80%의 가정이 자동차를 보유하게 되었다. 미국의 자동차 시장이 불과 10년 남짓한 기간 동안 거의 전체 시장을 차지하게 된 주된 이유는 제너럴 모터스가 시작한 하나의 혁신 때문이었다. 그 혁신은 엔진이나 새로운 변속기 등 기술 혁신과는 아무 상관없는 것이었다. 1919년 제너럴 모터스는 듀폰DuPont과 협력해 GMACGeneral Motors Acceptance Corporation: 제너럴 모터스의 전속 할부금융사를 설립했다. 이 회사를 세운 목적은 자동차 구매자에게 자동차 할부금융을 제공하는 것이었다. 7년이 지나자 75%의 자동차 구매자들이 이를 이용하게 되었다.

자동차 할부금융은 제너럴 모터스와 듀폰이 만들어낸 금융 혁신으로 기술 혁신과는 다르다. 그러나 이를 통해 많은 구매자가 자동차를 살 수 있게 되었다. 다시 말해, 운송산업은 이전에 경험하지 못했던 비즈니스모델에 의해 붕괴되었다. 에너지산업도 이와 마찬가지로 새로운 비즈니스모델에 의해 붕괴되고 있다.

서비스로서의

태양광

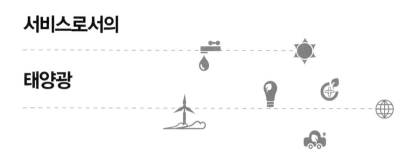

2008년 선에디슨SunEdison이라는 회사는 '서비스로서의 태양광' 개념을 도입했다. 주택용, 상업용 건물의 발전 설비 구매자가 태양광패널 구매에 자본을 투자할 필요가 없도록 한 것이다. 선에디슨은 고객의 옥상에 태양광패널을 설치하고 소유하며, 유지보수하는 비용을 융자하겠다고 제안했다. 이 회사의 제안서에는 계약금 항목도 없었다. 주택 소유자들은 기술적, 재정적, 또는 유지보수와 관련한 어떤 위험부담도 질 필요가 없었다.

선에디슨과 20년 계약을 맺으면 20년 뒤에는 설치된 장비를 대폭 할인된 가격에 구매하거나 옥상에서 장비를 철거하도록 할 수 있다. 선에디슨에 이어 실리콘밸리의 태양광 설치 업체 솔라시티가 솔라리스SolarLease라는 금융상품을 만들면서 태양광 시장은 폭발적으로 늘어나기 시작했다. 솔라리스 계획에 의하면 소비자들은 태양광 장비를 구매하는 대신 임대할 수 있다.

임대가 인기를 얻게 되자 선지비타나 선런 등의 실리콘밸리 기업들이 선에디슨과 솔라시티에서 제공하는 솔라리스 또는 태양광 전력 구매계약solar power purchase agreements, solar PPAs에 참여하기 시작했다. 이 태양광기업들은 소비자들에게 계약금이 없고 계약 기간14~20년 동안 정액결제 등의 내용을 가진 '서비스로서의 태양광 계약'이라는 혁신적인 금융상품을 제안했다.

서비스로서의 태양광 계약은 크게 두 가지 종류가 있다.

- 태양광 전력 구매계약 소비자는 계약 기간 중 태양광패널에서 발전되는 전기를 정해진 요금으로 구매한다.
- 솔라리스 소비자는 전력 생산과 관계없이 일정 금액의 태양광 설비 리스요금을 매달 지불한다.

두 가지 계약 모두 소비자가 태양광패널을 구매하거나 임대해서 설치하고 유지보수하며 부차적인 기술을 이용하는 데 비용 부담이 없도록 했다. 태양광 전력 소비자들은 이제 100여 년 전 자동차 구매자들이 누릴 수 있었던 것과 동일한 선택조건을 갖게 되었다. 소비자들은 태양광 전력을 현금으로 살 수도 있고 신용대출을 할 수도, 임대할 수도 있게 되었다.

이러한 금융 혁신은 효과가 있었다. 미국 태양광 시장은 2009년 이래 매년 거의 2배씩 성장해 연간 복합성장률이 97%에 이르렀다. 이러한 성장은 대부분 제삼자 태양광 금융기업 덕택이다.

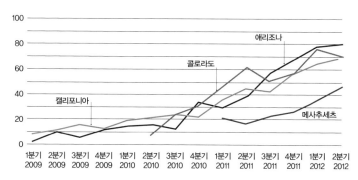

[자료 2–1] 주택용 태양광 설비 제삼자금융 이용비율

애리조나

콜로라도

캘리포니아

메사추세츠

1분기 2분기 3분기 4분기 1분기 2분기 3분기 4분기 1분기 2분기 3분기 4분기 1분기 2분기
2009 2009 2009 2009 2010 2010 2010 2010 2011 2011 2011 2011 2012 2012

• 출처 : 태양에너지산업협회, GTM 리서치

2012년 중반 캘리포니아 주, 콜로라도 주, 애리조나 주의 제삼자금융에서 주택용 태양광 설비자금을 조달하는 비율은 한 자리 숫자에서 75~80%로 치솟았다. 이 비율은 지금도 상승하고 있다. 현재 약 80%의 주택 및 상업용 건물에 태양광발전 설비를 설치하는 주체들이 제삼자금융을 이용하고 있다. 콜로라도 주에서는 그 비율이 90%에 이른다. 이러한 비즈니스모델 혁신은 성공적으로 평가되어 2009년 미국의 대중과학지 〈사이언티픽 아메리칸Scientific American〉은 '계약금 없는 태양광 계획'을 '세상을 바꾼 20가지 아이디어'의 하나로 선정했다.

제삼자금융은 소비자들이 은행에 가서 태양광발전 설비를 설치하기 위해 신용대출을 신청할 필요가 없게 해주었다. 나아가 제삼자금융은 태양광에 대한 이야기를 변화시켰다. 수년 동안 기존 에너지기업들은 '자본금 회수'라는 개념으로 태양광패널을 설치하려는 소비자들을 위축시켜왔다. 그들은 태양광에너지를 이용하게 되면 초기 투자 자본을 회수하는 데 많은 시간이 소요된다고 말했다.

'자본금 회수' 개념은 다음 두 가지 가정을 기초로 한다.

* 고객은 태양광 설치비용을 현금또는융자으로 낸다.
* 태양광 전력 설치 초기에 고객은 기존 전력에 비해 더 많은 돈을 내지만, 기존 방식의 전력요금은 점차 오르지만 태양광 원가는 고정되어 있으므로 결국 고객은 초기 투자금액을 충분히 회수할 수 있다.

제삼자금융은 이러한 개념을 근본적으로 뒤엎어놓았다. 선지비티의 공동설립자인 대니 케네디는 2012년 스탠퍼드 대학교의 내 강좌에서 이렇게 말했다. "아무것도 투자하지 않고 첫날부터 돈을 절약할수 있다면, '자본금 회수'라는 용어가 의미 있을까요?"

태양광 제삼자금융의 초기 선도 기업이었던 솔라시티는 2012년 12월에 기업을 공개해 13억 달러 이상의 프로젝트 파이낸스 자본을 모았다. 선런은 2013년 6월 주택용 태양광 설비금융을 위해 JP모건 JPMorgan Chase, US뱅크US Bank 등에서 6억 3,000만 달러의 투자를 이끌어냈다. 비빈트솔라Vivint Solar는 7억 4,000만 달러를 모았으며 클린파워파이낸스Clean Power Finance는 태양광설치 금융으로 5억 달러를 운용하고 있다.

2013년 8월 솔라시티는 태양광 설치 용량이 144%, 임대수익이 78.8% 성장했다고 발표했다. 회사의 주식은 4배가 올라 주당 40달러가 되었으며 기업가치는 29억 달러가 되었다. 주식은 몇 달 만에 다시

2배가 되었다. 100년 전에 자동차산업이 그랬듯이 비즈니스모델 혁신으로 인해 태양광산업의 주식가치가 급등하고 있는 것이다.

태양광패널 원가 하락

초기 자동차산업과 오늘날 태양광산업의 유사점은 여기에 그치지 않는다. 자동차 할부금융을 제외하면, 자동차 시장이 높은 성장률을 보였던 또 다른 핵심 이유는 원가 절감이었다. 원가 절감을 이룰 수 있었던 주된 이유는 경쟁, 규모, 혁신이다.

1908년 포드Ford의 T모델 판매가는 850달러였다. 이는 미국의 중산층에게는 너무 비싼 가격이었다. 그러나 1914년에 이르자 T모델의 가격은 490달러로 하락했고 1921년에는 310달러까지 떨어졌다. 13년 만에 62%가 떨어진 것이다. 1908년에서 1921년까지의 자동차 가격 하락을 태양광발전 설비와 비교해보자. 2009년 '전형적인' 4킬로와트 주택용 옥상태양광 설비의 가격은 3만 2,000달러였다. 이 가격은 근로자가구 수입 중앙값보다 높았다. 2009년 근로자가구 수입 중앙값은 2만 6,684달러였다. 그러나 태양광패널 가격은 2011년에만 50% 하락했다. 태양광패널 가격은 100년 전의 자동차 가격보다 더 빠르고 더 많이 하락하고 있다. 자동차산업은 한번 임계량을 돌파하자 10년이 조금 넘는 기간1908~1921년 안에 말을 중심으로 하는 운송산업을 완전히 붕괴시켰다. 우리는 태양광에너지에서도 같은 점유율 상승곡선을 기대할 수 있다. 여기에 맞서 견딜 수 있는 것이 무엇이 있겠는가?

자본비용과 자본의 비용

태양광 자본비용의 주된 부분은 '연성비용'이 차지하고 있음을 앞서 이야기했다. 그리고 태양광발전 설비를 설치하기 위한 금융비용은 태양광 전기 원가균등화 전력비용를 구성하는 가장 중요한 인자가 되었다. 주택을 30년 융자로 구입한다면 매월 할부금의 대부분은 이자를 갚는 것이다. 태양광발전 설비 금융도 이와 같다.

연료태양의 원가는 제로다. 유지보수비도 제로에 가깝다. 가끔씩 패널을 씻어주고비가 이 역할을 해줄 때가 있다 10년 정도마다 인버터를 교체해주면 된다. 인버터는 패널에서 생성된 직류전기를 가정에서 사용하는 교류전기로 바꾸어주는 역할을 한다. 결국 태양광을 사용하는 사람이 태양광에너지에 지불하는 금액의 대부분은 자본을 빌린 데 따르는 비용이자이다.

솔라시티의 CEO인 린든 라이브Lyndon Rive는 자본비용의 1%포인트가 와트당 20센트와 맞먹는다고 말한다. 무엇이 태양광발전을 저해하는가? 이 질문에 라이브는 태양광산업이 그간 설치비용을 조달하기 위해 '신용카드 이자율연리 10~20%의 이자율'에 맞먹는 높은 이자를 지불해왔다고 말했다.

하지만 금융 혁신이 태양광 시장의 문턱을 낮춰주었다. 앞서 설명한 태양광 전력 구매계약과 솔라리스의 개념은 태양광을 에너지로 선택할 수 있는 시작점이 되었다.

사례 연구 :

소노마 카운티의

PACE 펀딩

샌프란시스코의 북쪽에 위치한 소노마 카운티는 청정에너지 생산을 위해서는 저렴하고 쉽게 접근할 수 있는 자본이 중요하다는 것을 입증한 첫 번째 사례다.

2011년 말 소노마 카운티에는 주민 한 명당 500와트의 태양광발전 설비와 주민 100명당 4.5기의 태양광 설비가 있었다. 이 숫자는 그리 많아 보이지 않지만 소노마 카운티의 숫자를 캘리포니아 주 전체의 3,800만 인구에 적용하면 19기가와트와 170만 기의 태양광 설비가 된다. 캘리포니아 주에 설치된 실제 숫자는 이 숫자의 10분의 1도 안 된다. 사실 소노마 카운티의 태양광 현황은 캘리포니아 주의 2020년 분산형 발전목표12기가와트보다 45% 높으며, 태양광 설비 숫자100만 기의 옥상 태양광 설비보다 70% 더 높다.

소노마 카운티는 국가적 금융 위기 상황의 중심에서 미 연방주택

금융청의 극심한 반대를 뚫고 이 같은 수치를 3년 이내에 달성했다. 소노마 카운티는 올바른 일을 한 것이다.

소노마 카운티 청정에너지 계획의 중심점이 되는 것은 소노마 카운티 에너지독립계획Sonoma County Energy Independence Program, SCEIP이다. 소노마 카운티 에너지독립계획은 청정에너지 부동산평가property assessed clean energy, PACE 계획의 하나다. 2009년 3월에 시작된 PACE 계획의 목적은 '소노마 카운티의 주택과 상업 공간 가운데 80%를 가장 높은 비용—효과를 가진 에너지 효율 수준으로 개선하는 것'이다. 이 계획은 지방정부가 주택과 상업용 부동산의 에너지 효율성과 청정에너지 프로젝트에 대한 금융 지원을 위해 민간자본 시장을 이용하는 지방자치 금융계획 개념으로, 주택과 상업용 부동산의 재산세 평가를 통해 금융 지원이 이루어진다. PACE 계획은 〈사이언티픽 아메리칸〉이 '세상을 바꾼 20가지 아이디어'의 하나로 선정한 '계약금 없는 태양광 계획'의 변형된 형태다. 소노마 카운티의 PACE 계획은 다음과 같은 특징을 가진다.

- 융자는 대출이 아니라 지급보증의 형태다. 대출과 달리 지급보증은 개인보다는 부동산에 귀속된다. 이것이 융자의 위험성을 대폭 낮춰준다.
- 지급보증은 유치권을 가지며 만약 상환이 완전히 끝나기 전에 부동산이 매각된다면 상환의 의무는 자동으로 차후의 부동산 소유자에게 이전된다.
- 융자 기한은 대개 10~20년이며 소유자의 연간 재산세 평가에

의해 상환조건이 결정된다.

- 개선사항은 부동산 자산에 영구적으로 고정되어야 한다.

PACE 계획은 원래 2005년 캘리포니아 주 버클리 시에서 만들어졌으며 미국 내 23개 주로 퍼져나갔다. SCEIP는 6,000만 달러의 자금을 조성했다. 4,500만 달러는 카운티 재무부에서, 1,500만 달러는 카운티 수도국에서 조달했다. SCEIP는 주택 2,855채와 상업용 빌딩, 87개의 에너지 개선 프로젝트에 5,850만 달러를 지원했다. SCEIP의 682개 일자리 가운데 79%는 지역 내에 생긴 일자리로 추정된다.

나는 이 책에서 태양광에 초점을 두고 있지만 SCEIP는 1,000개가 넘는 비非태양광 프로젝트도 지원하고 있다. 500개의 창문과 출입문 설치 프로젝트, 200개의 HVAC난방, 환기, 에어컨 프로젝트, 200개의 천장 및 단열 프로젝트가 포함되어 있다. 소노마 카운티는 PACE 계획이 국가적 경기 후퇴와 금융 위기를 겪는 가운데서도 효과가 있다는 사실을 증명했다. SCEIP는 세금이 아니라 개인투자자에게서 모은 채권을 통해 자금을 조달했고 금융 프로젝트를 통해 적으나마 이익을 보았다.

다른 주정부나 지방정부는 소노마 카운티와 PACE 계획의 성공에 주목했다. PACE는 지방정부의 프로그램이며, 주정부 수준에서 진행하기 위해서는 법률의 제정이 필요하다. PACE 펀딩은 23개 주에서 활용 중이며 추가로 20개가 넘는 주에서 검토하고 있다.

PACE 계획을 국가적으로 보면 어떨까? 만약 미국 전체가 소노마 카운티의 평균인 주민 1인당 태양광 전기 500와트, 주민 100인당 4.5

기의 태양광발전 설비를 달성한다면 미국은 159기가와트와 1,400만 기의 태양광 설비를 갖게 될 것이다. 그 발전 용량은 원자력발전소 159기의 피크 용량과 맞먹는 수치이며 대략 미국과 일본의 원자력발전소를 합친 것과 비슷하다.

그뿐만 아니라 미국은 소노마 카운티가 그랬듯이, 이러한 발전 설비를 3년 안에 달성할 수 있다. 이는 정말 파괴적인 시나리오다. 원자력발전소는 3년 안에 쓸모없어져 문 닫게 될 것이다. 전력기업은 결코 경쟁할 수 없다. 연방정부가 청정에너지 경제를 구축하기를 원한다면 존 F. 케네디John F. Kennedy 대통령이 '달을 향해 쏘았듯이' '해를 향해 쏘면' 되는 것이다. 소노마 카운티의 PACE 계획은 이것이 실현 가능하다는 사실을 조용히 증명했다. 소노마 카운티는 방법을 제공했다. 과연 연방정부가 솔선수범할 수 있을까?

하지만 PACE 계획이 전국적으로 빠르게 확산되는 것을 갑작스럽게 중지시킨 것은 묘하게도 연방정부였다. 주택금융 준정부기구인 페니메이Fannie Mae: 미국 주택 구입희망자들이 금융기관에서 대출을 쉽게 받을 수 있도록 금융기관에 자금을 대주는 정부지원기업 연방저당권협회의 약칭와 프레디맥Freddie Mac: 미국의 2대 모기지 기관 중 하나인 연방주택금융저당회사의 약칭, 연방주택대부은행 등을 감독하는 연방주택금융청이 PACE 계획을 반대했다. 연방주택금융청은 'PACE 계획에 의해 우선순위 유치권이 설정되고 나면 대출기관, 서비스기관, 주택금융증권 투자자들의 리스크 관리에 어려움이 생길 수 있다'고 주장했다.

나는 SCEIP 관리자인 다이앤 레스코Diane Lesko에게 PACE 계획이 지원하는 에너지 개선 사업이 고위험투자라는 연방주택금융청의 주장에 대해 물어보았다. 그녀는 소노마 카운티 PACE 계획의 부도율은 1.1%인 반면 주택담보대출의 부도율은 10%에 이른다고 대답했다. 태양광 사업은 주택담보대출보다 위험이 낮은 투자다. 하지만 납세자의 세금으로 금융서비스를 제공하는-수천억 달러의 시시껄렁한 주택담보대출이 가능하도록 해 미국 경제를 거의 무릎 꿇게 만든-페니메이와 프레디맥이 미국 은행들에게 부도율 1.1%밖에 되지 않는 자산에는 자금을 지원하지 말라고 한 것이다.

PACE 계획은 금융 혁신에 성공했다. 그러나 정치권이 이를 방해하고 있다. 연방정부는 승리의 문턱에서 패배의 길을 가고 있다. 나는 SCEIP의 다이앤 레스코에게 에너지 독립계획이 성공을 거두기 위해 가장 중요한 요소가 무엇인지 물었다. 그녀는 즉시 "정치적 의지입니다. 공동의 목표를 달성하기 위해서는 리더십이 더해져야 합니다"라고 대답했다.

연방주택금융청의 주택용 PACE 융자 반대에도 불구하고, 많은 지방자치단체들은 상업용 태양광 사업에 PACE 계획을 적용하고 있다. 플로리다 주의 마이애미-데이드 카운티는 산타로사_{소노마 카운티의 도시}의 금융서비스 기업인 이그렌에너지_{Ygrene Energy}와 함께 5억 5,000만 달러 규모의 상업용 PACE 계획을 시작한다고 발표했다. 이그렌에너지는 캘리포니아 주 새크라멘토에서 1억 달러 규모의 PACE 계획을 준비하고 있다.

소노마 카운티는 접근이 용이하고 자본비용이 낮은 금융을 통해 청정에너지 시장의 문을 열고 성장을 가속화할 수 있음을 증명했다. 태양광 사업은 금융 혁신이 필요하며 소노마 카운티가 이를 제공했다. 또한 소노마 카운티는 붕괴가 얼마나 신속하게 일어날 수 있는지를 보여주었다.

참여금융 :

태양광 사업을 위한

크라우드펀딩

앞서 PACE 계획, 태양광 전력 구매계약, 솔라리스와 같은 금융 혁신을 통해 주택과 상업용 규모의 태양광 시장이 얼마나 빠르게 성장할 수 있는지를 살펴보았다. 한편 웹을 이용한 공유경제는 태양광 설비에 이용될 수 있는 또 다른 수단을 창조했다.

2012년 12월 10일 샌프란시스코에 있는 비정부기구 리볼브Re-Volv는 인디고고닷컴Indiegogo.com이라는 크라우드펀딩crowd funding, 즉 참여금융 웹사이트를 통해 모금 캠페인을 벌였다. 리볼브는 지역사회조직 건물에 태양광 설비를 설치하기 위해 6주 안에 1만 달러를 모으는 목표를 세웠다. 리볼브는 단 3주 만에 100명의 기부자로부터 1만 달러를 모금했고 최종적으로 목표를 50%나 초과해 1만 5,391달러를 모금했다. 기부자들이 돈을 내놓은 이유가 지역사회조직을 돕는다는 만족감 외에 무엇이 있었을까? 1,000달러씩을 기부한 두 사람은 샌프란시스코에 있는 리볼브 사무실을 방문해 직원들과 만나는 기회를 가졌다. 500달러를 기부한 사람들은 안드레아스 카렐라스Andreas Karelas 이사의 전화를 받았다. 50달러를 기부한 사람들은 내가 쓴 책인 《솔라 트릴리언스》와 폴 와프너Paul Wapner의 《자연의 종말 시대에 살아가기Living Through the End of Nature》 중에서 원하는 것을 선택할 수 있었다.

리볼브의 크라우드펀딩 캠페인이 끝나고 3개월 뒤에 안드레아스 카렐라스 이사는 내게 이메일을 통해 버클리의 숄-앤더슨 댄스센터 옥상에 10킬로와트 규모의 태양광발전 설비를 설치하기로 계약했다는 사실을 알려왔다. 그렇게 설치된 태양광 설비는 계약이 끝날 때까지 댄스공동체의 전력 수요를 100% 충족시켜 줄 것이다.

1년 뒤에 리볼브는 두 번째 모금캠페인을 시작했고 이번의 모금 목표는 5만 5,000달러였다. 결과적으로 미국 20개 주와 7개국의 303명의 기부자가 목표를 1,000달러 초과할 수 있게 해주었다. 이 돈은 오클랜드 주의 케힐라 커뮤니티 시나고그Kehilla Community Synagogue에 22킬로와트 규모의 태양광발전 설비를 설치하는 데 사용되었다. 안드레아스 카렐라스는 "태양광 시스템의 수명이 다할 때까지 12만 달러의 전력요금을 절약할 수 있을 것"이라고 행복한 목소리로 말했다.

리볼브는 비영리기관이고 지역사회조직이다. 태양광은 수조 달러의 금융 기회를 의미한다. 크라우드펀딩으로 대표되는 참여적인 지역사회운동이 에너지산업을 붕괴시킬 수 있을까?

덴마크의

풍력발전 협동조합

에너지산업은 계층적이고 지휘 통제적인 세계다. 대형 은행은 대형 에너지 자산에 투자하고 대형 발전소는 개인과 가정, 기업에 에너지를 판매한다. 에너지는 한 방향으로 흐르고(대형 에너지기업에서 사용자로) 현금은 반대 방향으로 흐른다(사용자에서 대형 에너지기업으로). 대형 에너지기업의 모든 의사결정은 소수의 개인과 이사회에서 이루어지며 대부분의 의사결정은 사용자나 사회에 책임을 지는 것이 아니다.

참여에너지란 개인과 가정이 자신과 지역사회에서 사용하는 에너지의 발전, 송전, 저장에 참여하는 것이다. 참여금융이란 개인과 가정이 자신 또는 지역사회가 사용할 에너지 자산에 직접 투자하는 것이다. 개인은 참여금융을 통해 에너지 자산에 직접 투자할 수 있다. 개인들은 투자하고 싶은 에너지 프로젝트 청정하고 분산되어 있으며 상대적으로 소규모인를 선택하고 이러한 프로젝트로부터 이익을 돌려받는다.

1970년대에 덴마크가 보여주었듯이, 참여에너지와 참여금융은 손잡고 함께 갈 수 있다. 덴마크의 풍력에너지 시장은 현재 세계에서 가장 높은 시장점유율을 나타내고 있다. 2013년 11월 3일 덴마크는 전체 전력 수요의 100%를 풍력으로 발전해 세계기록을 경신했다. 덴마크의 에너지 시장은 일반적인 지휘 통제적 특징을 보이지 않는다. 덴마크는 근본적으로 최대 전력회사의 투자나 참여 없이도 세계에서 가장 큰 풍력발전 시설과 시장을 구축했다. 그 이유는 지역사회가 풍력발전 자산에 투자하고 있기 때문이다.

지역사회가 풍력에너지를 채택하도록 장려하는 차원에서 덴마크 정부는 지역사회의 풍력발전에 투자하는 개인 또는 가정에 인센티브를 주는 제도를 만들었다. 시장이 성장하고 풍력터빈의 규모도 커짐에 따라 대규모의 투자가 필요해졌다. 그러자 개인들은 '풍력발전 협동조합'의 지분에 투자하는 방식으로 지역의 풍력터빈과 풍력발전 단지를 개발하고 투자했다. 2001년 기준 10만여 가정이 풍력발전 협동조합에 가입했다. 이러한 협동조합들은 덴마크 풍력터빈의 86%를 운영하고 있다. 덴마크의 풍력발전 협동조합은 에너지 부문에 대한 참여금융의 첫 번째 중요한 사례가 되었다. 또한 참여에너지의 첫 번째 중요한 사례이기도 했다. 덴마크 국민은 원하는 유형의 에너지(대부분은 풍력이지만 지열 또는 태양광도 있음)를 선택할 수 있고 이를 지역사회와 공유한다. 또 덴마크는 대규모, 중앙집중식의 발전소에서 분산 발전소 모델로 이전하는 첫 번째 중요한 사례가 되었다.

덴마크에서 참여에너지와 참여금융은 손잡고 일했다. 2005년에 15

만여 가정이 풍력터빈을 소유하거나 풍력발전 협동조합에 가입했으며, 협동조합들은 전체 풍력터빈의 75%를 운영했다. 2008년에 덴마크 풍력발전은 국가 전체 전력의 19.1%를 발전했다.

덴마크 국민의 86%는 청정하고 분산된 에너지를 지지하고 있으며 덴마크의 풍력발전 시장은 계속 성장하고 있다. 2012년 말 국가 전력의 30%를 풍력발전으로 공급했다. 덴마크 정부는 2020년까지 전체 전력 가운데 50%를 풍력을 통해 발전하겠다는 계획을 세우고 있다.

덴마크의 참여에너지 모델은 유럽으로 확산되고 있으며, 특히 독일에서 큰 인기를 끌고 있다. 독일은 세계에서 태양광발전 설비가 가장 많이 설치된 나라로 대부분이 대형 전력회사의 참여가 없는 방식으로 이루어졌다. 독일의 태양광발전은 참여에너지의 성공적 사례 가운데 하나다. 자신의 부지 안에 태양광발전 설비를 설치하는 주체는 대부분 개인이나 작은 기업들이다. 이러한 시설에 들어가는 비용은 주로 은행에서 융자를 받는다. 독일에는 덴마크와 같은 참여금융이 없었다. 한편 영국이나 네덜란드에서는 풍력과 태양광 프로젝트를 위해 모금을 하는 소규모 크라우드펀딩 업체들이 생겨나고 있다.

2013년 9월 24일 윈드센트럴WindCentrale은 풍력발전소를 건설하기 위해 130만 유로를 모금했다고 발표했다. 이것은 평범한 모금 캠페인이 아니었다. 이 회사는 주식 6,648주를 1,700명에게 주당 200유로에 팔았고, 주식 소유자들은 2메가와트 풍력발전소의 주주가 되었다. 주주들은 연간 500킬로와트시의 발전 전력에서 나오는 이익을 나누어 갖게 된다. 윈드센트럴은 매년 에너지 가격이 3% 오른다고 가정할 때 주주배당은 8.5%가 될 것이라고 예측했다. 전력은 35만 명의 네덜란

드 국민에게 청정에너지를 공급하는 그린초이스GreenChoice라는 기업
을 통해 판매된다.

미국은 유럽 국가를 따라잡을 수 있을까? 누가 수조 달러에 이르
는 태양광 사업의 재정을 지원하게 될까? 대형 은행(독일의 사례)이 될
까, 또는 개인과 가정(덴마크의 사례)이 될까?

샌프란시스코

주민들이 세운

금문교

참여금융과 크라우드펀딩은 새로운 현상으로 보이지만 샌프란시스코 시민들에게는 그렇지 않다. 그들은 이미 수십 년 전에 이를 경험했다. 미국 서해안의 상징이며, 인간이 만든 구조물 중에서 가장 사랑받는 다리인 금문교Golden Gate Bridge는 캘리포니아 주민들의 참여 없이는 건설되지 못했을 것이다. 금문교 건설이 제안된 것은 1916년이었다. 당시 샌프란시스코는 미국에서 가장 큰 도시였지만 주요 이동수단은 배를 이용하고 있었다. 열정 있는 건축가이자 사업가였던 조지프 스트라우스Joseph Strauss는 10년 이상이나 북부 캘리포니아 교량에 대한 지원을 받으려고 애써왔다. 당시 골든게이트 페리회사는 여객선 운항 기업 중 세계에서 가장 컸다. 이 회사는 당시 재정적으로나 정치적으로 가장 강력한 기업인 서던퍼시픽철도의 자회사였다. 페리 사업은 수익이 짭짤했는데 만약 골든게이트를 가로지르는 다리가 건설되면 사업이 붕괴할 수밖에 없었다.

1928년 캘리포니아 주의회는 금문교와 고속도로 지구 법안을 통과시켰다. 이 법안에 의해 다리를 설계, 건설, 운영하는 데 들어가는 자금을 지원해줄 여섯 개 카운티샌프란시스코, 마린, 소노마, 델 노르테, 나파와 몬도시노의 일부 지구가 탄생했다.

다리 건설비용은 3,500만 달러로 예상되었다. 1929년 월스트리트 폭락으로 온 나라가 대공황에 빠져든 시점이라 공공예산을 지원받을 수 없었다. 스트라우스와 동료들은 캘리포니아 주민들을 대상으로 다리 건설 예산을 모금하기로 했다. 1930년 11월 4일 금문교와 고속도로 건설 지구 여섯 개 카운티 주민들은 자신들의 집, 농장, 기타 부동산을 금문교 건설비용인 3,500만 달러의 채권 발행 담보로 제공할지에 대해 투표했다.

페리를 운영하는 서던퍼시픽철도와 협력회사들은 악의적인 반대 정보 캠페인을 벌였다. 이들은 전통적인 두려움, 불확실성, 의심을 유도했다. 이는 요즘 화석연료산업과 원자력발전산업이 청정에너지산업에 대해 벌이는 캠페인과 유사한 것이었다. 다리 건설을 반대하는 측에서는 이렇게 주장했다.

'다리를 건설하게 되면 전 세계의 대형 선박들이 항구에 들어오지 못하게 된다. 적 함대는 다리를 파괴하고 미국의 함대를 격파할 것이다. 다리는 건설될 수 없고 건설된다고 하더라도 유지되지 못할 것이다. 골든게이트 해협의 지반은 교각과 타워의 무게를 지탱할 수 없다. 프로젝트는 전부 엉터리이고 거짓말이다. 어리석은 사람들만이 무너질 게 뻔한 다리의 채권을 살 것이다. 납세자들은 고통을 겪을 것이

고 실패작에 대해 계속 재정을 부담해야 할 것이다.'

투표 결과 사람들이 조지프 스트라우스의 비전을 믿고 있다는 것이 증명되었다. 금문교 건설에 14만 5,057명이 찬성했고 4만 6,954명이 반대했다.

이는 평범한 투표가 아니었다. 북부 캘리포니아 주민들이 자기 재산을 금문교 건설비용의 담보로 내놓은 것이다. 뱅크오브아메리카 Bank of America는 다리 건설이 시작된 1932년에 최초로 발행되는 300만 달러 채권을 매입하기로 약속했다. 금문교의 건설은 샌프란시스코 만 지역 주민들의 재정적, 정치적 참여로 가능했다. 다리는 1937년 3월에 개통했고, 완전히 가동한 첫해에만 330만 대의 자동차들이 다리를 이용했다. 1967년 금문교를 이용한 자동차의 숫자는 2,830만 대로 증가했다. 샌프란시스코와 마린 카운티의 배를 이용하는 인원은 점점 줄어들어 1941년에 공식적으로 폐업했다. 페리산업이 붕괴한 것이다.

균등한

투자기회를 만드는

태양광

나는 샌프란시스코 페리빌딩에서 오클랜드의 잭런던 광장까지 운행하는 페리의 갑판에 서서 금문교 이야기를 생각했다. 샌프란시스코에서 20년을 살다 떠나온 뒤에도 나는 여전히 샌프란시스코 만의 페리 갑판을 사랑한다. 페리는 1970년대의 추억을 되살려주며, 만 지역 교통 시스템을 보충하는 틈새시장으로 활약하고 있다.

나는 오클랜드 잭런던 광장 근처에 위치한 태양광 가속기 기업인 SFUN큐브SFUNCube의 고문으로 있다. 이 지역은 내 모교인 MIT가 있는 매사추세츠 주 케임브리지의 켄달 광장을 기억나게 한다. 당시는 MIT가 기술 창업의 전 세계적 중심이 되기 전이었다. 페리가 도착하는 오클랜드 부두 근처에는 아름다운 정박지와 상점, 식당들이 있다. 그러나 동쪽으로 몇 블록만 걸어가면 최근 산업화의 파도를 겪은 상처를 보여주는 폐쇄된 창고들이 보인다.

SFUN큐브의 고문인 나는 설립자인 에밀리 커시Emily Kirsch, 대니 케네디와 함께 전 세계에서 제출된 사업계획을 검토한다. 우리는 소프트웨어와 금융 혁신 태양광 사업의 다음 파도를 만들 열쇠라고 믿는다. 두 가지 열쇠를 모두 가진 회사는 그리 많지 않다. 모자이크Mosaic는 SFUN큐브 시설 안에 있는 태양광 크라우드펀딩기업이다. 모자이크의 공동설립자이며 회장인 댄 로슨Dan Rosen은 태양광산업에는 1조 달러의 사업 기회가 있으며 P2P peer to peer: 인터넷에서 개인과 개인이 직접 연결되어 정보와 파일을 공유하는 것 시장에 최적인 사업이 될 것이라고 말했다. 태양광 프로젝트에 직접 투자하는 사람들은 이자수익을 누리는 한편, 태양광발전소의 전력을 이용하는 사람들은 더 낮은 요금 고지서를 받는 혜택을 누린다.

모자이크는 2013년 1월에 설립되었다. 그해 12월에는 이미 3,000명의 사람들이 25개 태양광 프로젝트에 600만 달러 이상을 투자하고 있었다. 각각의 프로젝트는 캘리포니아 코트 마데라Corte Madera의 저소득 주택단지에 설치한 55킬로와트 태양광발전소부터 플로리다 주 게인즈빌Gainesville에 있는 프레이리뷰 솔라파크Prairie View Solar Park의 1.6 메가와트 태양광발전소까지 다양했다. 모자이크는 수조 달러의 태양광 투자 기회에 민주적으로 접근할 방법을 제공하는 것이 자신들의 사명이라고 말한다. 미국에서는 20개 미만의 은행들만이 태양광 사업에 지속적으로 참여하고 있다. 이러한 자본의 집중 현상은 다음의 세 가지 사실을 의미한다.

1. 태양광 프로젝트에 대한 자본 투자는 제한되어 있다. 20개의 은

행들이 태양광 프로젝트에 욕심이 있더라도 포트폴리오 이론에 의해 하나의 자산에 모두 투자하는 것은 제한되어 있다.

2. 은행의 수익 요구수준이 높아 태양광 사업이 가진 적절한 수준의 위험 및 보상과는 어울리지 않는다. 미 미국연방예금보호공사는 약 6,800개 금융기관의 예금을 보증하고 있지만 이 가운데 20개 미만의 은행만이 태양광에 투자하고 있다. 금융 시장의 높은 유동성과 낮은 금리를 고려하더라도 태양광 투자에 참여하는 은행의 숫자가 너무 적은 것은 은행 간의 경쟁이 없다는 뜻이다. 이러한 사실이 자본 공급자의 힘과 태양광 자본비용을 상승시킨다.

3. 거래비용이 많이 든다. 업계에서 수용되는 투자 프로젝트 표준이 없다. 모든 프로젝트가 서로 다른 전력구매 계약과 서로 다른 서류를 사용하고 있어서, 변호사비용과 시간을 늘리며 투자 절차를 복잡하게 만들고 있다. 댄 로슨은 이렇게 물었다. "태양광 프로젝트 하나마다 변호사 비용으로 7만 달러씩을 내야 한다는 말입니까?"

모자이크 웹사이트에 올라온 프로젝트의 대부분은 4.5~5.75%의 수익을 내고 있고, 두 개의 특별한 프로젝트는 7%의 수익을 냈다. 은행계좌나 양도성예금증서를 가진 개인투자자들의 수익이 1% 미만인 것과 비교하면 4% 이상의 수익은 상당한 수준이다. 지금까지 모자이크의 프로젝트들은 모두 정기적으로 수익을 지불해왔다. 금융기업이나 에너지기업들은 대규모 자본 수익에 대한 큰 욕망을 가지고 있다. 모자이크와 같은 P2P 플랫폼기업들은 금융회사나 에너지회사들을 경기장에서 내쫓아버렸다. 소액투자자들이 모자이크와 같은 P2P 플랫폼기업에 투자하게 되면, 예전에는 에너지 분야에서 대형 투자자들만 얻을 수 있었던 수익을 개인투자자들이 얻게 되고 태양광 전력 사용자들은 더 저렴하고 더 안정적인 에너지를 공급받게 되어 모두에게 이익이 된다. 모자이크의 회장인 댄 로슨은 이렇게 말했다. "총자본비용을 1%포인트 줄이면 태양광 전기 원가는 킬로와트당 1~2센트 줄어듭니다. 태양광에너지 원가가 기존 화력발전 단가와 동일해지는 그리드 패리티grid parity에 접근하거나 이를 돌파하면 총자본비용의 1%를 줄이는 것이 엄청난 차이를 만들 것입니다."

댄 로슨은 모자이크가 기회를 확장하는 수단의 하나라고 보고 있다. 모자이크는 태양광 사용자와 소액투자자들에게 오늘날 에너지 금융 패러다임에서는 누릴 수 없는 접근 기회를 주고 있다.

댄 로슨은 이렇게 말했다. "태양광에 관한 금융과 개발 프로세스가 얼마나 비효율적인지 놀라울 정도입니다. 우리는 태양광에 대한 금융을 표준화시키기 위해 노력하고 있습니다. 우리의 목표는 태양광에 대한 융자를 자동차 할부금융과 비슷하게 온라인으로 신청하고 즉시 승인받을 수 있도록 만드는 것입니다."

모자이크는 태양광 프로젝트를 추진하는 사람들이 다양한 규모의 프로젝트를 게시하고 투자자들은 금액에 상관없이 투자할 수 있도록 하는 인터넷 클라우드 기반 플랫폼을 만들고자 한다. 프로젝트를 추진하는 사람과 투자자들이 사는 곳과는 관련이 없다. 댄 로슨은 이렇게 말했다. "개인투자자들은 몇 백 달러를, 연기금은 수백만 달러를 투자할 수 있습니다. 지역사회에 투자하고 싶은 사람들은 가까운 곳에서 실행되는 프로젝트를 찾아 투자할 수 있습니다. 투자 관리자들은 여러 프로젝트의 포트폴리오를 서로 다른 시장에 내놓을 수도 있습니다."

100여 년 전 GMAC는 자동차 할부금융을 만들었고 지금까지 수조 달러를 융자해주었다. 그 결과 초기 단계의 자동차산업을 수조 달러의 거대 시장으로 만들어냈다. 모자이크는 GMAC처럼 참여금융을 이용해 태양광산업을 거대 시장으로 만들겠다는 야심을 가지고 있다.

모자이크가 P2P 플랫폼을 통해 1조 달러 조달에 성공한다면 월스트리트가 수 조 달러의 에너지 금융 기회를 놓치려 할까?

워런 버핏이 투자한

태양광에너지

2012년 2월 워런 버핏의 미드아메리칸 에너지가 세계에서 가장 큰 태양광발전소를 24억 달러에 인수하고 두 달 뒤, 월스트리트는 이 프로젝트에 대한 재융자를 시작했다. 배경에 워런 버핏이 있음에도 태양광에 대한 신용등급은 그리 낙관적인 것이 아니었다. 〈블룸버그 Bloomberg〉의 자료에 의하면, 피치Fitch는 채권에 투자등급 가운데 가장 낮은 BBB- 등급을 주었고, 무디스Moody's는 Baa3, 스탠더드앤드푸어스Standard & Poor's, S&P는 BBB- 등급을 주었다.

미드아메리칸 에너지의 토파즈태양광단지 유한회사Topaz Solar Farms LLC는 2039년 9월 만료되는 연리 5.75%의 무담보 채권 8억 5,000만 달러를 발행했다. 미 재무성의 채권금리가 연 1.95%〈블룸버그〉 자료인 것과 비교해보면 버핏의 태양광 사업은 미 재무성 채권의 거의 3배에 이르는 수익을 제안한 것이다. 투자자들은 빠르게 달려들었다. 토파즈태양광 채권은 4억 달러가 초과 발행되었다.

안정적이고 지속적이며 장기간의 수익을 원하는 투자자들은 이 기간에는 다른 곳에 갈 이유가 없었다. 그해 8월에 1년짜리 재무성 채권은 단 0.13%의 수익을 기록했고 5년간의 수익도 불과 1.47%에 머물렀다. 주식 시장은 제대로 상승하다가도 극단적으로 불안정해진다. 미국의 주식 시장은 2000년 이래 두 번의 충격적인 폭락을 경험했다. 예를 들어 나스닥 종합주가지수는 2000년 1월 4,571이었다가 2002년 7월 1,172까지 폭락했다. 2007년 7월에는 2,700까지 올랐다가 2009년 1월 다시 1,528까지 폭락했다.

많은 사람들은 금융 위기를 가져온 모기지 자산담보부 채권을 여전히 기억하고 있다. 상품 시장은 이보다 더 롤러코스터 같다. 나스닥 종합주가지수가 4,177까지 회복된 2013년 여름은 주식 시장이 태양광과 풍력을 발견한 해로 기억될 것이다.

워런 버핏의 미드아메리칸 에너지가 세계에서 가장 큰 토파즈태양광단지 프로젝트를 인수하기 위해 24억 달러를 투자한 사실로 돌아가 보자. 버핏의 투자 지혜는 여러 권의 책으로 나올 만큼 주목받고 있다. 그런 그가 왜 토파즈에 투자했을까? 그 답을 얻기 위해 버핏의 가치투자 기본원칙 몇 가지를 살펴볼 필요가 있다.

• 나는 내가 이해할 수 있는 회사들을 좋아한다.
• 나는 지금부터 10년 뒤에 이 회사가 어떻게 될지 알고 싶다. 만약 10년 뒤에 어떻게 될지 알 수 없다면 나는 그 회사의 주식을 사지 않는다.

- 우리는 막대한 수익을 올리지는 못한다. 그러나 손해 보는 일도 없다.

다른 말로 하면, 워런 버핏은 쉽게 이해할 수 있고 수십 년 동안 꾸준히 돈을 벌 수 있으며 최악의 시나리오로 가더라도 투자한 돈을 잃지 않는 회사를 좋아한다는 것이다.

미드아메리칸 에너지는 태양광기술을 제공하는 회사가 아니라 태양광발전소를 인수했다. 이 둘 사이에는 큰 차이가 있으며 언론들은 때로 이를 혼동하기도 한다. 태양광발전소 프로젝트의 경제학은 꾸준하다. 다른 사업과 마찬가지로 태양광발전소의 순수익은 수입에서 비용을 뺀 것이다.

태양광 전력 구매계약을 했다고 가정하면 수입과 비용은 다음과 같을 것이다.

- 수입 : 전력 수요×전력 가격

  전력 가격-전력 구매계약 기간(20년 등) 동안 안정(고정)

  전력 수요-전력 구매계약 기간 동안 안정

- 비용 : 연료비용＋유지보수비용＋보험비용＋자본비용

  연료비용-태양 빛은 무료이고 앞으로 수십억 년 동안 제공되므로 비용이 들지 않음

  유지보수비용-안정적이고 대단히 낮음(킬로와트시당 1센트 미만)

  보험비용-대개 자산비용의 0.3% 정도로 낮음. 자산비용은 발전

소 수명에 따라 더 낮아짐.

자본비용–기본적으로 이자비용이며 이자율에 따름

주택 모기지와 마찬가지로 태양광발전소 건설에서도 자본비용은 가장 비싼 항목이다. 이자율이 낮을수록 태양광 전력 원가도 낮아질 것이다. 태양광 설치비용의 하락추세가 이어지게 되면 태양광 전기 원가는 자본비용에 근접하게 된다. 미국 정부의 자본비용이 1% 미만이기 때문에 이는 좋은 소식이다. 일본의 자본비용은 10년 이상 근본적으로 제로다. 데이트 기간이 길었지만 월스트리트는 태양광의 가치를 이해하기 시작했고 곧 결혼식이 있게 될 것이다. 대규모 태양광발전소는 낮은 자본비용의 혜택을 받을 것이고 발전 원가는 더 낮아질 것이다. 이미 태양광발전의 선순환이 일어나고 있다. 태양광의 낮은 원가는 시장점유율을 높이고, 이는 다시 인지된 위험도를 낮추어 더 낮은 자본비용으로 자본을 유치하게 될 것이다. 태양광발전 원가가 낮아지면 시장점유율은 더욱 높아지고 투자가 증대되고 더 많은 혁신이 일어나며 그 결과 자본비용을 더욱 낮춘다. 이러한 선순환이 임계에 도달하면 시장의 성장은 가속화된다. 태양광은 더 이상 막을 수 없는 힘이 되고 현존하는 에너지산업들은 붕괴할 것이다.

태양광발전의

금융증권화

2013년 11월 13일 솔라시티는 5,440만 달러의 태양광 자산담보부 채권을 발행했다. 이 채권의 이자율은 4.8%이며 만기는 2026년 12월 21일이다. 스탠더드앤드푸어스는 이 채권에 BBB＋ 등급을 주었다. 〈뉴욕타임스New York Times〉의 채권 발행자료에 의하면 스탠더드앤드푸어스가 부여한 솔라시티 채권의 신용등급은 포드자동차BBB-보다 약간 높고 AT&TA-보다 약간 낮다.

솔라시티가 발행한 채권은 소규모였지만 미국 태양광산업의 돌파구를 보여주었다. 금융증권화는 어떤 산업의 자본흐름을 증대시키는 중요한 단계다. 또한 금융증권화는 해당 산업의 자본비용을 낮춘다. 솔라시티의 채권은 5,033기의 주택용 태양광 시스템 계약을 하나의 증권으로 묶은 것이다. 5,033명의 주택용 태양광 소비자들은 매월 전력요금이나 임대료를 내고 이 돈은 채권에 투자한 사람들에게 수익으로 지급된다. 태양광 증권에 투자한 사람들은 누구였을까? 연기금, 대학의 기부기금, 그리고 예측할 수 있는 장기현금흐름을 선호하는 투자자들이었다. 솔라시티는 5,300만 달러의 새로운 자금을 공급받아 수천 기의 새로운 주택용 태양광 시스템을 건설할 수 있었다. 솔라시티는 1조 8,000억 달러 규모 태양광산업 자산담보부 채권의 첫 발자국이 되었다. 이 구조가 안정되면 연기금이나 투자은행들은 태양광 자산담보부 채권을 편안하게 여길 것이다. 그리고 솔라시티, 선런, 선지비티와 같은 선도적 태양광기업들에게 더 많은 자산담보부 채권을 발행하도록 요구할 것이다. 더 많은 구매자연기금, 기부기금, 투자은행와 더 많은 판매자태양광 설비회사들이 이 과정에 참여하게 되면, 시장은 더욱 유동적으로 변하고 더 많은 자금이 시장으로 흘러들 것이다. 그 결과 신용도가 높은 태양광 자산담보부 채권의 자본비용은 더 낮아진다.

새로운 자금을 이용할 수 있게 되면 태양광 시장의 시장 규모는 더욱 신속하게 확대되고, 자본비용이 낮아지면 태양광발전 원가도 낮아진다. 태양광 전력의 가격이 저렴해져 더 많은 소비자가 태양광 전력을 쓰게 되면 기업들은 더 빠른 속도로 태양광발전 시설을 건설할 것이다. 그러면 설치업체들은 수천 건의 주택용 태양광 설비를 금융 증권화해 더 낮은 금융비용으로 자금을 조달할 것이다.

100년 전 자동차산업은 누구나 이용할 수 있는 자동차 할부금융과 낮은 이자율로 선순환을 만들어냈다. 새로운 고객들이 할부금융을 이용할 수 있게 되어 더 많은 자동차가 팔렸고 더 많은 자동차가 팔리니 자동차산업은 더 많은 혁신과 투자, 규모의 경제를 누릴 수 있었다. 이는 다시 자동차 가격을 낮추었고 더 많은 소비자를 시장으로 끌어들였다. 새로운 은행들이 할부금융 시장에 들어왔고 자본비용은 더 낮아졌다. 다시 더 많은 소비자가 유입되었다. 이렇게 자동차 산업의 선순환이 이루어진 것이다.

금융증권화를 통해 자동차, 주택, 대학교육 자금에 누구나 접근할 수 있게 된 것처럼, 태양광의 금융증권화가 태양광에너지에 누구나 접근할 수 있게 만들어줄 것이다. 태양광의 선순환은 태양광 자산담보부 채권에 의해 더욱 빨라질 것이다.

결론 :

수조 달러의

태양광 금융 기회

태양광 금융은 2008년 '계약금 없음' 비즈니스모델이 도입된 이래 꾸준히 한길을 걸어왔다. 현존하는 채권 시장, 틈새시장, 비유동적인 조세평등 투자 시장의 개선과 새로운 형태의 금융에 대한 실험을 통해 자본의 기반을 확대하고 자본비용을 줄여왔다.

　워런 버핏의 버크셔 해서웨이가 소유하고 있는 아메리코프 에너지 홀딩스Americorp Energy Holdings는 현재 미국에서 가장 큰 태양광 부문 개발업체다. 이 회사는 세계에서 가장 큰 두 개의 태양광발전 프로젝트를 인수했다. 토파즈 태양광단지의 8억 5,000만 달러 무담보 채권5.75% 이자율은 성공적으로 발행되었고, 그 뒤 4억 달러나 초과 발행되었다. 캘리포니아 주 오클랜드에 있는 크라우드펀딩 플랫폼, 모자이크는 미국 최초로 태양광 프로젝트에 투자해 이윤을 나누는 목적을 가진 참여금융회사가 되었다. 이 프로젝트들은 약 5%의 자본비용으로 자금을 조달할 수 있었다. 모자이크는 민주화된 에너지 금융을 위한 인터넷 플랫폼을 구축하고 있다. 개인들은 수조 달러의 태양광 인프라에 직접 투자하고 수익을 올릴 수 있게 될 것이다.

2013년 11월 솔라시티는 사상 최초로 주택용 태양광 채권을 발행했다. 이는 더욱 유동적인 주택용 태양광 금융 시장을 여는 계기가 되었다. 솔라시티는 4.8%의 이자율로 5,440만 달러의 태양광 자산담보부 채권을 발행했다.

그 다음 달에 해넌 암스트롱 서스테이너블 인프라스트럭처 캐피털 Hannon Armstrong Sustainable Infrastructure Capital, HASI은 최초의 투자펀드인 청정에너지 부동산투자신탁을 성공적으로 발행했다. 1억 달러 규모의 이 자산담보부 채권은 2.79%의 더 낮은 이자율로 발행되었다.

샌프란시스코에 있는 클린파워파이낸스의 크리스천 헤이널트 Kristian Hanelt는 2016년경이면 태양광 금융 시장이 더욱 탄탄해질 것이라고 예측했다. 클린파워파이낸스는 5억 달러 규모의 주택용 태양광 프로젝트 금융을 운용하고 있는 금융서비스와 소프트웨어 기업이다. 클린파워파이낸스의 비즈니스모델은 인터넷 클라우드 기반 소프트웨어라는 장점이 있다. 이 소프트웨어를 이용해 투자자들과 임대인들은 주택용 태양광 프로젝트를 찾아 투자할 수 있으며, 태양광 설비업체들도 클린파워파이낸스의 웹사이트를 이용한다.

2006년 이래 미국의 주택용, 상업용 태양광 시장은 매년 76%의 연평균성장률을 보인다. 자동차산업을 미국의 가장 중요한 제조업으로 만들어준 20세기 초반의 GMAC의 금융과 비즈니스모델 혁신처럼, 태양광 금융과 비즈니스모델 혁신은 이전에는 이용할 수 없었던 개인자본을 활용하고 있다. 이러한 자본은 수조 달러의 태양광 시장을 형성하는 데 기여해 세계에서 가장 거대한 산업의 붕괴를 가져올 것이다.

3장

분산, 참여형 에너지의 등장과 전력회사의 붕괴

━━━ "현실과 싸워서 변화를 가져올 수는 없다. 변화를 가져오기 위해서는 현존하는 모델을 구식으로 만들 새로운 모델을 구축해야 한다.", 버크민스터 풀러Buckminster Fuller, 1895~1983, 건축가, 하버드 대학교 교수 ━━━ "휴대폰이 유선전화 시스템을 완전히 대체하지는 않을 것이다." 마틴 쿠퍼Martin Cooper, 최초의 휴대폰 공동발명가 ━━━ "변화가 필요하기 전에 변하라." 잭 웰치

2012년 11월 5일 캘리포니아 주의 팔로알토 시는 향후 25년간 태양광 전력을 킬로와트시당 7.7센트에 구매하겠다고 발표했다. 이에 비해 캘리포니아 북부의 가장 큰 전력회사인 퍼시픽가스앤드일렉트릭Pacific Gas & Electric, PG&E은 킬로와트시당 최저 13센트를 기본요금으로 4단계, 5단계 사용량에 대해서는 킬로와트시당 최대 34센트의 요금을 받는다(표 3-1 참조).

팔로알토 시는 PG&E가 주택전력 사용자에게 부과하는 최저요금의 절반 가격, 피크전력요금의 5분의 1 가격으로 태양광 전력을 사려는 것이다. 7개월 후, 이러한 불신의 소지가 가라앉기도 전에 팔로알토 시는 태양광 전력을 더 낮은 가격인 킬로와트시당 6.9센트에 구매한다는 또 다른 계약을 발표했다.

팔로알토 시는 100% 청정에너지 사용을 목표로 2015년에는 30%, 2017년에는 48%로 에너지 점유율을 높여갈 계획이다. 이 수치에는 주택 소유자나 기업들이 옥상에 자체 설치하는 태양광 전력은 포함되어 있지 않다. 팔로알토 시는 100% 청정에너지로 전력을 공급할 뿐 아니라 향후 20~25년간 더 낮은 전력 가격을 지불하게 될 것이다.

태양광 기술이 개선되고 금융비용이 감소함에 따라, 태양광발전 원가는 급속히 낮아지고 있다. 태양광의 분산적인 본질 덕분에 기존 발전산업 비즈니스모델은 붕괴를 피할 수 없게 되었다. 붕괴의 속도는 기존의 지휘

[표 3-1] PG&E의 샌프란시스코 전력요금

1단계(기본료)	2단계	3단계	4단계	5단계
0~225 킬로와트시	226~293 킬로와트시	294~450 킬로와트시	451~675 킬로와트시	676 킬로와트시 이상
13센트	15센트	30센트	34센트	34센트

통제형 에너지기업들이 예측하는 것보다 더 빠를 것이다.

현재의 에너지기업들은 큰 그림을 놓치고 있다. 태양광에서 볼 수 있는 단면들은 분산형, 기술 혁신, 금융, 설치, 유지보수 등이다. 일부 전문가들은 시장이 태양광에너지를 채택하는 데 수십 년이 걸릴 것으로 예측했지만 태양광 시장은 분산적인 특징 덕분에 급가속할 수 있다.

대부분의 전력회사들은 로비스트, 법률가, 회계전문가를 고용해 분산형 청정에너지에 높은 요금과 새로운 수수료를 부과함으로써 자신들의 사업을 보호하려 했다. 높은 요금과 수수료로 잠깐이나마 생명을 유지할 수 있겠지만, 필연적인 붕괴는 막을 수 없을 것이다.

태양광발전 성장이

가장 빠른

호주

2008년의 호주에서 태양광발전은 거의 찾아볼 수 없었다. 그러나 2012년 말을 기준으로 태양광 설비를 갖춘 주택이 100만 호를 넘어섰다(자료 3-1 참조).

주택 태양광발전이 거의 없던 상황에서 4년 만에 11%에 이르는 시장점유율을 나타낸 것이다. 이 수치를 캘리포니아 또는 미국 전체와 비교해보자. 호주의 인구는 2,300만 명이다. 캘리포니아 주의 인구는 3,800만 명, 미국 전체의 인구는 3억 1,300만 명이다.

캘리포니아 주는 미국에서 가장 큰 태양광 시장이다. 매년 시장점유율이 변동을 거듭하며 미국 태양광 시장의 약 절반을 차지하게 되었다. 2012년 말 현재 캘리포니아 주에는 16만 7,878기의 태양광발전 설비가 있으며, 이 수치에는 주택용, 상업용, 대규모 발전 설비가 모두 포함되어 있다.

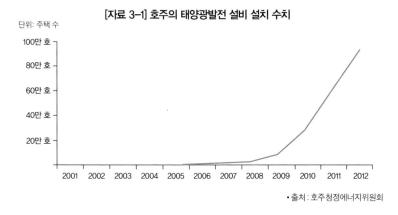

단위: 주택 수

[자료 3-1] 호주의 태양광발전 설비 설치 수치

• 출처 : 호주청정에너지위원회

만약 캘리포니아 주가 호주만큼11%의 시장점유율을 갖고 있다면 지금의 10배 정도인 165만 기의 태양광 설비가 있을 것이다. 미국 전체의 주택용 태양광 점유율이 호주와 같다면 1,360만 기가 설치되어 있을 것이다. 2012년 말 현재 미국에서 실제로 설치된 태양광 설비의 수는 30만 기로, 호주의 시장점유율에 비하면 2% 수준이다.

심지어 11%의 점유율은 호주 전체의 평균이다. 사우스오스트레일리아 주는 20%의 가정이 태양광 설비를 갖추고 있다. 퀸즐랜드에 있는 전력회사인 에너젝스Energex의 마이크 스윈튼Mike Swanton에 의하면 태양광 점유율이 90%에 이르는 마을도 있다고 한다.

소비자들이 스스로 태양에너지로 발전하게 되면 전력회사에서는 어떤 일이 발생할까?

1. 에너지 수요가 감소한다: 소비자들이 스스로 발전하면 전력회사에서 전기를 덜 사게 된다.
2. 경쟁이 증가한다: 전력회사들은 무수히 많은 태양광 설비업체

와 경쟁해야 한다.

3. 전력회사의 수익이 감소한다: 수요가 감소하고 경쟁이 치열해지는 탓이다.

4. 전력회사의 마진이 급격히 감소한다: 태양광발전은 에너지 피크 가격이 적용되는 시간대에 전력이 가장 많이 생산되므로 전력회사의 프리미엄 마진 상품의 수요를 줄인다. 호주의 전력 가격은 지난 5년 동안 킬로와트시당 25센트에서 38센트로 50% 이상 상승했다. 호주가 석탄과 가스의 주요생산국임에도 전력 가격이 상승한 것이다. 반면 2012년 태양광 전력은 킬로와트시당 12센트 이하이며 더 내려가고 있다.

제너럴 일렉트릭의 전 CEO인 잭 웰치는 이렇게 말했다. "외부에서 오는 변화의 비율이 내부의 변화 비율보다 높다면, 종말이 가까워진 것이다." 발전 사업의 비즈니스모델은 시대에 뒤떨어진 것이며 종말이 가까워졌다.

피크타임의
프리미엄 요금을
파괴한다

태양광에 대해 가장 많은 논의는 '소켓 패리티socket parity'라고도 하는 '그리드 패리티' 마법의 달성 문제다. 그리드 패리티는 대체에너지 전력 단가가 기존 화석연료에너지 전력 단가와 동일해지는 균형점을 말한다. 그런데 그리드 패리티의 달성은 태양광이 전통적인 발전소를 붕괴시키는 이유 가운데 하나가 된다. 수익성 좋은 피크전력요금 체계를 파괴하기 때문이다.

역사적으로 볼 때 전력회사가 획기적인 수익을 올려온 것은 피크 요금 때문이다. 예를 들어 애리조나 퍼블릭서비스Arizona Public Service는 전력 수요가 적은 시간대에는 킬로와트시당 5센트의 요금을 적용한다. 하지만 피크타임에는 약 5배 높은 24.4센트의 요금을 적용하며, 애리조나 주가 가장 더운 시기인 6~8월의 '슈퍼피크' 시간대에는 거의 10배인 49.4센트를 적용한다. 태양이 가장 빛나는 시간에 기본요금보다 약 10배 비싼 요금을 부과하는 것이다.

태양광 설비를 갖춘 주택의 전기 소비자는 태양광 전력이 전력회사에서 부과하는 피크 요금보다 훨씬 싸기 때문에 돈을 절약할 수 있다. 애리조나 주는 연중 일조량이 많고 태양이 내리쬐는 여름이 있기 때문에 분산형 옥상 태양광발전비용이 이미 애리조나 퍼블릭서비스에서 부과하는 전력요금보다 훨씬 저렴하다. 더 많은 소비자들이 태양광을 이용함으로써 피크타임에 전력회사의 전력 사용을 줄일수록 높은 프리미엄은 사라지기 시작한다.

전력회사 임원들은 분산형 태양광발전으로 인해 시장에서 피크 요금 프리미엄이 얼마나 빨리 사라질지 관심을 기울이고 있다. 프라운호퍼 태양광에너지 시스템 연구소에 따르면, 독일의 경우 2008년 메가와트시당 14유로에서 2013년 3유로로, 5년 만에 80% 하락했다.

피크 요금 비즈니스모델은 주택용 전기 사용자뿐 아니라 농업, 산업, 상업용 전기 사용자도 대상으로 한다. PG&E는 농업용 전기 사용자에게 피크 요금을 적용하고 있다. PG&E 영토 안에 있는 농부들에게 피크 요금은 어떤 의미를 가질까? 에너지 관리회사인 에너녹Enernoc에 의하면, 250마력240킬로와트의 관개용 펌프 전력에 피크 요금을 적용하면 시간당 24달러에서 224달러로 치솟는다. 농부들이 예전보다 10배가 되는 요금 청구서를 받아들게 되면, 그들은 태양광이나 풍력발전으로 전환하는 것을 고려하게 될 것이다. 태양광 전력은 이미 전력회사의 피크 요금보다 훨씬 싸기 때문이다. 피크 요금의 프리미엄이 줄어들거나 없어지면 기존의 에너지 전력회사들은 전력 소매 수익의 감소와 마진의 축소를 겪게 될 것이다.

원가 제로의
에너지와
입찰 경쟁 안 돼

전력 도매시장은 태양광과 풍력의 영향을 신속하게 받을 것이다. 그 이유를 파악하기 위해, 경쟁 시장이 작동하는 방식을 살펴보자.

1. 송전망 사업자독립 시스템운영자는 다음날의 에너지 수요를 예측한다. 예를 들어 뉴욕 ISOindependent system operator, 전력 시장에서 전력 계통운영을 전담하는 지역 기관가 익일 정오에서 오후 1시 사이의 전력량 수요를 1,000메가와트로 예측했다고 하자.

2. 송전망 사업자는 예측 전력 1,000메가와트를 공급받기 위해 전력회사들에게 입찰을 요구한다. 전력회사들은 대개 에너지 단위 생산 한계비용에 따라 응찰한다. 태양광발전회사가 200메가와트를 메가와트시당 10달러에, 수력발전회사가 300메가와트를 메가와트시당 20달러에, 풍력발전회사가 300메가와트를 메가와트시

당 30달러에, 천연가스발전회사가 400메가와트를 메가와트시당 40달러에, 원자력발전회사가 1,000메가와트를 메가와트시당 50달러에 응찰했다고 가정해보자.

3. 송전망 사업자는 금액이 가장 낮은 응찰자의 전기부터 구매하기 시작해 전력량 수요인 1,000메가와트에 이를 때까지 더해나간다. 뉴욕 ISO는 태양광발전회사에서 200메가와트를 먼저 구매하고 수력발전회사에서 300메가와트, 풍력발전회사에서 300메가와트를 차례로 구매할 것이다. 이 시점에서 뉴욕 ISO는 800메가와트를 확보해 수요량인 1,000메가와트까지는 200메가와트만 필요하다. 남은 200메가와트는 가장 비싼 응찰금액인 메가와트시당 40달러에 천연가스발전회사에서 사들인다. 이 가격을 통일결제 가격Uniform Clearing Price이라고 부른다. 원자력발전회사는 입찰 대상에서 제외된다.

4. 송전망 사업자는 모든 전력공급자에게 통일결제 가격인 메가와트시당 40달러를 지불한다. 20달러, 30달러에 응찰한 회사들도 응찰한 전력량에 따라 40달러를 받게 된다.

미국의 전력 도매시장은 이렇게 통일결제 가격 경매라고 부르는 방법을 사용하고 있다. 전력회사들은 에너지 단위메가와트시를 생산하기 위한 한계비용에 따라 응찰한다. 한계비용은 주로 연료 원가에서 결정된다. 태양광과 풍력의 한계비용은 제로다. 원가가 제로이기 때문에 에너지 단위메가와트시를 생산하는 비용도 제로다. 태양광과 풍력은 언제나 한계비용 제로의 조건으로 응찰할 수 있기 때문에 경쟁 시장을 압도할 수 있고 언제나 한계비용 이상으로 전력을 판매할 수 있다. 반면에 화석연료나 원자력발전소 회사들의 한계비용은 비싸고 연료 원가가 계속 상승하기 때문에 이를 흉내 낼 수 없다.

태양광과 풍력발전소가 응찰하게 되면 결제 가격은 낮아지게 된다. 프라운호퍼 태양광에너지 시스템 연구소에 따르면, 2011년에 기가와트급 태양광발전소 한 기가 세워질 때마다 유럽에너지거래소에서 전력 현물 가격은 평균 메가와트시당 82유로센트1.13달러 떨어진다고 한다. 전력망에 태양광 전력이 더 많이 공급될수록 결제 가격은 더 낮아진다.

전통적인 전력생산회사 가운데 가장 낮은 한계비용을 가진 회사의 가격으로 결제 가격이 정해지고 그 회사는 응찰한 전력량의 일부를 판매하게 된다(전부는 아니다). 이 가운데 가장 비싼 자원 기반 연료디젤, 천연가스, 원자력, 석탄 등를 사용하는 발전소는 생산 가능한 발전량 중 많은 부분을 팔 수 없게 된다. 그렇기 때문에 화석연료발전소와 원자력발전소는 전력 도매시장에서 수익과 마진이 대폭 줄어들 것이다.

그뿐만 아니라 일부 발전소원자력, 석탄들은 수요에 따라 전력을 생산할 수 없다. 기술적 이유로 인해 이 전력의 판매 가능 여부와 관계없이 계속 가동되기 때문이다. 비싼 전력을 생산해 판매하지 못하면 말 그대로 돈을 태우는 꼴이다. 다만 새로 만들어진 천연가스발전소들은 수요에 따라 전력을 유동적으로 생산할 수 있다. 이 발전소들은 전력 가격이 시장에서 받아들여지지 않으면 전력을 생산하지 않아도 되므로, 석탄이나 원자력발전소에 비해 유리하다.

전통적인 비즈니스모델에서는 전력회사가 전력을 생산하고 송전하며, 전력을 소매로 판매한다. 전력회사들은 독점적 지위를 누리며 효율적이지 않더라도 자본이익을 충분히 보장받을 수 있었다. 그러나 전력 시장은 점차 경쟁적으로 변하고 있다. 독립 전력회사들의 시장 진입이 허용되자 전통적인 전력회사들이 가진 비즈니스모델의 비효율성이 드러나기 시작했다. 태양광 전력의 점유율이 높아지면 전통적인 전력회사들은 소매시장과 도매시장 양쪽 모두에서 마진이 대폭 줄어들 것이다.

도매시장과 분산형 태양광발전이 전통적인 에너지기업들의 100년 이상 된 비즈니스모델을 붕괴시키고 있다. 자체 태양광발전을 하는 주택용 소비자만이 아니라 상업용 소비자들도 이 역할에 동참하고 있다.

분산형 발전의
원가 우위

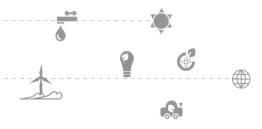

대규모 중앙집중식 발전소는 규모의 경제를 가진다. 비용을 거대한 생산단위로 분산시켜 단위당 비용을 낮춘다는 점에서 소규모 분산형 발전소에 비해 확실하게 규모의 경제가 가진 이점이 있다. 그러나 중앙집중식 발전 설비에서 소비자까지 전력을 공급하기 위해서는 값비싼 송배전 설비와 인프라가 필요하다.

만약 송배전 원가(CEO 봉급은 제외하더라도)를 더한다면 분산형 발전이 중앙집중식 발전에 비해 원가 우위를 가진다는 사실을 쉽게 알 수 있을 것이다.

롱아일랜드 전력국은 서샘턴에 있는 캐널 변전소 동쪽 지역에 새로운 발전소와 송배전 시설을 건설하는 데 들어갈 비용에 관한 연구를 수행했다. 그 결과 지역 인프라 구축에 킬로와트시당 7센트 이상이 들어간다는 것을 알게 되었다. 최근 롱아일랜드와 뉴욕을 강타해

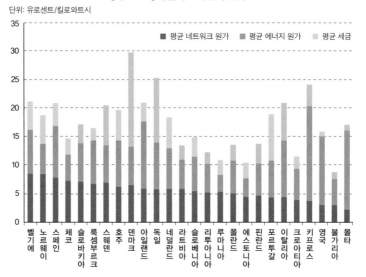

[자료 3-2] 유럽의 소매전력 원가

단위: 유로센트/킬로와트시

■ 평균 네트워크 원가 ■ 평균 에너지 원가 ■ 평균 세금

벨기에 / 노르웨이 / 스페인 / 체코 / 슬로바키아 / 룩셈부르크 / 스웨덴 / 호주 / 덴마크 / 아일랜드 / 독일 / 네덜란드 / 라트비아 / 슬로베니아 / 리투아니아 / 루마니아 / 폴란드 / 에스토니아 / 핀란드 / 포르투갈 / 이탈리아 / 크로아티아 / 키프로스 / 영국 / 불가리아 / 몰타

• 출처 : EU 집행위원회

인프라에 막대한 타격을 준 허리케인 샌디를 겪은 뒤 롱아일랜드 전력국은 향후 수십 년간 송전선, 변전소, 전봇대를 운영하고 관리하는 데 막대한 비용이 들어갈 것으로 예측했다.

송배전에 들어가는 원가는 네트워크의 규모에 따라 다양하게 변한다. 유럽의 경우 주택소비자들에게 전력을 공급하는 평균 네트워크 원가는 가장 높은 벨기에와 노르웨이부터 가장 낮은 몰타와 리투아니아에 이르기까지 상당히 차이가 난다(자료 3-2 참조). 송전 원가에 영향을 미치는 것에는 전압, 지형, 국토의 크기, 발전소의 위치 등 여러 가지 요소들이 있다.

미 에너지정보청에 의하면 2013년의 미국 송배전 평균 네트워크 원가는 킬로와트시당 4.16센트다. 이 원가는 현존하는 송배전 네트워크에 관한 것으로, 대부분이 수십 년 진에 건설되었다. 네트워크 인프라를 새로 구축하려면 비용이 매우 많이 든다. 송전 설비 구축비용은 230킬로볼트 단선인 경우 마일당 92만 7,000달러가 소요되며, 550 킬로볼트 2회선인 경우 마일당 300만 달러에 이른다. 송전 설비 구축 최종비용에는 토지 사용료가 포함되며, 지형에 따라 비용은 더욱 증가할 수 있다. 산악지형을 통과하는 경우 1.7배까지 증가한다. 새로운 송전 네트워크 건설은 이러한 추정비용이 전제되어야 한다. 2010년에는 북미 전역에서 단 3,100마일의 송전선만이 건설되었으며 이 수치는 이미 건설된 45만 2,999마일에서 겨우 0.7% 증가한 것이다.

롱아일랜드 전력국은 수십억 달러가 소요되는 투자나 수십 년이 소요될 송전선로 건설을 피하기 위해 분산형 지역 태양광발전에 킬로와트시당 7센트의 인센티브를 주기로 결정했다. 이 방법은 장기적으로 경비를 절감할 뿐 아니라 인프라에 투자하는 대신 은행에 자본을 유보할 수 있다는 장점이 있다.

중앙집중식 발전은 분산형 발전과 비교할 때 원가 측면에서 킬로와트시당 7센트가 불리하다. 바꿔 말하면, 만약 당신이 옥상 태양광발전 설비에서 킬로와트시당 10센트로 발전할 수 있을 때, 중앙집중식 발전소가 당신에게 전기를 제공하고 싶다면 킬로와트시당 2센트에 발전해야 경쟁력이 있다는 뜻이다. 자원 기반 중앙집중식 발전소는 어떻게 보조금을 지급받고 있든 간에 이 원가에 발전할 수 없다. 가스, 석탄도 불가능하고 원자력이나 디젤은 더더욱 불가능하다.

태양광발전 원가는 계속 떨어지고 있다. 조만간 네트워크 송배전 원가인 킬로와트시당 7센트 이하로 떨어질 것이다. 그 시점이 되면 우리가 알고 있는 재래식 중앙집중식 발전소는 붕괴할 것이다.

이러한 일이 얼마나 빨리 일어날까? 팔로알토 시는 태양광 전력을 킬로와트시당 6.9센트에 구매한다는 계약을 발표했다. 분산형 태양광 발전소가 이 원가에 발전할 수 있다면 기존의 발전소는 문 닫을 날이 얼마 남지 않은 것이다. 소매전력 분야에서 경쟁하기 위해 발전소들은 원가 이하로 전력을 팔아야 하는데, 이는 '지속 가능한' 비즈니스 모델이 아니기 때문이다. 정확히는 '환경적으로 지속 가능하지 않다'는 의미가 아니라 '재정적으로 지속 가능하지 않다'는 뜻이다.

이케아, 월마트

태양광으로

자체전력 충당

이케아IKEA 판매점이나 물류센터의 외관을 보면 넓은 옥상면적을 가진 거대한 박스 형태인 것을 볼 수 있다. 이케아의 지붕은 대개 버려진 공간이었지만 이제는 아니다. 이케아는 2013년에 미국 20개 주 39개 판매점에 합계 34.1메가와트의 태양광발전 설비를 설치했다. 미국 내 이케아 판매점의 89%가 태양광 설비를 갖추게 된 것이다.

이케아가 태양광을 사용하는 유일한 '빅 박스'는 아니다. 월마트Wal-Mart는 215개 판매점에 89.4메가와트, 코스트코Costco는 78개 판매점에 47.1메가와트, 콜스Kohl's는 147개 판매점에 44.7메가와트의 태양광발전 설비를 갖추었다. 이케아가 점포의 89%에 태양광을 채택한 반면, 월마트는 아직 5%의 점포밖에 설치하지 않았을 뿐이다. 하지만 월마트는 2020년까지 4,522개 판매점에 1,000메가와트의 태양광발전 설비를 설치할 계획을 세우고 있다. 빅 박스 점포들은 태양광패널을 판매할 뿐 아니라 직접 이용하고 있다.

월마트의 평균 발전량은 점포당 415킬로와트다. 이 정도 규모의 설비를 모든 점포에 갖춘다면 1.8기가와트에 달하게 된다. 이는 표준 원자력발전소 두 기의 발전량에 맞먹는 것이다. 월마트의 평균 태양광 발전량은 이케아의 점포당 발전량 874킬로와트의 절반 이하다. 그러나 태양광패널 가격이 계속 하락하고 기존의 전력요금이 계속 오른다면 월마트는 더욱더 많은 설비를 구축하게 될 것이다.

월마트가 미국 내 모든 점포에 이케아처럼 평균 874킬로와트 발전 설비를 갖춘다면 3.8기가와트의 분산형 태양광발전 용량을 갖게 된다. 이는 원자력발전소 네 기의 피크 발전 용량과 맞먹는 것이다. 이렇게 되면 월마트는 연간 5억 달러의 에너지비용을 절감할 수 있다. 평균 에너지 원가를 킬로와트시당 10센트로 추정하고, 월마트 빅 박스 점포마다 옥상에 태양광발전 설비를 모두 갖추면 지역 전력회사들의 연간 수입은 5억 7,000만 달러 감소한다.

월마트의 태양광 계획을 전 세계 27개국의 1만 400개 점포로 확산하면 9.18기가와트의 용량이며 이는 원자력발전소 아홉 기의 피크 발전 용량과 맞먹는다.

태양광발전 원가가 떨어지고 기존의 에너지 가격이 계속 상승한다면 빅 박스 점포의 태양광은 그 가치가 더욱 올라 강력한 재정적 인센티브가 될 것이다. 또 빅 박스 점포들이 태양광을 이용해 더 많은 전력을 생산할수록 전력회사들의 수입은 감소할 것이다. 이는 앞서 이야기했던 피크 요금 프리미엄의 감소로도 그대로 이어질 것이다.

이케아는 2020년까지 자사에서 필요로 하는 에너지 전부를 태양광과 풍력으로 발전하려 하고 있다. 월마트 역시 사용 에너지의 100%를 청정에너지로 발전하겠다는 목표를 세우고 있다. 많은 대기업들이 자체적으로 에너지를 충당하면 재래식 전력회사들은 가장 큰 고객을 잃고, 더 낮은 수입, 더 낮은 마진, 더 낮은 설비가동률, 더 낮은 투자수익의 악순환을 맞을 것이다.

월마트, 이케아, 여타 빅 박스 점포들이 에너지 소비 제로 기업이 된다는 것만으로도 전력회사에 충분히 나쁜 소식이지만, 이것이 최악의 시나리오는 아니다. 다음 단계는 이들 기업이 자신들이 사용할 에너지를 생산하는 것에서 한 걸음 더 나아가 외부에 에너지를 공급하는 시나리오다.

전력회사들은 손쉬운 독점에 길들여 있다. 경쟁은 그들의 DNA에 새겨져 있지 않다. 빅 박스 점포들이 잉여 에너지를 발전하게 되면 전력회사들은 과거의 고객들과 경쟁해야 할 처지에 놓인다. 전력회사의 임원들은 선지비티, 솔라시티, 선런과 같은 실리콘밸리의 작은 신생기업들과 경쟁하려 하지 않는다. 그들이 만들어 100년 이상이나 운영해온 공공규제 시스템을 이용해 신생기업들의 발걸음을 저지하려고만 한다. 하지만 월마트와 같은 강력하고 부유한 경쟁력을 가진 기업이 에너지 시장에 들어와 저렴한 태양광에너지를 팔게 되면 전력회사 임원들은 퇴직연금계좌를 다시 한 번 살펴야 할 것이다.

분산형 에너지 발전의 세계에서 빅 박스 점포들이 에너지 비즈니스에 진입하는 것은 필연적이다. 태양광에너지의 한계비용이 제로라는 점을 기억하자. 월마트와 기타 빅 박스 상업용 건물의 전력회사들은 전력 도매시장에서 언제나 가격 우위를 차지하게 될 것이다.

월마트와 기타 빅 박스 소매점이 소비자에게 직접 전기를 팔게 될 수도 있다. 컨설팅기업 액센추어Accenture의 최근 보고서에 따르면, 59%의 에너지 소비자들이 베스트바이BestBuy, 테스코Tesco, 또는 까르푸Carrefou와 같은 소매점에서 전기를 직접 구매하는 것을 긍정적으로 고려하겠다고 응답했다. 이 보고서는 또 47%의 소비자들은 온라인 회사에서 전기를 구매하는 것을 긍정적으로 고려할 수 있다고 말했다. 아마존닷컴에서 전력을 판매하는 미래가 올 수도 있지 않을까?

재래식 전력회사들은 경쟁자와 싸우기 위해 그들이 가진 최상의 무기인 규제 시스템을 들고 나올 것이다. 그렇더라도 붕괴를 약간 늦출 수는 있겠지만, 멈추는 것은 불가능하다.

빅 박스 점포가 옥상 태양광발전 설비가 돈이 된다는 것을 알게 된 유일한 존재는 아니다. 폭스바겐Volkswagen, 닛산, 애플과 같은 사업체들도 대규모 태양광 프로젝트를 발표했다. 독일의 거대 자동차기업인 폭스바겐은 스페인 공장에 11메가와트의 옥상 태양광발전 설비를 완공했다고 발표했다. 전 세계에서 시가총액이 가장 큰 기업인 애플은 100% 청정에너지를 사용하는 에너지 소비 제로 기업이 되겠다는 목표를 가지고 있다. 애플은 2012년 노스캐롤라이나 주 메이든에 있는 데이터센터 주위의 토지에 20메가와트 규모의 태양광발전 설비를 완공했다. 애플에 의하면 이 발전소는 전력의 최종소비자가 현지에 건설한 태양광발전 설비 가운데 가장 큰 것이다. 애플은 데이터센터 1마일 안에 20메가와트 규모의 태양광발전 설비를 하나 더 건설했다. 또 새로 건립될 네바다 주의 리노 데이터센터에 태양광과 지열에너지로 전력을 100% 공급할 계획이라고 밝혔다.

태양광을 발견한

부동산 관리회사들

프롤로지스Prologis는 전 세계를 상대로 부동산을 소유, 운영하고 산업용 부동산을 관리하는 기업이다. 프롤로지스는 미국에서만 5,230만 ㎡에 달하는 물류공간을 포함해 460억 달러의 자산을 관리하고 있다. 여기에는 비어 있는 광대한 옥상공간이 포함되어 있다. 부동산관리회사가 수익발생자산 포트폴리오에 태양광을 추가할 수 있을까? 물론 가능하다.

2011년 6월, 프롤로지스는 NRG솔라, 뱅크오브아메리카와 함께 프롤로지스 소유 창고의 옥상에 753메가와트 규모의 태양광발전 설비를 설치하겠다고 발표했다. 이는 10만 가구의 주택에 충분한 전력을 공급할 수 있는 규모다. 뱅크오브아메리카는 이 프로젝트에 14억 달러를 융자하기로 했다. 프롤로지스는 이미 34기, 79.6메가와트 용량의 발전 설비를 설치했다.

다른 부동산 회사들도 태양광에 눈뜨게 되었다. 하츠라이츠 인더스트리즈Hartz Lights Industries는 17기의 태양광발전 설비19.2메가와트를, 킴코Kimco는 여섯 기의 태양광발전 설비3메가와트를 설치했다. 프롤로지스와 하츠라이츠 인더스트리즈는 수억 제곱피트의 산업용 시설을 관리하고 있다. 분산형 태양광발전이 돈이 된다는 사실이 증명되면 수천 개의 창고 소유주들이 관심을 기울이기 시작할 것이다.

컴퓨터와 센서가 실현한

에너지 50% 절감

태양광 기술만 전력회사들을 붕괴시키는 것은 아니다. 로봇과 기타 실리콘밸리 기술들도 전력회사들의 이익을 줄이는 데 한몫하고 있다.

2007년 요키 마쓰오카는 맥아더 펠로십MacArthur Fellowship '천재상'을 수상했다. 맥아더 재단은 마쓰오카의 연구가 "중앙신경계가 근골격계 행동을 조절하는 방법과 로봇공학을 통해 장애인의 이동성을 확장하는 방법에 관한 이해를 새롭게 바꾸었다"고 말했다. 요키 마츠오카는 이 상을 받을 당시 워싱턴 대학교 컴퓨터공학과의 조교수로 재직하고 있었으며 워싱턴 대학교의 뉴로보틱스연구소장과 감각운동신경공학 연구소장을 맡고 있었다. MIT에서 전기공학과 컴퓨터공학 박사학위를 취득한 그녀는 뉴로보틱스neurobotics, 신경학과 로봇공학의 조합 분야를 실질적으로 창시했다. 그녀는 맥아더 상으로 받은 20만 달러 이상의 보조금으로 이후 4년 동안 연구를 계속할 수 있었다. 그 뒤 마쓰오카 박사는 실리콘밸리로 돌아와 구글에서 잠시 일한 뒤에 네스트 연구소NEST Laboratories라는 작은 창업기업의 기술이사로 입사했다.

네스트는 애플이 음악 분야에서 이루어낸 성과를 에너지 분야에서 이루고자 하는 두 명의 애플 아이팟 원조 디자이너들이 창업한 연구소다. 2012년에 네스트는 299달러짜리 학습형 온도조절기Learning Thermostat를 출시했다. 이 제품에는 센서를 기반으로 인터넷에 연결되며, 끊임없이 집 안 온도를 스캔하고 거주하는 사람의 존재를 학습하는 인공지능 컴퓨터가 들어 있다. 미 에너지부에 의하면, 일반적인 미국 주택 에너지의 56%는 냉난방에 사용된다. 무더운 여름날 이른 오후에는 전기 소비량이 40% 이상 증가한다. 대부분의 사람들이 에어컨을 사용할 경우 전력의 도매가는 100% 이상 올라간다. 그 결과 각 가정에서는 전력요금이 가장 비쌀 때 가장 많은 전기를 사용한다. 이것이 여름의 전력요금이 수백 달러에 이르는 이유다. 사실 대부분의 전력 시장에서 여름철의 피크 요금은 기본요금이나 평균 요금보다 몇 배 더 비싸다. 텍사스 주에서 가장 더웠던 2011년의 8월에는 전력요금이 킬로와트시당 6달러에 이르러 평상시 피크 요금보다 10배나 더 비쌌다(자료 3-3 참조). 아이러니하게도 텍사스 주에서 전력요금이 태양광발전 전력 가격의 50배를 넘는 킬로와트시당 6달러를 기록했던 때는 태양광이 전기를 가장 많이 생산할 수 있는 맑은 날이었다.

기록적인 더위가 그때뿐이었던 것은 아니다. 2012년에는 미국에서만 최고 기온 기록이 2만 7,000번 새로 만들어졌다. 미국 해양대기청에 의하면 2011년 6월~2012년 6월은 미국의 기온이 가장 높았던 해였다.

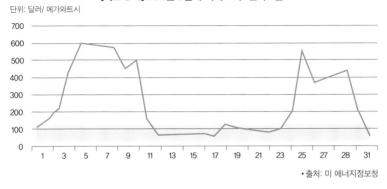

[자료 3-3] 2011년 8월의 텍사스 주 전력요금

단위: 달러/ 메가와트시

• 출처: 미 에너지정보청

에어컨의 스마트한 사용은 에너지 사용을 상당히 줄일 수 있다. 계획이 가능한 온도조절기는 수십 년 전부터 판매되었지만 계획하는 것이 어려웠기 때문에 사용이 불편했다. 대부분의 소비자는 온도조절기를 몇 주 사용하다가 그만두었다.

요키 마츠오카와 네스트는 이러한 상황을 변화시켰다. 인공지능을 이용한 네스트의 온도조절기는 사용자의 존재와 편안함을 느끼는 온도수준을 추적한다. 사용자는 하나의 간단한 다이얼아이팟을 생각하면 된다로 온도를 세팅한다. 온도조절기의 센서들은 사용자가 집에 있는 시간을 인식하고 사용자에 대해 수집한 정보를 기반으로 온도를 조절한다. 에너지 사용을 최소화하기 위해 겨울에 사용자가 일터로 출근하고 나면 온도조절기가 온도를 낮춘다.

아이폰과 안드로이드 스마트폰의 앱을 사용해 사용자가 히터나 에어컨을 켜고 끌 수 있다. 예를 들어 사용자가 5시 45분에 퇴근한다면 미리 따뜻하게 만들어놓도록 온도조절기 프로그램에 입력해둘 수 있다.

사용 첫해에 네스트의 온도조절기는 소비자들의 냉방비용을 50%
이상 절감해주었다. 네스트의 온도조절기는 이전 제품의 반복이 아
니다. 아이폰이 컴퓨터인 것과 같이 일종의 컴퓨터다. 온도조절기에
적용된 기술들은 센서, 기계 학습, 무선통신, 빅데이터, 분산형 컴퓨
팅 기술의 기하급수적 개선에 기반을 두고 있다. 센서들은 점점 더 저
렴해지고 빨라졌으며, 인터넷에 연결되었고 에너지 효율성이 개선되
었다.

새로운 창문, 새로운 벽체절연, LED 등과 같은 에너지 효율성을
가진 제품이 주택 환경을 변화시켜왔다. 학습형 온도조절기도 마찬가
지다. 299달러를 들이고 5분만 투자해 주택에 설치하면 연료비 청구
서를 50% 절감할 수 있다. 만약 수백만 명이 이를 설치한다면 수억
달러를 절약할 수 있을 것이다.

전력회사들도 학습형 온도조절기에 주목하고 있다. 옥상 태양광발
전 설비와 함께 에너지 관리 스마트 기기들도 전력회사 붕괴의 악순
환에 기여하게 될 것이다. 더 많은 소비자가 인공지능을 갖춘 제품으
로 에너지 사용량을 관리한다면 값비싼 피크 요금의 에너지 수요는
갈수록 줄어들 것이다. 전력회사들은 투자비용을 더 작은 분모로 나
눌 수밖에 없게 되어, 수수료를 추가하고 요금을 인상할 것이다. 그
결과 더 많은 소비자가 태양광과 스마트에너지 기기로 전환하고 전력
수요는 갈수록 줄어들 것이다. 전력회사의 자본비용은 수입을 감소시
키고 서비스 비용은 높인다. 이런 악순환은 한번 시작되면 좀처럼 멈
출 수 없다.

그뿐만 아니라 네스트와 같은 회사들은 이제 막 시작했을 뿐이다.

최근 캘리포니아 주 산호세에서 열린 로봇공학 컨퍼런스에서 네스트의 요키 마츠오카는 연기 경보와 일산화탄소 감지 기능을 가진 새로운 기기인 '프로텍트'를 발표했다.

보통 연기 경보기는 전력회사가 걱정해야 할 종류의 상품이 아니다. 하지만 프로텍트는 주택 내 에너지 흐름을 감지하는 수많은 센서를 포함하고 있으므로 전력회사는 이 제품을 경계해야 한다.

스마트폰, 태블릿, 웨어러블 기기에 센서들이 장착되고 있다. 예를 들어 삼성 갤럭시 S4 스마트폰에는 동작, 빛, 온도, 습도, 위치 등을 감지할 수 있는 센서들이 장착되어 있다. 실리콘밸리에 있는 인벤센스Invensense는 세계에서 가장 선도적인 센서 전문 업체의 하나다. 인벤센스의 창업자이자 전 CEO인 스티브 나시리Steve Nasiri는 스탠퍼드 대학교의 내 강좌에서 10년 전만 해도 25달러이던 센서가 지금은 2달러 이하라고 말했다. 오늘날의 센서들은 100배나 더 작아졌으며 10배나 더 에너지 효율적이다. 10년 안에 센서의 가격은 몇 센트에 불과하게 될 것이다.

프로텍트에 들어 있는 센서들은 다음과 같다.

- 광전자 연기 센서
- 일산화탄소 센서
- 열 감지 센서
- 주위 밝기 감지 센서
- 습도 센서

매일 매분 매초마다 프로젝트는 설치된 주택의 에너지 정보를 다차원적으로 수집한다. 프로젝트는 이전에는 어떤 사람이나 기기도 수집하지 못했던 에너지 데이터를 수집하게 될 것이다. 네스트는 기존의 발전소들이 꿈도 꾸지 못했던 주택 에너지 사용에 관한 정보를 보유하게 될 것이다.

샌프란시스코에 위치한 클라이밋코프Climate Corp는 실리콘밸리의 기술이 빅데이터와 결합한 좋은 예다. 이 회사는 2009년 두 명의 전직 구글 직원에 의해 설립되었다. 클라이밋코프는 미 정부의 기후와 토양 데이터를 가지고 농업 보험상품을 개발했다. 이 회사는 30년간의 기후 데이터와 60년간의 농작물 생산량 데이터, 14테라바이트에 이르는 토양 데이터를 결합해 농작물 보험료율 책정과 연구에 이용할 수 있도록 했다. 2013년 10월, 클라이밋코프는 거대농업기업인 몬산토Monsanto에 9억 3,000만 달러에 인수되었다.

클라이밋코프가 사용한 데이터는 무료로 이용할 수 있는 미국 정부 자료다. 클라이밋코프는 정부 데이터의 가치를 보여주는 정보기술을 개발했다. 네스트와 같은 회사들 또한 이 길을 갈 수 있다. 미 정부의 기후 정보와 에너지 정보를 수천만 가구에 설치된 수십억 개의 센서로부터 얻은 개인 데이터와 결합한다면 네스트는 이전에는 존재하지 않았던 데이터의 가치를 만들게 될 것이다.

데이터 수집의 분명한 목적은 주택을 연기와 화재에서 방어하려는 것이다. 그러나 데이터를 현명한 방법으로 분석한다면 주택을 위한 새로운 상품과 서비스를 개발할 가능성이 무한히 늘어난다.

전력회사에게 주택이란 에너지를 주고 현금을 받는 단순한 거래처다. 전력회사가 고객에 대해 더 많은 정보를 얻을 일은 없다. 이와 대조적으로, 네스트는 서로서로 협력하는 상품들을 설계하기 위해 지식의 기반을 쌓아가고 있으며 에너지산업 등 여러 산업을 붕괴시켜나가고 있다. 아이폰이 아이패드와 연결되는 것처럼, 네스트의 온도조절기와 프로텍트 연기감지기는 서로 연결될 것이며, 서로 통신하면서 학습하게 될 것이다. 요키 마츠오카의 말에 의하면, 화재의 40%는 난로에서 시작된다. 온도조절기가 난로의 가동 여부를 파악하고 있다면 연기 경보장치는 연기가 진짜 화재에서 비롯된 것인지, 바비큐 그릴에서 고기를 너무 태워서 나는지 알려줄 수 있을 것이다.

네스트는 실리콘밸리의 수확체증 경제학을 보여주는 좋은 사례다. 주택 소유자들이 연기 경보장치를 구매하면 온도조절기의 가치는 더 높아진다. 그 반대의 경우도 마찬가지다. 당신의 이웃이 네스트의 연기 경보장치를 구매하면 당신 집의 화재 가능성이 줄어들 것이다. 더 많은 이웃이 온도조절기를 구매한다면 네스트는 모든 이웃에서 수집한 정보를 분석해 제품을 개선할 수 있다. 네스트의 온도조절기를 구매한 모든 사람들이 개선된 소프트웨어를 다운로드 받을 수 있기 때문이다.

2014년 구글은 네스트를 32억 달러에 인수했다. 구글의 방대한 컴퓨팅 자원과 네스트의 에너지관리기기에 포함된 데이터 인프라의 시너지를 상상해보라.

건물의 미래를 보여주는

샌프란시스코 과학관

과학은 다양한 방식으로 전력산업을 붕괴시키고 있다. 샌프란시스코 과학관Exploratorium science museum은 에너지 소비 제로가 되는 방식을 보여준다.

샌프란시스코 과학관은 최근 샌프란시스코 부두 근처에 새로운 전시관을 개관했다. 〈뉴욕타임스〉는 이 새로운 전시관을 20세기 중반 이래 가장 중요한 과학관의 개관이라고 말했다. 이전보다 3배 더 넓어진 3만㎡ 이상의 전시 면적과 400명이 들어갈 수 있는 극장, 같은 건물에 직원들이 근무할 수 있는 공간도 마련했다(전에는 직원 사무실이 별도의 건물에 있었다). 과학관은 관람객이 2배 정도 늘어나 연간 50만~100만 명에 이를 것으로 예측하고 있다.

모든 것이 커졌지만, 한 가지는 제로가 되었다. 바로 전력요금 청구서다. 샌프란시스코 과학관은 옥상에 설치된 태양광발전 설비로 전기를 100% 생산해 에너지 소비 제로 건물이 되었다. 과학관에 설치된 1.4메가와트 규모의 태양광 설비는 가동 첫해에 2.1기가와트시의 전력을 생산하게 될 것이다. 과학관 측은 연간 30만 달러에 이르는 전력 전량을 태양광으로 생산할 수 있을 것으로 예측하고 있다.

태양광으로 모든 에너지를 생산한다는 이유만으로 샌프란시스코 과학관이 21세기 에너지 건축의 선두주자라고 말하는 것은 아니다. 과학관은 에너지 효율성을 고려해 설계되었다. 빌딩관리책임자인 척 미나코Chuck Mignacco에 의하면 이 건물은 비슷한 건물과 비교해 에너지 소비량이 50% 이하다.

해변의 부둣가에 세워진 박물관은 '해수를 이용한 냉난방 시스템'이라고 부르는 혁신적인 물과 에너지 관리 시스템을 이용하고 있다. 태양광으로 전기를 공급하는 여덟 개의 모터를 이용해 약 28만 리터의 해수를 퍼 올려 여과 및 살균 과정을 거친 뒤 건물 전체에 이를 순환시킨다. 여과된 물은 계절에 따라 냉방과 난방에 사용된다. 모든 사무실과 전시 공간, 연구실은 해수를 이용해 냉난방을 한다. 과학관은 이러한 독창적인 냉난방공조 시스템을 통해 산업표준 건물보다 냉방에너지의 80%, 난방에너지의 77%를 적게 사용한다.

건물의 냉난방을 위한 전통적인 방법은 냉각 타워를 사용하는 것인데, 이는 비효율적이며 시각적으로도 아름답지 않다. 게다가 시스템에 전기를 공급하기 위해 천연가스를 사용한다. 하지만 과학관은 전통적인 건물이 아니다. LED 전등, 물 펌프냉난방을 위한, 환기 팬, 컴퓨터, 연구실 장비 등 건물에 사용되는 모든 전원은 태양광발전기에서 공급된다. 과학관의 탄소발자국carbon footprint: 사람의 활동이나 상품을 생산, 소비하는 전 과정을 통해 직·간접적으로 배출되는 온실가스 배출량을 표시한 것은 주방에 사용되는 2.5cm 굵기의 가스관을 제외하면 제로다.

네트워크된 세계의

컴퓨터 자원 활용

2013년 7월 24일 마이크 사림사키Mike Sarimsacki와 나는 캘리포니아 주 밀브레Millbrae 시에 있는 그의 사무실에서 조지아공화국을 위해 개발 중인 400메가와트급 풍력발전소를 분석하고 있었다. 스페인의 풍력 자원사정 엔지니어가 전날 설계안을 이메일로 보내주었다. 우리는 구 글 어스를 이용해 발전소 전체를 보며 개별 터빈을 클릭하면 나타나 는 팝업정보를 통해 높이, 좌표, 풍속 등 주요 지표들을 살펴보았다. 마이크는 산마루에 있는 몇 개의 3메가와트 터빈들을 옮겨야 하는지, 만일 옮긴다면 이미 여섯 개의 터빈들이 설치된 산마루에 더 가깝게 옮겨야 하는지를 물었다.

　풍력발전소를 설계할 때는 정확한 균형점을 찾아야 한다. 터빈들은 풍력자원과 전력생산에 서로 영향을 미치기 때문에 너무 가깝게 배 치할 수 없다. 그러나 송전선과 도로 건설을 위해서는 같은 산등성이에 열을 지어 건설하는 것이 유리할 수도 있다. 우리는 비용을 최소화하면서 에너지 생산을 극대화할 수 있는 최적의 배치를 위해 컴퓨터 시뮬레이션을 해보았다. 이는 발전소 설계 과정의 필수적인 단계다.

오후 늦게 우리는 스페인의 엔지니어에게 답변을 보냈다. 다음날 내가 늘 일어나는 새벽 4시가 조금 넘어, 세 개의 풍력터빈 위치 제안에 대한 마드리드의 회신을 받았다.

이런 과정을 통해 나는 풍력발전소 또는 태양광발전소의 설계가 정보기술 분야의 프로그래밍 프로젝트와 유사하다는 사실을 알게 되었다. 두 가지 경우 모두 인터넷의 공개 데이터, 빅데이터 분석, 오픈소스 기술을 바탕으로, 다른 사람들이 개발해 세상에 공개한 지식들을 이용해 숙련된 기술을 가진 사람들이 서로 협력한다.

조지아공화국의 풍력에 대한 자료는 NASA와 미 에너지부의 공개된 데이터를 통해 얻을 수 있다. 구글의 구글 어스와 지도를 만들 수 있는 도구를 설계과정에 이용할 수 있다. 풍력 시뮬레이션 소프트웨어는 원래 오픈소스 프로그램이다. 수천 명의 프로그래머와 풍력에너지 기술자들이 수백만 시간을 투여해 소프트웨어를 만들어 다른 사람들이 이용할 수 있도록 공개했다. 원한다면 누구나 이 소프트웨어를 개선할 수 있다.

여러 국가의 수많은 사용자가 자신의 컴퓨터를 사용하지 않을 때 그 자원을 네트워크해서 시뮬레이션 프로그램에 사용할 수 있다. 스페인의 풍력사정 엔지니어가 미국 사무실의 직원들이 퇴근해 컴퓨터가 작동하지 않는 시간에 미국 사무실의 컴퓨터들을 이용하는 것을 상상해보라. 또는 아마존의 웹서비스_{표준 기반, 접근이 공개된 플랫폼}와 같은 클라우드 서비스를 이용할 수도 있다.

전력 2.0은 정보기술과 에너지 인프라 둘 모두에 해당하며, 정보경제학의 지배를 받는다. 태양광과 풍력은 컴퓨터와 마찬가지로 수확체증의 경제학을 기본으로 하고 있다.

실리콘밸리 사무실에서

전 세계 옥상으로

나는 최근 실리콘밸리에서 가장 빠르게 성장하고 있는 태양광 설치 기업 가운데 하나인 선지비티를 방문했다. 선지비티는 주거용 건물 옥상에 태양광발전 설비를 설계하고 금융을 지원하며, 설치 및 운영 하는 일을 한다.

그러나 선지비티는 태양광패널, 인버터 또는 시스템하드웨어를 만 들지 않는다. 이 회사는 트럭이나 하드웨어 창고를 가지고 있지 않다. 그들은 고객의 옥상에 올라가거나 태양광패널을 설치하지도 않는다. 수리도 하지 않는다.

미래의 고객이 선지비티 웹사이트에 서명하면 오클랜드에 있는 사 무실에서 모든 업무가 이루어진다. 선지비티에는 주택 옥상 태양광 설비를 설계하는 원격 디자인 팀이 있다. 나는 수백 마일 떨어진 곳의 옥상에 태양광 설비를 설계하는 디자인 팀의 레이철 로즈Rachel Rhodes

와 이야기했다.

레이철 로즈는 터프츠 대학교에서 국제관계학과 환경공학을 전공했으며 선지비티에 입사한 지 1년 반이 되었다. 그녀는 먼저 고객의 주소가 입력된 파일을 열었다. 그리고 구글 어스를 통해 고객의 주택을 조감해보았다. 로즈는 지붕을 여러 각도와 측면에서 관찰한 뒤 비용을 최소화하고 에너지 생산을 최대화할 수 있는 위치를 찾아 설계하는 여러 가지 방법을 알고 있다.

미국은 행정구역에 따라 건물 설계 요건이 다르다. 예를 들어 어떤 도시는 3피트 셋백setback: 일조나 통풍이 잘되도록, 건물의 위층을 아래층보다 조금씩 후퇴시켜 계단 모양으로 짓는 것 조항이 있어 태양광패널을 설치할 잠재적 공간이 줄어든다. 로즈는 나무와 그림자들을 살펴보았다. 그녀는 20인치 보조스크린에 지금 작업 중인 옥상 화면과는 조금 다른 조감도를 띄워 놓았다. 로즈는 보조스크린 화면을 통해 시간에 따라 옥상에 그늘이 지는 각도를 살폈다. 그러고 나서 가상의 패널들을 옥상에 배치하기 시작했다. 고객은 이미 자신이 소비하는 전력량을 선지비티에 이야기해두었다. 로즈가 패널의 배치와 규모를 설계할 때 이 데이터를 고려해서 한다. 그녀의 작업은 테트리스 게임의 태양광 버전을 즐기는 듯했다.

10분도 되지 않아 로즈는 최적의 배치를 결정했다. 선지비티의 공동설립자인 대니 케네디에 의하면, 원격 설계 방식은 옥상에 직접 올라가 자로 재는 것보다 더 정확하고 빠르다. 선지비티의 태양광을 통한 붕괴는 '더 빠르고 더 신속하며 더 나은' 상품과 서비스를 만들어내고 있다. 로즈의 설계를 기초로 해 고객은 다가올 25년간 태양광

전력을 사용할 수 있는 계획을 담은 계약서인 '아이쿼트iQuote'를 받게
된다. 고객이 계약서에 서명하면 선지비티의 소프트웨어는 자동으로
인허가 과정을 시작하고, 지역의 독립 사업자 중에서 면허를 갖춘 설
치업체와 접촉하고, 태양광패널의 배송과 설치를 시작하게 된다.

주택과 설계사양에 따라 다르기는 하지만 태양광패널 설치 자체는
몇 시간 안에 끝난다. 그러나 지방자치단체와 전력회사에 의해 통제
되고 있는 인허가 과정이 병목이 되어 설치 과정을 몇 주에서 몇 달
까지 지연시킬 수 있다.

로즈는 오클랜드의 작은 방에서 소프트웨어를 이용해 호주나 네덜
란드에 있는 옥상 태양광 설비도 설계할 수 있다. 호주라고 다를 것이
있겠는가? 다만 호주에서는 패널들이 북쪽을 향해야 한다는 점을 기
억하면 된다고 그녀는 말했다.

태양광산업에서는 인터넷의 공개 데이터, 빅데이터 분석, 오픈소스
기술을 이용해 고도로 숙련된 기술을 가진 사람들이 서로 협력한다.
그들은 다른 사람들이 이미 개발해 세상에 공개한 지식의 도움을 받
는다.

실리콘밸리의 비트-전자 인터넷 인프라 경제학은 수확체증의 법칙
에 기반을 두고 있다. 이는 채굴 기반, 지휘 통제, 원자 기반 에너지산
업은 결코 이룰 수 없는 것이다.

나는 레이첼 로즈와의 면담을 끝내고 나오면서 옥상에 태양광 설
비를 갖춘 수백만 또는 수천만 채의 건물들이 전력회사들을 순식간
에 붕괴시키는 일이 어렵지만은 않을 것이라고 생각했다.

전력회사들의 로비:
연합하고
요금을 올려라

미국의 투자자들이 소유한 전력회사investor-owned utilities, IOU들의 단체이 며 로비기관인 에디슨전기협회Edison Electric Institute는 최근 '파괴적인 도 전: 전기 소매사업의 변화에 대한 재정적 영향과 전략적 대응'이라는 제목의 보고서를 발표했다. 이 보고서는 회원사들에 대한 태양광과 분산형 에너지 자원의 위협을 집중적으로 조명했다. 에디슨전기협회 는 회원사들에게 비즈니스모델을 변화시킬 필요는 없다고 단언한다. 대신 공익기업위원회에 가서 요금을 인상할 것을 요구해야 한다고 말 한다.

'유선전화는 구식화의 위협에 대한 대응의 좋은 사례 될 것이다. 곧 닥쳐올 전기 부문에 대한 도전에 대비해 비非경제 부문의 붕괴 속도 를 조절할 수 있는 적절한 요금 설계를 준비해야 한다.'

이 말을 번역하면 '걱정하지 마. 그냥 요금을 올리면 돼!'라는 뜻이다. 협회에서 추천하는 '즉각적'이고 장기적인 대응 방법에는 다음과 같은 사항들이 포함되어 있다.

- 고객서비스 요금 매월 부과
- 새로운 설비 투자를 위한 비용을 요금 납부자에게 부과
- 전력회사 서비스를 해지하는 고객에게 수수료 부과

선택의 폭이 넓어지고 분산형 청정에너지의 가격이 재래식 전기보다 저렴해지는 시대에, 전력회사들은 소비 장벽을 높이겠다고 말하는 것이다. 에디슨전기협회는 '머리만 모래에 숨기는' 전략을 펼치고 있다. 코닥이 맞이했던 순간을 기다리는 꼴이다.

세계에서 청정에너지 점유율이 가장 높은 지역인 유럽의 전력회사들은 이미 붕괴의 고통을 실감하고 있다. 2008년을 정점으로, 유럽 상위 20개 전력회사의 시장가치는 절반으로 감소해 1조 유로에서 5,000억 유로가 되었다.

독일의 거대 전력회사인 E.ON은 전력회사의 붕괴를 보여주는 대표 사례다. E.ON의 미국예탁증권 미국 은행이 외국 주식의 예탁을 받아 현물 주식 대신 발행하는 대체증권이 2009~2010년에 30달러 근처에 이르렀지만 2013년 10월에는 절반 이하로 떨어졌다.

그리고 에디슨전기협회의 부채 악몽은 이미 시작되었다. 2008년에 유럽의 상위 10개 전력회사의 신용등급은 A 이상이었다. 2013년 현재 다섯 개 회사만이 A 등급을 유지하고 있다.

전력회사의 주식 하락은 지분가치가 하락했다는 의미이며, 이는

자본투자의 감소를 암시한다. 신용등급의 하락은 발전소 담보대출의 이자율 상승을 의미한다. 지분가치의 하락과 높은 이자율은 자본비용 상승을 가져오는 원투 펀치다.

자본비용의 상승은 순현재가치net-present-value, NPV: 사업의 가치를 계산하는 방법의 하나로, 사업의 시작부터 최종연도까지 얻게 되는 편익·비용의 흐름을 현재가치로 계산해 이를 합계한 것. 어떤 자산의 NPV가 0보다 크면 투자가치가 있는 것으로 평가됨가 긍정적으로 나타나는 프로젝트가 더 적어진다는 뜻이다. 따라서 재래식 발전소 건설은 더 줄어들 것이다. 이는 또한 건설되는 발전소들이 더 비싼 이자를 지불하는 결과 더 비싼 전력을 생산하게 된다는 뜻이기도 하다.

이렇게 비싼 전력으로는 비용이 지속적으로 감소하고 있는 태양광 풍력과 경쟁할 수 없다. 재래식 전력회사들은 이미 악순환에 빠져들고 있다. 경쟁력이 떨어질수록 고객들을 태양광 전력에 빼앗길 것이며 낮은 이율의 자본을 구하기가 더욱 어려워질 것이다. 그렇게 되면 경쟁력은 더욱 떨어지게 된다.

붕괴를 초래하는 다음 파도 :

분산형

전력 저장장치

재래식 전력회사들은 붕괴를 초래하는 파도를 여러 번 맞을 것이다. 파도는 매번 전력회사들의 100년 이상 된 비즈니스모델에 거대한 구멍을 남길 것이다. 센서 네트워크, 학습형 기계, 인터넷에 연결된 기기들이 분산형 발전과 고객 중심의 에너지 관리를 가능하게 한다. 이모든 기술은 전력회사에 다음과 같은 큰 타격을 줄 것이다.

- 전력 도매시장에서의 낙찰 가격의 하락
- 전력 소매시장에서의 피크 요금 감소
- 최종소비자의 자가발전 증가로 인한 전력 수요의 감소
- 임계량에 이르는 고객들이 에너지 소비 제로에 도달

매출의 감소와 수익의 폭락이라는 원투 펀치는 대부분의 산업조직

을 두려움에 떨게 만들지만, 전력회사들은 그렇지 않다. 전력회사들은 규제절차에 깊숙이 숨어 있어 기술의 진보와 고객의 선호, 시장의 변화를 인식하지 못하고 있다.

재래식 유선전화 기업들은 아직 망하지 않았다. 전 세계가 1990년대 초부터 휴대폰을 사용하기 시작했지만 대부분의 사람들은 유선전화를 예비품으로 여긴다. 그러나 휴대폰의 품질이 개선되고 고객들이 만족하게 되면서 유선전화를 점차 없애고 있다. 휴대폰과 함께 자란 세대는 유선전화에 익숙해질 수 없다. 유선전화 인프라를 갖추지 못한 개발도상국들은 휴대전화 인프라 구축으로 바로 넘어가고 있다.

분산형 태양광으로 인한 붕괴의 파도가 진행되는 동안 주택과 기업들은 전력회사들을 필요하기는 하지만 값비싼 배터리 백업 정도로 사용하게 될 것이다. 전력회사들은 지난 100년 동안 경쟁 없이 지내왔다. 독점을 누리던 행복한 시절은 이제 끝나가고 있다. 시장에서 낮은 비용과 높은 품질의 서비스가 제공되면서 전력회사들은 곧 줄어든 수요와 비용의 상승이라는 악순환을 경험하게 될 것이다.

전기를 저장할 수 있는 에너지 저장장치의 가격이 충분히 낮아질 때 붕괴의 다음 파도가 닥쳐올 것이다. 기술의 융합으로 태양광 전기의 원가와 품질이 기하급수적으로 개선되고 있다.

- 배터리 가격의 하락과 품질의 개선
- 에너지 효율성을 높이는 지능형 에너지 관리기기
- 태양광발전비용의 하락
- 전력회사 원가의 상승

붕괴를 초래하는 다음 파도 :

현장 전력 저장장치

사용자들이 에너지 저장장치와 지능형 에너지 관리기기를 사용하게 되면 붕괴를 초래하는 두 번째 파도가 닥쳐올 것이다.

전력 저장장치를 만드는 기업들은 태양광기업들의 비즈니스모델 혁신을 배우고 있다. 최근 스템Stem이라고 하는 실리콘밸리 기업이 '서비스로서의 전력 저장storage as a service' 사업을 시작했다. 스템은 태양광 사업의 제삼자 공급과 유사하게 에너지 저장과 관리서비스에 대한 '계약금 없는' 계약을 제안했다.

스템은 그저 전력을 공급하는 회사가 아니다. 이 회사는 10~50% 낮은 가격으로 전력을 공급한다. 방식은 크게 변하지 않았다. 다만 전력 가격이 낮을 때 구매해 저장한 뒤 가격이 높을 때 이를 판매하는 것이다.

실리콘밸리의 재능과 자금의 선순환은 여기에서 빛을 발했다.

2008년에 '서비스로서의 태양광' 개념을 창시한 지가 샤Jigar Shah는 2009년 말에 자신의 회사인 선에디슨을 MEMC에 2억 달러에 매각했다. 그러고 나서 비정부기구인 이산화탄소 상황실Carbon War Room을 만들었고 클린피트 인베스터스Clean Feet Investors라는 선도적인 벤처 투자자가 되었다.

현장 전력 저장장치의 파괴적인 파도는 언제 닥치게 될까? 그 힌트로 나는 몇 개의 숫자들을 제시할 것이다. 우선 4장에서 전기자동차용 리튬이온 배터리의 원가 혁명에 대해 설명할 것이다. 리튬이온 배터리는 가정과 기업에서도 전력 저장장치로 이용될 수 있다. 전력 저장장치를 위한 많은 기술이 개발되고 있지만 원가 혁명과 시장에 미치는 영향을 나타내기 위해 리튬이온 배터리를 이용했다(표 3-2 참조).

미래의 전력 소비자들은 주택, 상업용 건물, 산업현장에서 소비하는 전력의 일부를 저장하게 될 것이다. 사용자 입장에서 전력을 저장하는 것은 몇 가지 이점이 있다. 최소한 몇 시간 사용할 수 있는 전력을 저장하는 사람은 전력요금이 낮을 때 전력을 구매해 전력요금이

[표 3-2] 리튬이온 배터리 저장장치의 자본비용 vs. 월평균 저장비용

단위: 달러

배터리 저장장치 구매비용(달러/킬로와트시)			600	500	300	200	100	50
	시간	킬로와트시	월간 전력저장비용(자본비용)					
즉각적인 수요 대응	1	1.25	4.6	3.8	2.3	1.5	0.8	0.4
피크 요금 회피	4	5	18.4	15.3	9.2	6.1	3.1	1.5
태양광발전량 저장	8	10	36.8	30.7	18.4	12.3	3.1	3.1
자가발전으로 자가소비	16	20	73.6	61.3	36.8	24.5	12.3	6.1
피크 요금 회피	24	30	110.4	92.0	55.2	36.8	18.4	9.2

비쌀 때 이를 사용할 수 있다.

　예를 들어 4시간의 전력을 저장하는 소비자는 피크 시간대의 높은 전력요금을 피할 수 있다. 이렇게 하면 전력 사용량이 최고조에 이르는 여름철에는 한 달에 수백 달러의 요금 절감이 가능하다.

　미국 주택의 월평균 전력 사용량은 하루에 30킬로와트시를 약간 넘는 903킬로와트시다. 따라서 4시간의 전력을 저장하기 위해서는 5킬로와트시의 저장 시스템을 구매하면 된다. 오늘날 리튬이온 배터리와 이를 관리하는 주변기기의 가격은 킬로와트시당 약 600달러로, 5킬로와트시의 저장 시스템을 만들기 위한 총자본비용은 약 3,000달러다. 가상의 사용자가 3,000달러를 4%의 자본비용으로 20년간 대출한다고 가정해보자. 매월 이 시스템에 지불해야 하는 돈은 약 18달러다. 사용자의 월간 전력요금 고지서에 따라 다르겠지만, 더운 여름철 몇 달 만에 설치비용을 뽑을 수 있다. 그 뒤부터는 순수하게 사용자의 비용이 절감되며 전력회사는 피크전력 사용 수입이 감소할 것이다.

　이제 가상 사용자가 일일 사용량의 3분의 1 10킬로와트시을 저장한다고 가정해보자. 매월 들어가는 비용은 36.8달러다. 이 사용자는 가장 낮은 가격에 에너지를 구매할 수 있는 이점이 있으며, 낮 시간에 사용하지 않는 여분의 옥상 태양에너지를 저장할 수 있다. 이 사용자는 전력회사가 수요반응계획demand-response programs, 소비하지 않는 전력을 피크시간에 되파는 계획을 운영할 경우 심지어 돈을 벌 수도 있다.

　상당한 전력을 발전하면서 자신만 소비하는 사용자의 경우 옥상 태양광 전력을 저장하기 위해 20킬로와트시의 저장장치가 필요할 수도 있다. 킬로와트시당 600달러인 이 저장장치의 총 자본비용은 1만 2,000달러이며 월간 자본비용으로 환산하면 110.4달러에 해당한다.

더구나 리튬이온 배터리 기술의 원가는 급락하고 있다. 2020년이 되면 리튬이온 배터리의 가격은 킬로와트시당 200~250달러까지 떨어질 것으로 예측된다. 배터리 가격이 킬로와트시당 250달러가 되면 소비자는 월 7.7달러의 비용으로 피크전력요금을 지불하지 않아도 된다. 월 15.3달러면 8시간의 전력을 저장할 수 있으며 수요반응계획에 참여할 수도 있다.

에디슨전기협회가 만든 지침을 따라 전력요금과 수수료를 인상하려고 하는 전력회사들은 최종사용자에게 여분의 태양광 전력을 사들이는 반칙을 범하고 있어서, 에너지 소비자들이 태양광을 선택하거나 에너지 저장장치에 투자하는 일을 더 쉽게 만들어주고 있다.

최근 유타 주의 로키마운틴전력Rocky Mountain Power, RMP은 공익사업위원회에 전력사용 기본요금 15달러(월), 고객서비스 수수료 8달러(월), 태양광 수수료 4.25달러(월)를 승인해줄 것을 요청했다. 최소 27.25달러의 기본요금에 실제 사용요금을 더해서 청구하겠다는 것이다. 이러한 수수료 체계는 현장 전력 저장장치를 더 매력적으로 보이게 한다. 킬로와트시당 600달러라면 여분의 태양광 전력을 저장할 수 있는 4시간 용량의 저장장치를 설치하는 월간 비용은 18달러다. 2020년이 되면 이 금액은 월 7.7달러로 줄어들게 될 것이다. 2025년이 되면 20킬로와트시의 현장 전력 저장장치에 들어가는 비용이 월 12.3달러에 불과하게 될 것이다. 미국의 평균 주택전기 사용자들에게 20킬로와트시는 일일 사용량의 3분의 2에 해당한다. 600~700만 명의 주택 소유자들은 기본적으로 태양광을 이용해 자신이 필요한 모든 전력을 발전하고, 사용하지 않는 전력은 저장할 수 있게 된다. 월 18.4달러로 전력망이 없이도 살 수 있는 충분한 전력을 저장할 수 있는 것이다.

전력회사들은 새로운 수수료를 만들어 에너지 가격을 인상함으로써 생존력을 잃어가면서도 단기 현금흐름을 개선하고자 노력하고 있다. 분산형 태양광발전 원가가 급락하고 현장 전력 저장장치 원가가 경쟁력을 갖추어가고 있는 시기에 서비스 가격을 인상하는 전력회사들 탓에 고객들은 에너지 교체 속도를 높이고 있다. 전력회사들은 코닥이 맞이했던 순간의 도래 시기를 스스로 가속하고 있는 것이다.

기존의 것을
완전히 버려야
혁신과 경쟁할 수 있다

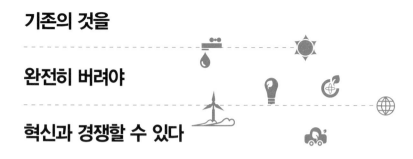

100년 이상 된 전력회사들의 비즈니스모델은 근본적으로 한물간 것이다. 분산형 태양광에너지의 지속적인 성장과 가격 하락은 중앙 집중화된 독점 대기업의 비즈니스모델에 이미 영향을 미치기 시작했다.

코닥은 고전적인 시장 붕괴의 상징이다. 그러나 코닥을 멍청한 경영에 의한 붕괴와는 구분해야 한다. 코닥은 디지털카메라를 발명했다. 수십 년 동안 수십억 달러를 디지털 이미지 기술에 투자해 다양한 기술을 개발했다. 1986년 세계 최초로 5×7인치 사진을 인쇄할 수 있는 메가 픽셀130만 화소 센서를 개발했으며, 다음 해에는 정지화면 디지털 이미지를 기록, 저장, 조작, 전송, 인쇄할 수 있는 일곱 가지 제품을 발표했다. 1991년에 코닥은 최초로 사진기자들을 위한 프로페셔널 디지털카메라 시스템을 선보였다. 코닥의 130만 화소 센서를 장착한 니콘 F-3카메라가 그것이다. 2001년에 코닥은 연구개발에 50억 달러를 투자했고 디지털 이미지 기술 분야에서 1,000여 개의 특허를 소유하게 되었다.

2001년 코닥의 CEO 퍼트리샤 루소Patricia Russo는 이렇게 말했다. "코닥은 사진 기술을 넘어 2조 2,500만 달러에 이를 것으로 예측되는 소위 '정보 이미지' 기술, 데이터와 오디오 및 이미지가 융합된 세계의 큰 조각을 차지하기 위해 움직여야 한다. 코닥은 이 무대를 지배할 준비가 되어 있다."

코닥은 기술을 가졌고 시장을 잘 알고 있었으며 사진과 동의어로 사용될 만큼의 브랜드를 가지고 있었다. 그럼에도 코닥은 시장의 변화에 맞춰 대응하지 못했다. 그 이유는 무엇일까? 코닥이 낡은 비즈니스모델 DNA를 가지고 있었기 때문이다. 코닥은 카메라를 사는 사람들은 필름을 살 수밖에 없다고 믿고 있었다. 소비자는 평생 필름을 사야 한다. 코닥은 소비자들이 사진을 찍을 때마다 돈을 벌 수 있었다. 필름은 확실한 수익 창출원이었다.

디지털 사진의 비즈니스모델은 이와 다르다. 제조회사는 카메라를 팔면 기본적으로 끝이다. 소비자의 시각에서 보면 의미 있는 유일한 지출은 디지털카메라 그 자체의 구매다. 인화, 전송, 사진 소비의 한계비용은 기본적으로 제로다.

코닥의 비즈니스모델 DNA가 이를 허용하지 않았다. 코닥은 어떤 희생을 해서라도 옛 비즈니스모델을 보존해야 했다. 한때 코닥은 디지털과 필름을 결합한 '하이브리드' 상품을 개발하기도 했다. '앞의 항목 모두'를 선택하는 전략이었다. 결국 '앞의 항목 가운데 어느 것도 아닌' 결과를 만들고 말았다.

시장이 필름사진에서 디지털 사진으로 이동하기 시작하자, 그 속도는 신속하게 진행되었다. 코닥이 산업계의 선두주자에서 파산신고서를 작성하기까지 걸린 시간은 채 10년이 되지 않았다.

'디지털카메라'와 '사진'이라는 단어를 '태양'과 '전력'으로 대체해보라. 그러면 패턴을 이해할 수 있을 것이다. 많은 전력회사 임원들은 파국이 다가오고 있음을 알고 있다. 단지 현금흐름에 중독되어 있고 그들의 전통적인 비즈니스모델을 떠날 수 없을 뿐이다. 그들이 단기 현금흐름의 증가를 원할수록 붕괴는 빠르게 다가올 것이다.

3개월 작동이

예상되었던

태양광패널의 반전

2004년 1월 24일 NASA의 오퍼튜니티 로버Opportunity Rover가 3개월간
의 탐사임무를 맡아 화성에 착륙했다(자료 3-4 참조). NASA는 로버
에 전력을 공급하는 태양광패널이 먼지로 덮여 기능할 수 없을 때까
지 약 1km를 이동할 수 있을 것으로 예상했다. 그러나 로버의 태양
광 설비는 3개월과 1km의 예상을 뛰어넘어 10년 동안이나 활동했고
38.7km를 움직였다. 로버는 노정을 따라 17만 장의 사진을 찍어 지구
로 전송했다. 태양의 힘이 과소평가된 대표적 사례다.

  태양과 대조적으로, 화석연료와 원자력은 유독성과 부식성을 가지
며 화력발전소는 40년 이상 사용할 수 없다. 40년의 유효 기간이 끝
나면 발전소는 몇 달 또는 몇 년 동안 문을 닫고 보수 기간을 거쳐야
한다. 현존하는 원자력발전소와 석탄발전소는 갈수록 낡아가고 운영
과 유지보수에 더 많은 비용이 소요되어 경쟁력이 감소하고 있다. 크

[자료 3-4] 오퍼튜니티 로버 화성 탐사장비 (사진: NASA)

레디트스위스Credit Suisse 투자은행의 보고서는 사용연한이 찬 원자력 발전소의 수가 현저하게 증가하고 있으며 보수와 업그레이드에 소요될 자본비용이 높아지고 있다고 지적했다(6장 참조).

　오퍼튜니티 로버를 구동하는 태양광패널의 작동 기간을 3개월로 예측한 이유는 화성의 환경이 극한의 온도 변화, 방사선, 먼지폭풍 등으로 잔혹하기 때문이었다. 그러나 10년이 흐른 뒤에도 로버의 태양광패널은 아직 전력을 생산하고 있다. 태양광패널은 최초의 예측보다 40배 이상 견디고 있다. 지구 상에서 옥상에 설치된 태양광발전 설비는 20년이 지났지만 아직도 제대로 기능하고 있다. 효율성이 매년 떨어지기는 하지만 감소율은 미미해서 연 단위로나 측정할 수 있을 정도다.

연간 감소율은 0.5%로 추산되는데, 이는 태양광발전 설비가 설치된 뒤 20년이 지나도 최초 전력생산량의 80%를 생산할 수 있다는 의미다. 20년이 지나면 태양광발전 설비의 융자금을 다 갚았을 것이다. 20년이 지난 뒤에는 전력을 공짜로 생산하는 것이다. 수명이 다할 때까지 관리자가 해줄 것은 10년 정도마다 인버터를 교체하는 일이다. 이를 제외하면 태양광 설비는 수십 년 동안 현금을 만드는 기계가 될 것이다.

2000년에 태양광 계획을 시작한 독일은 2020년경이 되면 기가 와트 규모의 태양광 설비들이 생산해주는 공짜 전력을 누리기 시작할 것이다. 2040~2050년이 되면 독일에 있는 태양광발전 설비 대부분의 에너지 총생산비용이 제로가 될 것이다. 그 결과 독일은 세계에서 가장 저렴한 전력 생산 국가가 될 것이다.

법안 16:

달라진 시민의식이

낡은 에너지를 몰아낸다

캘리포니아 주는 '혼돈'과 '엉망진창'인 직접민주주의로 알려져 있다. 캘리포니아 주의 정치 시스템은 다른 지역들과 마찬가지로 로비스트와 자신들의 이익을 추구하는 특수 이익집단에 의해 장악되어 있다. 밸럿피디아BallotPedia, 주민소환투표를 조사하고 있는 비영리단체에 따르면 2010년 6월의 주민 투표에는 '지역 공공전력공급자를 위한 새로운 3분의 2 요구 조항'이라고 부르는 법안 16이 들어 있었다.

'만약 법안 16이 통과되었다면 공공기관이 전력 소매시장에 진입하기 위해서는 유권자 3분의 2 이상의 표를 받아야 했을 것이다. 이 법안은 새로운 전력회사 설립이나 광역 청정전기 지역Community Choice Aggregator, CCA을 만드는 일을 더욱 어렵게 하려는 것이었다.'

PG&E는 분산형, 참여형 지역 발전으로 가는 에너지의 추세를 멈추고 싶었다. 미국에서 가장 큰 전력회사인 PG&E의 이사회는 이 법안을 지원하기 위한 군자금 수천만 달러를 승인했다. 하지만 법안 16과 PG&E에 대한 반대 여론은 고조되었다. 캘리포니아 주 안의 38개 이상 신문들이 '권력 찬탈'에 반대한다는 사설을 실었다. 40개 도시와 10개의 상공회의소는 공식적으로 이를 반대했다.

PG&E는 홍보물을 통해 법안 16이 시민들의 '권리'에 관한 것이라는 인상을 주려고 애썼다. PG&E는 법안 16을 위해 4,610만 달러를 썼다. 반대 측에서는 10만 달러를 썼다. 461 대 1이라는 이점에도 불구하고 캘리포니아 주 유권자들은 법안 16을 53% 대 47%로 부결시켰다.

캘리포니아 주의 법안 16은 붕괴 직전에 있는 전력회사들이 그들의 안락한 독점 상황을 지키려 애쓰는 하나의 예에 불과하다. 캘리포니아 주를 비롯한 여러 지역의 전력회사들은 현금흐름의 증대에 가장 좋은 방법이 주 입법기관, 공공전력위원회, 규제기관들과의 밀실회동이라는 사실을 잘 알고 있다.

태양에

세금을 매기다

지역 전화회사 '마벨Ma Bell'에서 당신이 휴대폰을 가지고 있다는 이유로 당신에게 요금을 부과한다고 생각해보자. 당신은 마벨에서 다음과 같은 이메일을 받았다.

○○님

당사는 당신이 새 휴대폰을 가졌다는 사실을 알게 되었습니다. 당신이 새 휴대폰을 사용하면 당사는 엄청난 돈을 투자한 우리의 낡은 인프라에서 돈을 더 적게 벌 수밖에 없습니다. 따라서 당사는 다른 '순수 유선전화' 사용자에게 더욱 많은 사용료를 받아야 합니다. 당사는 휴대폰 서비스와 같은, 고객이 진정으로 가치가 있다고 여기는 서비스를 제공하기 위해 기술을 개선하는 데 투자해야 하지만, 독점기업이기 때문에 그럴 필요는 없습니다. 대신 당사는 당신에게 '휴대폰 수수료'를 매월 50달러씩 부과하겠습니다. 당사가 휴대폰이 없는 수백만 사용자들을 우선한다는 것을 이해해주시리라 믿습니다. 예를 들어 당사의 CEO는 연봉이 겨우 1,140만 달러이고, COO는 540만 달러밖에 받지 않습니다. 우리는 주정부 공익사업 규제기관에 즉시 '휴대폰 수수료' 승인을 요청할 것입니다.

더욱 자세한 내용은 이곳을 클릭하시기 바랍니다.

이런 메일을 받는다면 우리는 이를 사기라고 생각하고 삭제할 것이다. 이메일이 진짜 전화회사에서 왔다는 사실을 파악한 뒤에도 정부가 이런 제도를 승인하기는커녕 검토조차 않을 것이라고 믿는다.

에너지 부문은 예외다. '휴대폰'이라는 단어를 '태양광'이라고 바꾸면 미국 전역에서 이러한 시나리오가 진행 중임을 알 수 있을 것이다. 애리조나 주에서는 지역 전력회사인 애리조나 퍼블릭서비스가 주정부 공공서비스 위원회인 애리조나 기업위원회에 태양광 전력 이용자들이 애리조나 퍼블릭서비스에서 구매하는 전력량이 줄어들었다는 사실을 근거로 태양광 이용자들에게 매월 50달러의 수수료를 징수할 수 있게 허가해달라고 요청했다.

휴대폰이 유선전화 시스템을 얼마나 신속하게 구식으로 만들었는지 학습한 전력회사들은 두 가지 방식으로 대응하고 있다. 하나는 독점적 지위를 이용해 낡은 인프라에서 최대한 많은 이익을 뽑아내는 것이며, 이와 동시에 규제 시스템을 이용해 분산형 전력 인프라로 이전하는 사람들에게 세금을 부과해 이익을 얻어내는 것이다.

공공의 이익을 위한 결정을 내려야 하는 임무를 가진 애리조나 기업위원회가 전력회사의 요청을 무시했을 것이라고 생각했다면 오산이다. 2013년 11월 19일 애리조나 기업위원회는 애리조나 퍼블릭서비스가 태양광패널을 설치한 사람들에게 최소 월 4.95달러를 징수할 수 있도록 했다. 태양광 시스템이 클수록 애리조나 퍼블릭서비스는 더 많은 수수료를 징수할 수 있다.

이러한 결정은 유사한 사업에도 적용할 수 있는 문을 활짝 열어놓은 것이나 다름없다. 유튜브YouTube나 넷플릭스Netflix를 보는가? 지역 케이블회사는 자신의 케이블을 이용하지 않는 당신에게 매월 4.95달러를 청구할 수 있다. 전기자동차를 운전하는가? 석유회사들은 석유를 구매하지 않는 당신에게 매월 4.95달러를 청구할 수 있다. 전기스토브를 이용하는가? 천연가스회사들은 파이프라인을 이용하지 않는 당신에게 매월 4.95달러를 청구할 수 있다. 전보회사들이 당신의 지갑을 노리고 있지는 않은지 감시해야 할 판이다.

4장

전기자동차가
가져올 **붕괴**

━━━━━ 자동차의 도입이 말을 타는 일에 영향을 줄 것이라고는 믿지 않는다. 스콧 몬터규

Scott-Montague, 1903년 ━━━━━ 앞으로 다가올 20년간의 기술 변화는 지난 100년간의 기술 변

화와 맞먹을 것이다. 레이 커즈와일Ray Kurzweil ━━━━━ 변화가 필요하기 전에 변하라. 잭 웰치

2013년 11월 11일 〈모터트렌드Motor Trend〉 잡지는 2013년 올해의 자동차 수상자로 테슬라 모델 S를 선정했다.

설립된 지 10년 안에 이 상을 받은 회사는 그동안 없었다. 테슬라는 실리콘밸리의 컴퓨터회사로 설립되었으며 자동차의 도시 디트로이트보다는 애플이나 구글의 영혼에 더 가까운 회사다. 테슬라의 CEO인 일론 머스크Elon Musk는 애플과 같은 충분한 자금을 가진 회사에 인수될 가능성을 부인하지 않는다.

테슬라는 2012년에 8,200만 대가 팔린 자동차 시장에서 한 분기에 불과 4,750대연간으로 환산할 때 1만 9,000대를 판매했을 뿐이다. 너무 작은 숫자라서 이 때문에 휘발유자동차회사 임원들이 잠을 설칠 이유는 없을 것이다.

그러나 테슬라의 주식 가격은 금방 4배가 되었으며 이 회사의 시장가치는 17억 달러에 이르러 디트로이트 자동차기업들과 어깨를 견줄 수 있게 되었다. 테슬라의 매출은 포드의 1%에 불과하지만 시가총액으로 비교하면 68억 달러인 포드자동차의 4분의 1, 51억 달러인 제너럴 모터스의 3분의 1에 이른다.

제너럴 모터스의 CEO인 댄 애커슨Dan Akerson은 즉시 직원들에게 '테슬라와 테슬라의 비즈니스모델에 대응할 방법'을 연구하도록 지시했다. 이를 재해석하면 '테슬라는 어떻게 4조 달러에 이르는 세계 자동차산업을 붕괴시킬 수 있을까?'와 같다.

전기자동차가
파괴적인
9가지 이유

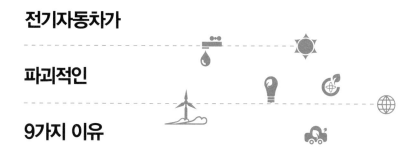

제너럴 모터스의 CEO 댄 애커슨은 걱정이 많다. 테슬라의 주식 가격이 4배가 된 직후, 모델 S는 미국 도로교통안전국에서 실시한 안전도 테스트를 받은 자동차 가운데 가장 높은 안전등급을 받았다. 〈컨슈머리포트Consumer Reports〉는 모델 S를 이제껏 테스트된 자동차 가운데 최고라고 말했다.

2013년 12월 2일 샌프란시스코 오토쇼를 보면서 나는 자동차산업이 100년 동안 변화가 거의 없었음을 생각했다. 나는 BMW 950과 아우디Audi R8의 최신 디자인에 약간의 경의를 표한 후 히스파노-수이자Hispano-Suiza H6C 1928년형 모델스페인의 자동차 및 엔진 제조업체가 생산한 쿠페형 자동차, 코드Cord L29 컨버터블 쿠페 1931년형 모델, 그리고 내가 가장 좋아하는 올드 모델인 애스턴 마틴Aston Martin의 라곤다 LG45가 전시되어 있는 '박물관' 구역으로 향했다.

[자료 4-1] 내연기관 엔진 (사진 : 토니 세바)

라곤다 LG45는 듀얼 사이드드래프트 카뷰레터를 가진 고압축 4.5리터 6기통 엔진과 메도즈 4단 수동기어를 갖추고 있다. LG45는 오토쇼의 박물관 구역에 있었지만 최신 뷰익Buicks, 폭스바겐, 도요타 Toyotas, 기아자동차와 그리 달라 보이지 않았다. 이는 뷰익 2014년 형의 3.6리터 VVT DI 엔진을 보면 더욱 분명하다(자료 4-1 참조). 내연기관자동차는 80년 전 라곤다 LG45 엔진이 나온 이래 실질적으로 많이 달라지지 않았다. 2013년 12월 10일, 제너럴 모터스 이사회는 제품개발 부문장이며 경력 33년의 베테랑인 메리 바라Mary Barra를 새 CEO로 선출했다.

실직은 바라와 재래식 자동차회사 임원들이 잠 못 이루는 이유 가운데 하나에 불과하다. 내연기관자동차산업은 100년 전의 말과 마차산업에 비교할 수 있다. 전기자동차는 내연기관자동차산업석유산업도 같이을 신속하고 영구적으로 붕괴시킬 것이다.

전기자동차가 파괴적인 많은 이유가 있다. 전기자동차로 인한 시장 붕괴는 조만간 내연기관자동차를 과거의 유물로 만들어버릴 것이다. 내연기관자동차의 관점에서 더 좋지 않은 일은, 전기자동차가 단순히 파괴적인 기술이기 때문이 아니라 100년 전에 만들어진 전체 비즈니스모델을 완전히 소멸시킬 것이기 때문이다.

2030년 샌프란시스코 오토쇼는 2013년 오토쇼와는 확연히 다를 것이다. 오늘날의 인상적인 BMW 950과 아우디 R8은 아름답게 디자인된 마차와 같은 취급을 받을 것이다.

다음은 전기자동차가 파괴적인 아홉 가지 이유다.

1. 효율 5배 에너지

미국의 주요 에너지 사용 부문 중 운송 부문이 낭비가 가장 심하다. 운송 부문에서 사용되는 석유 에너지의 79%는 연기로 사라진다. 평균적으로 내연기관에 들어간 휘발유와 디젤의 21%만이 유용한 에너지로 사용된다.

자동차회사의 말에 의하면 연비는 주행 습관과 엔진의 상황, 즉 고속도로를 달리는가, 아니면 시내주행인가 등에 따라 달라진다. 그러나 결론은 간단하다. 내연기관은 본질적으로 비효율적이다. 미 에너지부에 따르면 미국 내 도시와 고속도로를 주행하는 자동차들은 실제로 바퀴를 구동하는 데 휘발유 에너지의 평균 17~21%만을 사용한다. 100년 동안 수십억 대의 자동차와 수천억 달러의 연구개발을 통해 내연기관의 에너지효율은 겨우 21%에 이른 것이다.

디트로이트와 뮌헨, 일본의 자동차 제조기업들은 에너지효율이 좀 더 높은 엔진을 만들 수 있을까? 물론이다. 그들은 점진적으로 개선할 수 있다. 하지만 물리학 법칙이 앞을 가로막고 있다.

내연기관은 엔진을 가열하는 특성상 열역학의 법칙을 따른다. 내연기관은 열효율 법칙의 지배를 받으며, 열이 유용한 일로 전환되는 최대경계치가 있다. 휘발유 엔진의 한계치는 25~30%다. 이 말은 이론적으로 최상의 수치를 적용하더라도 휘발유 엔진은 여전히 70~75%의 연료를 낭비한다는 뜻이다.

이와 비교하면 전기자동차는 어떨까? 전기자동차에 없는 것들이 무엇인지 생각해보자. 라디에이터, 피스톤, 배기관, 크랭크축, 클러치, 펌프 등 휘발유 엔진이 에너지를 낭비하게 되는 수많은 부품이 없다.

전기자동차의 에너지 전환 효율성은 99.99%에 이른다. 테슬라의 1세대 전기자동차인 로드스터의 효율성은 88%였다. 이 숫자는 미국 휘발유자동차의 평균 연료효율성에 비하면 4~5배에 이르는 것이다. 전기자동차는 더 부드러운 승차감을 가졌을 뿐 아니라 훨씬 좋은 에너지 효율성을 나타낸다.

디트로이트가 전기자동차와 같은 에너지 효율성을 가진 내연기관을 설계할 수 있을까? 한마디로 불가능하다. 다시 한 번 말하지만 열역학 법칙이 이를 가로막고 있다. 휘발유자동차의 효율성을 높이기 위해 사용하는 기술이 무엇인지를 주목해보라. 바로 배터리와 전기모터다. 내연기관 엔진은 열 엔진이기 때문에 더 높은 에너지 전환비율을 달성하기 위해서는 엔진 온도를 높여야 한다. 그러나 훨씬 높은 온도를 가지고 있는 석탄과 원자력발전소에서조차 잠재에너지의 3분의 2는 낭비된다.

테슬라 모델 S의 전기엔진은 거대한 수십억 달러의 원자력이나 석탄발전소보다 3배 더 효율적이다.

2. 10분의 1 충전비용

〈컨슈머리포트〉에 따르면 1년에 1만 9,300km를 주행한다는 가정하에 지프Jeep 리버티의 연료를 채우기 위해서는 연간 3,000달러, 5년에 1만 5,000달러가 필요하다. 테슬라 로드스터가 같은 거리를 주행하는 데 드는 연료비용은 313달러다.

간단하게 계산해보자. 로드스터는 킬로와트시당 7.4km를 주행한다. 미국 평균 전기 소매가격은 킬로와트시당 12센트다미국 에너지부 자료. 1만 9,300km에 킬로와트시당 0.12달러를 곱하고 이를 7.4km로 다시 나누면 312.97달러가 나온다.

만약 전기 리버티가 존재한다면, 5년 동안 휘발유 에너지 1만 5,000달러어치 대신 전기에너지 1,565달러어치를 쓰게 될 것이다. 전기자동차가 휘발유자동차에 비해 연료를 채우는 데 약 10분의 1가량으로 저렴한 데는 다음 두 가지 이유가 있다.

- 전기자동차는 휘발유자동차에 비해 에너지 효율이 4, 5배 더 높다.
- 휘발유는 에너지 단위당 가격이 전기보다 2, 3배 더 비싸다.

전력요금과 휘발유 가격은 세계적으로 매우 다양하게 형성되어 있다. 연비도 차종별로 다양하다. 그러나 근사치는 알 수 있다. 미국에서 전기자동차는 휘발유자동차와 비교할 때 연료비용이 약 90% 절감된다.

지프 리버티의 연료 절감액은 플로리다 주립대학교의 2년간 학비와 비슷하다. 많은 가족이 스스로 질문할 수 있을 것이다. 비싼 휘발유를 태워버릴 것인가, 아니면 전기자동차로 바꾸어 절약되는 돈으로 아이를 대학에 보낼 것인가?

3. 저렴한 유지보수비용

자동차는 3,000~5,000마일마다 엔진오일을 교환해주어야 한다. 전기자동차는 그럴 필요가 없다. 단지 이것만이 전기자동차의 유일한 장점은 아니다.

전기자동차는 전기모터를 동력으로 사용하기 때문에 연소에 필요한 부품들이 필요 없다. 점화 플러그, 시동모터, 발전기, 연료분사기, 연소실, 피스톤, 피스톤헤드, 실린더, 필터, 배기관 등이 없다. 전기자동차에는 크랭크축, 타이밍벨트, 촉매환원장치도 없다. 전기자동차의 차대에 장착되는 부품 수가 적기 때문에 내연기관자동차보다 수리해야 할 일도 적다.

자료가 제한적이기는 하지만, 전기자동차는 휘발유나 디젤 자동차보다 수리와 유지보수할 것이 90% 정도 적다고 말할 수 있다. 그 결과 전기자동차 운전자는 차량 수명이 다할 동안 90% 정도의 수리비를 절감할 수 있을 것이다.

4. 내연기관자동차산업의 사후시장 붕괴

2010년에 미국에는 25만 7,576개의 경정비업소들이 존재했다. 백화점에 있는 3,978개의 정비업소, 자동차 판매점에 있는 1만 6,800개의 정비업소, 7만 7,674개의 일반 정비업소들이다. 이 업소들이 미국 내 도로를 주행하는 차 2억 5,000만 대의 모든 유지보수를 담당한다. 시장조사 전문기업 프로스트 앤드 설리번Frost & Sullivan에 의하면 2010년 자동차 제조회사의 부품시장 매출은 830억 달러에 이르며, 2017년에는 980억 달러로 성장할 것으로 예측되고 있다. 사후시장에는 카뷰레터, 점화플러그, 시동모터, 발전기, 배기관 등의 수리부품이 포함되어 있다.

하지만 전기자동차에는 이러한 부품들이 없다. 전기자동차는 엔진오일을 정기적으로 교환할 필요도 없다. 이는 붕괴하는 기업들이 결코 경쟁할 수 없는 비즈니스모델을 가지고 있다는 뜻이기도 하다. 코닥을 기억하는가? 코닥은 디지털카메라 소유자에 필름을 팔지 못하는 것에 그치지 않았다. 필름 현상, 인화 장비, 인화지, 화학약품 등의 전체 사후시장이 함께 무너졌다.

사후시장 수입은 재래식 자동차산업 비즈니스모델의 필수 구성요소다. 자동차 제조업체들은 추가로 258억 달러에 달하는 도구와 장비를 사후시장의 가치사슬value chain에서 판매한다. 사후시장에는 전동공구, 배관장비, 절단기, 유액관리장비 등도 포함되어 있다.

자동차 제조업체들은 자동차 한 대를 판매하지 못하는 것에 그치지 않고 그 자동차에 포함된 모든 사후시장 수입을 잃게 될 것이다. 내연기관자동차산업의 사후시장이 붕괴함으로써 재래식 자동차산업의 붕괴는 완전하게 이루어질 것이다.

5. 무선 충전 기술

1891년 뉴욕에서 니콜라 테슬라Nikola Tesla는 세계 최초로 정전 유도를 통한 에너지 무선 전송을 시연했다. 테슬라는 우리 전기산업 인프라의 기반이 되는 수많은 핵심기술과 개념을 개발했다. 120년 뒤 이탈리아의 버스가 정류장에서 승객들이 승하차하는 동안 충전하는 것을 볼 수 있게 되었다.

전기자동차산업은 유도전력 전송기술induction power transfer, IPT을 채택해 '전형적인' 충전 인프라 없이도 무선으로 자동차를 충전할 수 있게 되었다. 이러한 충전기술은 매일 같은 장소를 주행하고 같은 장소에 정차하는 버스에 중요하다. 한 번에 대량으로 충전하는 대신 버스들은 매일 수백 번, 조금씩 충전한다. 무선 충전기술은 기본적으로 전기자동차를 묶어두었던 밧줄을 풀었다. 하루에 여러 번 충전할 수 있어 더 작은 배터리 사용이 가능해졌기 때문이다. 이탈리아에서 사용되는 무선 전력충전 장비를 설치한 회사인 콘덕틱스−웸플러Conductix-Wampfler에 의하면, 하루 18시간을 운행하는 버스에는 240킬로와트시 배터리가 필요하지만 무선으로 충전하는 버스에는 120킬로와트시 배터리로 충분하다. 이처럼 더 작은 배터리를 채택함으로써 버스의 배터리비용을 10만 달러 정도 절감할 수 있다(현재 배터리 가격을 적용하면).

휴대폰을 충전하는 데 사용되는 무선 충전 기술을 전기자동차에
도 적용할 수 있다. 제너럴 모터스는 2014년 일부 모델에 파워매트
Powermat를 장착했다. 파워매트는 무선으로 스마트폰을 충전하는 기
술을 응용한 제품이다. 아마 제너럴 모터스는 이와 유사한 기술을 미
래에는 전기자동차를 충전하는 용도로 사용하게 될 것이다.

새로운 비즈니스모델로서 무선 충전 기술의 가능성은 열려 있다.
배송 전문기업 페덱스와 UPS의 승합차들이 이중주차를 해서 도로
를 막는 대신 물건을 배달하는 동안 무선 충전 주차장에 주차하게
될 것이다. 교통상황이 개선될 뿐 아니라 어떤 사람들은 페덱스와
UPS 승합차에 전기를 팔아 돈을 벌 수도 있고, 페덱스와 UPS는 더
작은 배터리를 사용하는 전기 승합차를 구매해 비용을 절감할 수 있
을 것이다.

6. 모듈식 설계구조

자동차의 표준구조는 하나의 엔진이 변속장치와 주행 축을 통해
두 개 또는 네 개의 바퀴에 동력을 전달하는 방식이다. 1세대 전기자
동차는 하나의 모터를 가진 구조였다. 그러나 전기자동차 제조업체들
은 공학기술에 자신감을 가지고 내연기관 엔진과 비교할 수 없는 전
기자동차만의 장점인 '모듈 방식'을 발전시키기 시작했다.

테슬라 모델 X와 아우디 이트론 올로드는 두 개의 모터를 가지고
있다. 후륜구동 유닛은 뒷바퀴에, 전륜구동 유닛은 앞바퀴에 각각 동

력을 전달한다.

멀티코어 구조를 가진 인텔 프로세서와 같이 모듈 방식은 출력을 증대시키고 설계를 유연하게 만들며, 제어를 도와준다. 이 같은 방식은 전기자동차를 더욱 안전하게 만든다. 전기 모터는 내연기관 엔진보다 내구성이 더 좋다. 두 개의 모터 중 하나가 고장 나더라도 주행할 수 있는데, 두 번째 모터가 자동차에 동력을 전달할 수 있기 때문이다. 그리고 모터를 굳이 두 개로 제한되지 않아도 된다. 하나의 바퀴에 하나씩 네 개의 전기모터를 갖출 수도 있다.

고故 윌리엄 미첼William J. Mitchell 교수가 이끌던 MIT 연구진은 로봇 바퀴라는 새로운 기술을 발명했다. 각각의 로봇 바퀴는 전기 구동 모터, 조향 모터, 서스펜션, 브레이크 시스템과 결합해 있다. 네 개의 독립적인 바퀴로 설계된 자동차는 이전의 어떤 자동차도 가지지 못했던 유연성을 가지고 있다. 차대에 변속장치, 기어박스, 차동기어 등이 없는 것이다.

그저 차대의 네 끝 부분에 바퀴를 장착한 뒤 하나(혹은 두 개, 네 개)의 배터리를 연결하고 이를 유선 시스템을 통해 전자적으로 제어하면 되는 것이다.

세계에서 가장 많이 팔린 전기자동차인 닛산 리프의 생산 설계 부문장인 이노우에 마사토는 네 개의 독립적인 전기 모터를 장착하면 놀라운 수준의 출력, 설계상의 유연성, 구동력 제어가 가능해진다고 말했다. 이노우에는 스탠퍼드 대학교의 내 강좌에서 닛산의 컨셉트카인 피보3가 바퀴들을 90도로 돌려 길가에 주차하는 모습을 보여주었다.

전기자동차 디자인의 가능성은 끝이 없다. 내연기관자동차들은 결코 이것과 경쟁할 수 없다.

7. 빅데이터와 빠른 제품 개발

2013년 6월 테슬라 로드스터는 총 3,000만 마일을 주행했다. 1만 1,000대의 모델 S도 총 3,000만 마일의 주행거리를 기록했다. 테슬라 자동차들이 총 6,000만 마일을 주행한 것이다. 하지만 제너럴 모터스의 자동차들은 수조 마일을 달렸다. 디트로이트가 걱정할 필요가 있을까?

테슬라의 주행거리와 제너럴 모터스의 주행거리의 차이는 데이터와 관련 있다. 전기자동차는 모바일 컴퓨터와 같다. 달리는 동안 엄청난 양의 데이터를 생산한다. 사용자의 데이터를 가지지 못한 제너럴 모터스와 달리 전기자동차 제조기업은 이러한 데이터를 통해 학습하고 더 빨리 적용할 수 있다. 전기자동차 제조기업은 수집된 데이터를 통해 고객의 자동차 사용 패턴을 이해하고 잘못된 점을 학습할 수 있다. 실수를 신속하게 바로잡고 새로운 소프트웨어를 배포하며 새로운 상품과 서비스를 개발한다.

전기자동차 개발 과정은 갈수록 짧아지고 있다. 이는 컴퓨터 산업의 급속한 개발 사이클과 유사하다. 테슬라와 전기자동차회사들은 전기자동차 개발 사이클을 무어의 법칙에 따른 기하급수적 속도로 개선하고 있다. 디트로이트는 기존의 선형 속도에 머물고 있다.

실리콘밸리에서 경쟁력을 가지려면 무어의 법칙보다 더 빨라야 한다. 애플과 애플의 파괴적인 제품인 아이폰을 예로 들어보자. 2013년 애플의 CEO인 팀 쿡Tim Cook은 아이폰 5S를 발표하며 아이폰의 CPU는 2007년과 비교해 40배 개선되었다고 말했다. 아이폰의 CPU는 매년 85%의 비율로 개선된 것이다. 연간 41%인 무어의 법칙은 이에 비교하면 초라한 수치다. 블랙베리와 노키아가 사라지게 된 것도 놀라운 일이 아니다. 스마트폰과 같은 초경쟁 시장에서는 무어의 법칙도 결코 충분한 속도가 아닌 것이다. 애플 아이폰은 경쟁자들이 2년 정도에 2배의 개선을 보이는 동안 매년 거의 2배씩 개선해왔다.

이것이 디트로이트가 맞서고 있는 현실이다. 디트로이트가 새로운 휘발유자동차 하나를 개발하고 있는 동안 테슬라는 두 세대를 뛰어넘는 전기자동차를 개발하고 있다. 경쟁자가 이러한 개발 이점을 가지고 있으면 어떤 산업도 존속할 수 없다.

8. 400배의 토지 효율성

2010년 BP의 멕시코 만 원유 유출 사고 이후 나는 전기자동차와 태양광발전이 결합하면 어떻게 될까 궁금해지기 시작했다. 만약 모든 자동차가 전기자동차로 바뀌고 이에 필요한 모든 전기를 태양광과 풍력으로 발전한다고 하면 어떻게 될까?

미국 운수부에 따르면 미국인들은 연간 3조 마일을 주행한다. 현재 세계에서 가장 많이 팔리고 있는 전기자동차인 닛산 리프는 배터리 충전 용량 킬로와트시당 3.45마일을 주행한다. 네바다나 애리조나 또는 캘리포니아의 사막에 하나의 거대한 태양광발전소를 건립한다고 생각해보자. 미국의 모든 자동차에 전기를 공급하기 위해 얼마나 큰 면적이 필요할까? 해답은 975제곱마일이다. 이는 각 변이 29마일 46.76km인 정사각형의 면적과 같다.

물론 이렇게 큰 태양광발전소를 지을 필요는 없다. 자동차 사용자와 가까이에, 주택과 상업용 건물의 옥상, 주차장, 쓰레기 매립지 등에서 발전하는 편이 더 낫다. 1,000제곱마일이라는 생각은 필요한 면적을 계산한 것뿐이다.

2015년까지 월마트가 218제곱마일의 면적에 발전 시설을 지을 계획이라는 사실을 생각해보자. 월마트 단독으로 미국 전체의 전기자동차 주행 동력의 거의 4분의 1을 충당할 수 있다. 월마트는 모든 지붕을 태양광패널로 덮고 모든 주차장을 태양광 캐노피로 덮을 것이다.

석유가스산업은 미국 운송수요의 3분의 1을 충당하기 위해 미국 정부에서 14만 3,000제곱마일을 임대하고 있다. 이 면적을 3배로 하면 42만 9,000제곱마일로, 석유가스산업이 미국 내 모든 휘발유자동차에 연료를 공급하기 위해 필요한 토지에 해당한다.

태양광과 전기자동차의 결합에 필요한 면적은 975제곱마일이며 내연기관과 석유산업이 필요한 면적은 42만 9,000제곱마일이다. 태양광과 전기자동차의 결합이 재래식 자동차와 석유산업보다 490배 더 높은 토지 효율성을 가진다.

새로운 기술의 융합태양광과 전기자동차이 현존하는 기술석유와 내연기관에 비해 자원을 400분의 1밖에 사용하지 않는다면 파괴적일 수밖에 없다. 특히 이러한 자원이 토지와 물처럼 가치 있는 자원이라면 더욱 그러하다. 전기자동차에 의한 붕괴가 일어나는 것은 시간문제일 뿐이다.

9. 그리드 저장장치와 기타 서비스에 기여

자동차를 소유하면 돈을 벌 수 있다고 생각해보자. 캘리포니아 주 공공기업위원회는 전기자동차 소유자들이 전력망에 전기를 공급하면 매달 100달러까지 받을 수 있도록 하는 정책을 승인했다.

휘발유자동차의 에너지 인프라 참여는 주유소에 가서 기름을 넣고 돈을 지불하는 것으로 이루어져 있다. 에너지는 한 방향으로 흐르고 (자동차로) 돈은 다른 방향으로(석유회사로) 흐른다. 반면에 전기자동차는 전력망과 밀접하게 통합되어 있으며 에너지와 현금이 양방향으로 흐른다. 그저 전력망에 연결되어 전기를 공급받기만 하는 것이 아니라, 전력망에 유용하고 경제적으로 도움이 되는 서비스를 제공해 에너지 인프라에 역동적인 역할을 수행하는 것이다.

전기자동차가 전력망에 혜택을 줄 수 있는 예는 인터넷 구조에서 찾을 수 있다. 스카이프Skype와 같은 회사는 P2P 통신기술을 사용해 성공을 거두었다. 스카이프에 접속된 컴퓨터들은 능동적인 참여자가 되어 저장 공간과 대역폭, 전체네트워크의 처리능력에 기여하게 된다. 이러한 분산형 구조는 모든 참여자의 전화비용을 낮추었다. 전화, 문자, 비디오, 파일 트래픽을 다루기 위한 중앙집중식 거대 인프라가 더 이상 필요하지 않게 된 덕분이다.

전기자동차는 P2P 구조에서 스카이프의 개인 컴퓨터들이 수행한 역할과 비슷한 역할을 수행할 수 있다. 전기자동차는 에너지 초과 생산분을 저장할 수 있다.

풍력발전은 주로 밤이나 추운 날씨에 전력을 생산하지만 산업화된 경제에서는 낮에 더 많은 전기가 소비되며 전력 수요의 정점은 가장 더운 날에 발생한다. 전기자동차는 이러한 수요의 정점에 전기를 방출할 수 있다. 예를 들어 가장 더운 여름날, 전기자동차는 수요에 따른 에너지 공급자의 역할을 할 수 있다. 전력회사들이 이러한 시간에 가장 높은 요금을 부과하기 때문에 전기자동차 소유자들이 자동차에 저장된 에너지를 전력망에 공급할 때 수요가 있는 것이다. 심지어 그들은 경쟁 에너지 시장에서 에너지 경매에 참여해 가장 높은 가격에 에너지를 팔 수도 있다.

전력망에 참여해 월 100달러를 벌 수 있다면 자동차 소유의 경제학조차 변화시킬 수 있다. 자동차가 값비싼 소유물에서 수익을 창출하는 투자로 바뀔 수도 있는 것이다.

붕괴가 일어나기까지

얼마나 걸릴까

2013년 4월 30일 제너럴 모터스의 CEO 댄 애커슨은 플러그인 하이브리드 전기자동차인 2014년 쉐보레Chevrolet 볼트의 가격을 이전 모델보다 7,000~1만 달러 인하해 책정한다고 발표했다. 제너럴 모터스가 볼트 2만 6,500대를 판매한 뒤 20%의 가격 인하가 이루어진 것이다.

전기자동차의 가격은 태양광패널의 가격처럼 빠르게 하락하고 있다. 태양광패널은 22%의 학습곡선을 가지고 있다. 이 말은 해당 산업의 생산 용량이 2배가 될 때마다 가격이 22% 하락했다는 의미다.

학습곡선은 제조업의 핵심적인 부분이다. 기본적으로 더 많은 자동차, 패널, 컴퓨터를 생산하면 할수록 효율성이 더 높아져 최종생산품의 가격이 저렴해지는 것이다.

유선전화산업을 붕괴시키는 동안에도 휴대폰은 유선전화기의 가격에 절대 근접할 수 없었다. 최근 조사 결과 유선전화기의 가격은

[자료 4-2] 100% 전기자동차를 월 179달러에 리스로 이용할 수 있다고 홍보하는 차량 (사진: 토니 세바)

10~20달러인 반면, 아이폰은 600달러였다. 휴대폰은 기존의 전화기를 대체한 것이 아니라 새로운 가치를 부여했다. 그 가치는 유선전화가 대응할 수 없는 것으로, 스마트폰은 우리 생활의 중심이 되었다.

휴대폰이 미국의 유선전화 산업을 붕괴시킬 수 있었던 것은 비즈니스모델 혁신 때문이었다. 고객이 2년간의 서비스 계약을 받아들이면, 서비스 제공 회사는 계약 기간 동안 휴대폰을 무료로 이용할 수 있도록 금융 지원을 해주었다.

내연기관자동차가 마차산업을 붕괴시킨 것도 비즈니스모델 혁신인 자동차할부금융제도였다. 자동차 가격이 마차 가격까지 내려갈 즈음 붕괴는 거의 끝나 있었다. 이와 마찬가지로, 전기자동차가 휘발유자동차 가격과 비슷해질 무렵이면 2030년 이전 휘발유자동차산업의 붕괴는 거의 끝나 있을 것이다. 실제로 전기자동차산업은 당신이 생각하는 월 할부금에 비슷하게 접근할 수 있을 것이다. 이미 닛산 리프를 월 179달러에 리스할 수 있다(자료 4-2 참조).

휘발유자동차광들은 '주행거리 불안증전기자동차를 운전하면서 배터리가 다될까 걱정하느라 발생한 정신적 피로 및 불안 증상'을 떠들어댈 것이다. 전기자동차에 대한 가장 큰 불안은 충전 없이 먼 거리를 운전할 수 없다는 것이다. 그러나 미국인들의 평균 통근 거리는 29마일이다. 닛산 리프의 주행거리 75마일은 한 번 충전으로 통근거리를 왕복하고도 17마일이 남는다. '주행거리 불안증'은 실제인가 아니면 내연기관자동차산업이 만들어 낸 것인가?

어느 쪽이든 나는 시장을 선도할 전기자동차의 최소 주행거리는 200마일 정도가 되어야 한다는 도이체방크Deutsche Bank의 댄 갈베스 Dan Galves의 의견에 동의한다. 그렇게 되면 평균 58마일의 왕복 통근 주행한 뒤에도 142마일의 주행 가능 거리가 남는다.

전기자동차산업은 기술 측면에서는 상당히 혁신적이다. 그러나 가장 강력한 도구인 비즈니스모델 혁신을 제대로 이용하고 있다고 볼 수는 없다.

파괴적인

비즈니스모델

혁신

구글이 창업할 무렵에 수십 개의 인터넷기업이 있었다. 이들 기업의 기술은 모두 훌륭했지만 구글이 모두가 인정하는 검색엔진 리더가 된 것은 비즈니스모델 혁신 덕분이었다. 기술 혁신은 붕괴가 일어날 수 있는 환경을 조성한다. 그러나 붕괴가 일어나기 위해서 때로 비즈니스모델 혁신이 기술 혁신보다 더 중요한 역할을 한다.

전기자동차는 단순한 기계가 아니라 네트워크로 연결된 모바일 기기다. 전기자동차는 휘발유자동차 판매업체가 모방할 수 없는 새로운 비즈니스모델을 가능하게 한다.

무료 충전

2014년 1월 26일, 존 글리니John Gleeney와 그의 26세 된 딸 질Jill은

테슬라 모델 S를 타고 미국을 횡단하는 데 성공했다. 테슬라 전기자동차를 충전하기 위해 얼마나 많은 연료비가 들었을까? 정답은 제로다.

테슬라는 북미와 유럽에 테슬라 모델 S 소유자들이 무료로 충전하면서 장거리를 주행할 수 있도록 '테슬라 슈퍼차저 네트워크Tesla Supercharger Network'를 건설했다.

테슬라 슈퍼차저 네트워크의 가장 중요한 점은 테슬라가 파괴적인 잠재력을 가진 새 비즈니스모델을 실험하고 있다는 점이다. 전기자동차회사가 5년 또는 6만 마일의 '무료' 연료를 제공한다고 생각해보라. 디트로이트는 이 전략을 흉내 낼 수 없다.

4장의 첫 부분에서 〈컨슈머리포트〉 자료를 인용해 지프 리버티의 연료비가 5년에 1만 5,000달러, 연간 3,000달러에 이른다고 말했다. 휘발유자동차 제조업체는 이런 무료 연료를 제공할 재원이 없다. 반면 전기자동차 제조업체들은 차량 구매 시 5년간 무료 충전 옵션을 인센티브로 지원하는 일이 훨씬 쉽다. 미국에서 이는 1,500달러 정도에 해당한다.

액센추어에 의하면, 재래식 자동차 기업들은 대당 3,000달러 정도를 고객과 딜러의 인센티브로 사용하고 언론과 마케팅활동에 1,100달러 정도를 사용한다. 이를 모두 합하면 대당 4,100달러다. 전기자동차 제조기업이 1,500달러를 인센티브로 제공한다면 현재 디트로이트가 사용하고 있는 금액보다 62%가 적은 금액이다.

'주행거리 불안'과 높은 휘발유 가격이 가져오는 재정적 불안 가운데 어느 것이 더 나쁜가? 몇 %의 시장이 무료 충전이 포함된 전기자동차로 옮겨갈 것인가?

모든 전기자동차의 무료 충전은 파괴적인 비즈니스모델이다. 여기에 대응하기 위해 휘발유자동차산업이 할 수 있는 일이 없기 때문에 경쟁 산업 자체를 없애버릴 수도 있는 비즈니스모델이다. 이러한 비즈니스모델이 업계 표준이 된다면 석유 시대는 근본적으로 종말을 고할 것이다.

무료 유지보수

전기자동차회사들이 무료 유지보수 서비스를 제공하게 되면 내연기관자동차산업의 종말을 더 앞당길 수도 있다.

전기자동차의 유지보수비용은 내연기관자동차에 비해 10분의 1 정도다. 전기 모터는 수십 년 동안 유지된다. 그러나 열 엔진은 몇 번이고 고장이 난다. 전기자동차는 카뷰레터, 점화플러그, 시동모터, 발전기, 배기관 등 지속적인 관리가 필요한 수백 가지 부품이 없다.

전기자동차회사가 5년 또는 6만 마일의 연료에 더해 같은 기간 동안 무료 유지보수까지 제공한다고 생각해보자 이는 내연기관자동차회사들이 대응할 수 없는 또 하나의 파괴적인 파도가 될 것이다.

내 예상보다

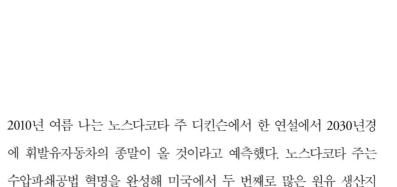

조금 빠른

배터리 진화

2010년 여름 나는 노스다코타 주 디킨슨에서 한 연설에서 2030년경에 휘발유자동차의 종말이 올 것이라고 예측했다. 노스다코타 주는 수압파쇄공법 혁명을 완성해 미국에서 두 번째로 많은 원유 생산지가 되어가는 중이었다. 그동안 테슬라모터스는 1세대 전기자동차인 로드스터를 겨우 1,000대 판매했다. 나의 예측이 당시에는 미친 것처럼 들렸겠지만, 이제 와서 보면 상당히 보수적인 예측이었다.

2010년에 전기자동차를 지배하는 법칙은 전기자동차에 사용되는 리튬이온 배터리의 가격이 킬로와트시당 약 1,000달러라는 점이었다. 53킬로와트시 배터리를 장착한 테슬라 로드스터는 배터리의 가격이 5만 3,000달러로 전체 자동차 가격의 절반을 차지했다.

나의 예측은 리튬이온 배터리가 연 12% 하락할 것이라는 가정에서 나왔다(자료 4-3 참조). 이 비율대로 가면 2028년에 리튬이온 배터

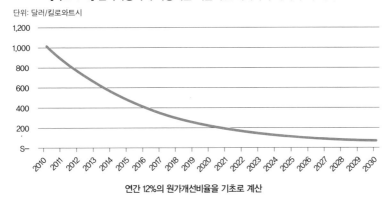

[자료 4-3] 전기자동차에 사용되는 리튬이온 배터리의 가격 추이 예측

단위: 달러/킬로와트시

연간 12%의 원가개선비율을 기초로 계산

리의 가격은 킬로와트시당 100달러에 도달한다. 전기자동차의 배터리 가격이 이 한계점을 넘으면 휘발유자동차는 석유산업과 함께는 멸망할 것이라고 노스다코타 주의 청중에게 말했다. 내 발언은 청중의 긴 침묵을 가져왔다.

오늘날에도 전기자동차의 가장 비싼 부품은 배터리다. 가장 대중적인 전기자동차인 테슬라, 닛산 리프, 쉐보레 볼트는 모두 리튬이온 배터리를 사용한다. 테슬라 모델 S는 60킬로와트시 배터리를 사용하며 추정 주행거리는 230마일이다. 이는 킬로와트시당 약 3.83마일을 주행한다는 의미다.

로드스터는 53킬로와트시 배터리에 244마일의 주행거리를 가졌으며 킬로와트시당 4.6마일을 달릴 수 있다. 배터리 용량을 킬로와트시당 4마일을 평균 주행거리로 계산했더니 전기자동차가 200마일의 주행거리를 가지려면 50킬로와트시의 배터리가 필요하다는 결과가 나왔다.

리튬이온 배터리의 가격이 킬로와트시당 100달러에 도달하면 200마일의 주행거리에 필요한 배터리 가격은 5,000달러가 된다. 배터리 가격이 전기자동차 가격의 3분의 1이라고 추정하면 테슬라 모델 S의 가격은 1만 5,000달러다.

이와 비교해 2013년 미국 자동차 신차 평균 가격은 3만 1,252달러다. 기아나 현대와 같은 값싼 자동차들도 평균 2만 2,418달러에 판매된다.

모닝스타Morningstar, 주간 시황, 펀드 평가, 보고서, 뉴스, 환율 등의 투자 정보를 제공하는 사이트에 의하면 제너럴 모터스의 영업이익률은 2012년 19.9%에서 2013년 3.3%로 올라갔다. 이러한 수치는 제너럴 모터스의 현금흐름이 재정적으로 안정적이지 않으며 가격을 인하할 여유가 없음을 알려준다. 프리미엄 브랜드인 BMW의 영업이익률은 2010~2012년 사이에 8.7~11.7%였다. BMW는 가격을 조정할 수 있는 약간의 여유가 있지만 그리 크지는 않다. 10%의 시장 가격 변동이 있다면 두 회사 모두 적자로 돌아설 것이다.

테슬라 모델 S급의 자동차가 1만 5,000~2만 달러에 판매된다면 휘발유자동차회사들은 경쟁할 수 없다. 기아는 물론 제너럴 모터스도 마찬가지다. 도요타, BMW도 다르지 않다. 휘발유자동차산업은 배터리 가격이 킬로와트시당 100달러에 이르는 시점이 여기에 해당한다. 이렇게 본다면 붕괴는 아직은 요원하다. 나는 2028년에 배터리 가격이 여기에 도달할 것으로 예측했다. 다만 그 속도가 조금씩 빨라지고 있다. 혁신과 경쟁, 규모의 선순환이 예측보다 약간 더 빠른 속도로 배터리 가격을 하락시키고 있는 것이다. 2012년 미 에너지부 장관은 "단 3년2009~2012년 만에 리튬이온 배터리 가격이 1,000~1,200달러에서 600달러로 떨어졌다"고 말했다. 이것은 내 예측은 크게 벗어나지 않는 결과다. 나는 2014년의 전기자동차용 리튬이온 배터리 가격이 킬로와트시당 600달러가 되리라 예측했었다.

2030년

휘발유자동차의

종말 온다

테슬라 자동차의 배터리는 수천 개의 작은 리튬이온 셀로 이루어져 있다. 전기자동차용 리튬이온 배터리 가격의 곡선은 노트북용 컴퓨터 리튬이온 배터리의 추이와 유사할 것이라고 보면 일리 있다.

리튬이온 배터리의 가격은 얼마나 하락할 것인가? 우리는 예측을 도와줄 최근의 선례를 가지고 있다. 바로 노트북, 스마트폰, 태블릿의 전원을 공급한 리튬이온 배터리다. 도이체방크에 의하면, 노트북 컴퓨터용 배터리 가격은 15년 만에 2,000달러에서 250달러로 하락했다. 이 수치는 연간 14%의 원가개선을 의미한다. 리튬이온 배터리 가격 하락은 우리의 예측보다 더 빠르다. 전력 저장장치에 대한 투자가 이보다 더 높았던 적은 없었다. 전자산업, 자동차, 에너지 등 적어도 수조 달러 단위의 3개 산업이 배터리 향상에 수십억 달러를 투자하고 있다. 테슬라, 솔라시티, GE는 물론 애플, 삼성, 구글도 배터리에 관심을 두고 있다. 이런 데이터를 기초로 연간 원가개선비율 16%를 기초로 하면 2014년 리튬이온 배터리 킬로와트시당 가격은 498달러다.

최근 테슬라는 미국에 50억 달러를 투자해 '기가팩토리'라는 차세대 배터리 공장을 건설하겠다고 발표했다. 이는 전 세계 리튬이온 배터리 제조 용량을 합친 것의 2배나 되는 투자 규모다. 기가팩토리는 2017년경 완성되어 2020년에는 매년 50만 대의 자동차에 장착할 수 있는 배터리를 생산할 계획이다. 테슬라는 2014년에 3만 5,000대의 전기자동차를 판매했다. 이 공장의 규모는 6년 동안에 자동차 생산 대수가 14배 성장할 것을 의미한다. 일본의 거대 전자회사인 파나소닉은 테슬라의 기가팩토리에 10억 달러를 투자하겠다고 밝혔다.

솔라시티는 테슬라의 배터리를 태양광패널 발전 설비에 이용하고 있다. 태양광을 이용하는 고객들이 배터리를 이용해 태양광 전력을 저장하거나 전력요금이 저렴할 때 전력을 구매했다가 전력요금이 비쌀 때 사용하도록 하는 것이다. 이 공장은 자체적으로 사용하는 에너지의 100%를 인근에 세워질 태양광과 풍력발전을 통해 공급할 계획이기도 하다. 자동차산업과 에너지산업, 전자산업을 구분하는 선은 희미해지고 있으며 조만간 사라질 것이다.

16%의 배터리 원가개선비율조차도 중요한 돌파구가 열릴 가능성을 계산에 넣은 것은 아니다. 테슬라의 경영진은 이렇게 말했다. "5~10년 사이에 500~1,000마일의 주행이 가능하고 완전 충전에 수초밖에 걸리지 않는 배터리 기술로 단계적 진전이 이루어질 것입니다."

스탠퍼드 대학교와 MIT 등 학계에서도 연구개발에 최우선순위를 두고 있다. 그들의 노력은 결실을 거두기 시작했다. MIT의 도널드 새

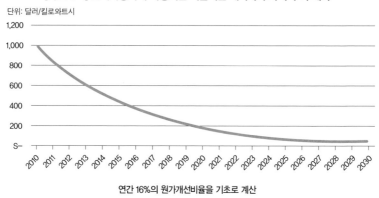

[자료 4-4] 전기자동차에 사용되는 리튬이온 배터리의 가격 추이 예측

단위: 달러/킬로와트시

연간 16%의 원가개선비율을 기초로 계산

도웨이Donald Sadoway 교수는 저렴하고 광범위하게 사용되는 물질을 이용해 그리드 저장장치에 사용되는 액체금속 배터리를 개발하고 있다. 새도웨이 연구실의 첫 번째 성공적인 창업회사인 앰브리Ambri는 빌 게이츠Bill Gates 등에게서 1,500만 달러의 벤처 자본을 신속하게 투자받았다. 앰브리는 〈MIT 테크놀로지 리뷰〉에서 2013년에 이미 '파괴적인 기업 50'으로 선정되었다.

스탠퍼드 대학교의 이 쿠이Yi Cui 교수 연구실에서는 카본 나노튜브나 그래핀 등 첨단물질을 대신해 실리콘이나 황과 같은 저렴한 물질과 나노기술을 이용해 배터리를 만드는 연구를 하고 있으며, 원가나 품질에너지 저장 밀도에서 이미 10배 이상의 개선된 성과를 보였다. 이렇게 만들어진 레독스 플로Redox Flow 배터리는 생산 원가를 킬로와트시당 약 45달러 정도로 개선했다.

전기자동차에 사용되는 리튬이온 배터리의 새로운 가격 추이 예측(자료 4-4 참조)은 최근의 수치2010~2013년와 더 잘 부합된다. 앞으로 12

[표 4-1] 전기자동차에 사용되는 리튬이온 배터리의 가격 추이 예측 (토니 세바)

연도	2014	2015	2016	2017	2018	2019	2020	2021	2022	2023	2024	2025
원가 (달러/ 킬로와트시)	500	420	353	296	249	209	176	148	124	104	87	73

년 동안 매년 16%의 원가 향상을 나타낸다면 자동차산업은 더욱 빠르게 변화할 것이다.

〔표 4-1〕은 2024년이 되면 전기자동차 배터리가 킬로와트시당 100달러 이하에 도달한다는 사실을 보여준다. 2025년에는 73달러로 하락할 것이며 2030년에는 31달러까지 떨어질 것이다.

이는 과감한 예측으로 보인다. 그러나 테슬라는 이미 이 예측곡선을 앞서가고 있다. 테슬라가 원가를 공개하지 않으므로, 차 가격을 통해 배터리 가격을 추산할 수밖에 없다. 모델 S60의 표시가격은 7만 1,070달러이고 모델 S85는 8만 1,070달러다. 두 모델에는 네 가지 차이가 있다. S85가 더 큰 용량의 배터리각각 60킬로와트시와 85킬로와트시와 더 큰 모터각각 302마력과 362마력를 채택하고 있고, S85는 슈퍼차저 이용권이 부여되며 19인치 미쉐린 타이어도 장착된다.

슈퍼차저 가격은 2,000달러이며 미쉐린 타이어 업그레이드에는 1,000달러가 소요된다. 이 두 가지 항목의 마진을 50%로 추산하면 회사의 몫은 1,500달러다. 테슬라가 배터리나 모터 업그레이드에 마진을 계산하지 않는다고 가정했을 때, 배터리 용량 25킬로와트시 증가분에 대한 원가는 8,500달러다. 이는 배터리 원가가 킬로와트시당 최대 340달러라는 것을 의미한다. 이 숫자는 테슬라 배터리 원가의 상한선을 나타낸다. 도이체방크는 2013년 6월의 보고서에서 테슬라 배터리의 원가를 킬로와트시당 350달러로 추산했다.

이러한 배터리 원가를 모든 전기자동차산업에 적용하면 어떻게 될까? 맥킨지, 모건 스탠리Morgan Stanley, 도이체방크 등 여러 영향력 높은 리서치 기관의 전기자동차 보고서에 의하면, 미국 시장의 휘발유 가격이 1갤런당 3.5달러 이상이고 배터리 원가가 킬로와트시당 300∼350달러에 도달하면 전기자동차가 경쟁력 있다고 판단한다. 유럽 시장은 휘발유 소매가격이 갤런당 8달러 이상이므로 전기자동차 배터리 원가가 킬로와트시당 400달러 이하면 경쟁력 있다.

테슬라는 이미 붕괴의 중심부로 파고들었다. 〈US뉴스 앤드 월드 리포US News & World Report〉에 의하면 2013년 미국에서 가장 높은 판매 순위를 기록하고 있는 중형 SUV는 2014년형 뷰익 엔클레이브Buick Enclave다. 엔클레이브의 소매가격은 3만 8,698∼4만 7,742달러다. 2015년에 출시될 테슬라의 SUV인 모델 X가 3만 5,000∼4만 달러 사이에 가격이 책정될 예정이므로, 일반적인 자동차 가격에 정확하게 부합한다. 모델 X의 기본형은 60킬로와트시 배터리와 265마일의 주행거리를 가지고 있다.

그런데 테슬라의 일론 머스크에 따르면 '모델 X SUV는 포르셰Porsche 911 카레라의 성능을 갖추게 될 것'이라고 한다. 이는 테슬라가 10만 달러짜리 자동차 성능을 가진 SUV를 4만 달러라는 적당한 가격에 판매하겠다는 것이다. 뷰익 엔클레이브는 그렇게 할 수 없다. 어떤 SUV도 이러한 가격대에서 그런 성능을 갖출 수 없다. 포르셰조차 불가능하다.

만일 테슬라가 매년 수백만 대의 자동차를 생산할 수 있다면 전기 자동차로의 집단 이주가 시작될 것이다. 그러나 월등한 기술과 설계 능력, 시장에서 성공할 가능성과는 상관없이 테슬라는 품질이 높은 차를 생산하는 데 중점을 둘 것이다. 테슬라가 품질에 강한 집착을 보이면서 성장의 속도가 조금 늦어지고 있다.

많은 전기자동차회사들은 아직 테슬라 수준인 킬로와트시당 350달러에 이르지 못하고 있다. 시장의 평균은 킬로와트시당 500달러 정도다. 〔표 4-1〕은 2016년 또는 2017년에 이르러서야 킬로와트시당 350달러에 도달할 것임을 나타낸다. 이 말은 2016~2017년이 되면 전기자동차로 대량 이주가 이루어지기 시작할 것이라는 의미다. 또한 테슬라가 2년 정도의 배터리 원가 우위를 가지고 있다는 의미이기도 하다.

전기자동차로의

대량 이주

나는 2020년에 리튬이온 배터리 가격이 킬로와트시당 200달러에 도달할 것으로 예측했다. 내 예측이 다른 사람들의 의견과 동떨어진 것은 아니다. 포드자동차의 에너지 저장과 고전압 시스템의 기술임원인 아난드 산카란Anand Sankaran은 2020년에 전기자동차 배터리의 가격이 킬로와트시당 200~250달러가 될 것으로 예측했다. 컨설팅회사인 맥킨지는 200달러로 예측했고, 내비건트Navigant, 청정에너지 부문의 연구조사활동을 전문으로 하는 회사는 180달러 이하가 될 것으로 예측했다.

리튬이온 배터리 가격이 킬로와트시당 200달러가 되면 주행거리 200마일 정도의 전기자동차 배터리 가격은 약 1만 달러가 된다. 로드스터의 배터리 가격은 자동차 원가의 절반을 차지했지만, 테슬라는 배터리 가격을 계속 낮춰서 현재 전체 자동차 원가의 4분의 1 수준이다.

더 보수적으로 계산해서 전기자동차 원가에서 배터리가 차지하는 비율이 3분의 1 정도라고 가정해보자. 리튬이온 배터리가 킬로와트시당 200달러가 되면 200마일 정도의 주행거리를 가진 테슬라 모델 S를 약 3만 달러에 구매할 수 있을 것이다. 사실 2017년에 출시될 예정인 테슬라의 차세대 모델 테슬라 E의 가격은 3만 5,000달러로 예측되고 있다.

앞서 말했듯이, 2013년 미국의 신차 평균 가격은 3만 1,252달러였다. 이러한 '평균' 자동차도요타, 포드, 제너럴 모터스, 혼다, 닛산의 가격은 테슬라의 '포르셰 911 카레라의 성능을 가진' 3만 달러의 전기자동차와 비슷할 것이다. 휘발유자동차는 이 가격을 맞출 가능성이 없다. 전기자동차는 휘발유자동차에 비해 연료비와 유지보수비가 10분의 1이라는 것을 언급했던가?

평균 가격이 2만 2,418달러인 현대, 기아와 같은 저가 자동차도 가능성이 없기는 마찬가지다. 2만 2,000달러에 기아자동차를 사겠는가 아니면 포르셰의 성능을 가진 전기자동차를 3만 달러에 사겠는가?

다시 한 번 말하지만, 테슬라는 예측곡선을 앞서가고 있다. 일론 머스크 이미 모델 S 배터리보다 30~40% 원가가 개선된 배터리를 선보이고 있다. 모델 S의 배터리 원가를 킬로와트시당 350달러로 추정하면, 차세대 테슬라 배터리는 킬로와트시당 210~245달러가 될 것이다.

마지막

휘발유자동차

배터리 가격이 킬로와트시당 100달러 수준으로 하락하면 주행거리 200마일의 전기자동차 배터리는 5,000달러 정도가 된다. 이렇게 되면 모든 범주의 전기자동차는 동급의 휘발유자동차보다 저렴해진다. 예를 들면 테슬라 모델 X와 같은 전기자동차는 포르셰 911 카레라와 같은 성능 범주에 들어가지만 가격은 4만 달러의 뷰익 엔클레이브 SUV 범주에 포함된다. 사실 이 둘은 비교가 불가능하다.

재래식 자동차산업은 휘발유자동차와 전기자동차를 동급으로 분류하는 오류를 범하고 있다. 전기자동차는 새로운 품종이다. 닛산 리프의 생산 설계 부문장 이노우에 마사토는 "전기자동차는 자동차를 재창조한 것이지, 대체품이 아니다"고 말했다. 포르셰는 모델 X와 동등한 성능을 가지고 있지만 가격이 2배가 넘기 때문에 경쟁력이 떨어지며, 엔클레이브는 모델 X와 가격은 비슷하지만 성능이 떨어지기 때

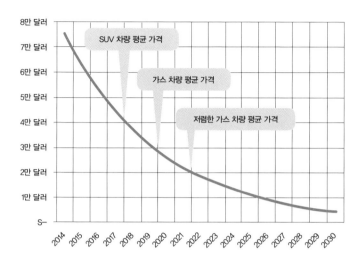

[자료 4-5] 주행거리 200마일의 전기자동차 원가 예측

SUV 차량 평균 가격

가스 차량 평균 가격

저렴한 가스 차량 평균 가격

•자료: 토니 세바

문에 경쟁할 수 없다.

전기자동차는 운송산업에서 경쟁의 기반을 변화시킬 것이다. 전기자동차가 파괴적인 이유 중에서 이것이 가장 강력할 것이다.

내연기관자동차는 고가든 저가든 상관없이 전기자동차가 같은 가격 범위에 들어가는 순간 경쟁이 불가능해진다. 전기자동차 배터리가 킬로와트시당 100달러에 도달하게 되면 내연기관자동차산업은 사라질 것이다. 나는 2024~2025년에 배터리 가격이 100달러에 도달할 것으로 예측한다(자료 4-5 참조).

2025년이 되면 시장에서 휘발유자동차를 살 이유가 없어진다. 대부분의 고가 자동차와 시장의 주류는 전기자동차로 이동할 것이다. 만일 내 예측이 5년 정도 빗나가더라도 새로운 전기자동차 세계가 생산 기반을 갖추고 시장이 이전되는 데는 추가로 5년이 더 걸릴 뿐이고 2030년이면 21세기의 마차와 마찬가지로 휘발유자동차는 사라질 것이다.

수백만 대의 낡은 휘발유자동차와 트럭들은 그때도 여전히 도로를 달리고 있을 것이다. 오늘날에도 10~20년 된 자동차들이 아직 운행하는 것과 마찬가지다. 50년 된 자동차들이 일상적인 쿠바와 같은 틈새 시장도 있다. 하지만 2030년이 되면 기본적으로 내연기관자동차는 더 이상 생산되지 않을 것이다. 그때쯤이면 석유 또한 쓸모없어질 것이다.

2030년이 되면 석유는 오늘날보다 더 저렴해질 것이다(8장 참조). 휘발유자동차산업이 붕괴하기 시작하는 2025년부터 내연기관자동차산업의 사후시장도 함께 붕괴해 내연기관자동차를 위한 주유소, 정비업소, 중고부품 상점이 줄어들 것이다. 내연기관자동차회사들이 사라지거나 전기자동차 제조로 옮겨가면서 낡은 자동차 부품의 생산은 중단될 것이다. 카메라 필름을 구하기 힘들게 된 것처럼 낡은 자동차의 부품을 구하는 일은 갈수록 힘들어질 것이다. 그러면 휘발유자동차의 유지보수 비용은 필연적으로 오르게 된다.

이제 제너럴 모터스의 전 CEO인 댄 애커슨의 '테슬라는 어떻게 4조 달러에 이르는 세계 자동차산업을 붕괴시킬 수 있을까?'라는 질문에 대한 해답을 주었다. 전기자동차는 2030년경에 휘발유자동차산업을 붕괴시키고 이를 쓸모없는 것으로 만들 것이다. 어쩌면 2025년이 될 수도 있다. 1990년대에 제너럴 모터스는 전기자동차를 없앨 수 있다고 생각했다. 하지만 2025년경이면 전기자동차가 제너럴 모터스와 내연기관자동차를 없애버릴 것이다. 제너럴 모터스의 새로운 CEO 메리 바라와 그녀의 동료격인 디트로이트, 뮌헨, 도요타에게는 아직 전기자동차의 새로운 세계질서에 동참할 기회가 있다. 여기서 기다림을 선택한다면 붕괴를 맞이할 것이다.

5장

자율주행자동차에
의한 붕괴

━━━━ 전화는 통신수단으로 진지하게 고려하기에는 너무 많은 단점이 있다. 윌리엄 오튼

William Orton, 웨스턴 유니언 회장, 1876년 ━━━━ 미래를 예측하는 최고의 방법은 미래를 창조

하는 것이다. 앨런 케이Alan Kay, 컴퓨터공학자 ━━━━ 우리가 당면하고 있는 중대한 문제들은

그 문제를 일으키고 있는 똑같은 수준의 사고로는 해결할 수 없다. 알베르트 아인슈타인Albert

Einstein ━━━━ 모든 것을 버려라. 두려움, 의심, 불신. 마음을 자유롭게 해주어라. 모피어스

Morpheus, 영화 〈매트릭스The Matrix〉 중

2005년에 나는 포르셰 박스터를 팔고 집카Zipcar, 시간당으로 차를 빌릴 수 있는 렌터카 회사라고 부르는 새로운 자동차 공유 서비스를 이용하기 시작했다. 나는 언제나 1시간에 6달러하루에 72달러의 비용으로 네 블록 안에 주차되어 있는 20대 정도의 차를 찾을 수 있었다(자료 5-1 참조). 그저 집카 웹사이트에 차량 이용을 예약하고 차를 찾아 운전하기만 하면 되었다. 몇 년 후에는 스마트폰 앱도 나왔다. 열쇠도 필요 없었다. 회원카드를 갖다 대면 자동차의 문이 열렸다. 공유비용에는 보험과 120마일을 갈 수 있는 연료가 포함되었다.

당시는 소위 공유경제의 초창기였다. 그 뒤 10년이 되지 않아 자산 소유에 대한 우리의 생각은 극적으로 변화되었다. 집카와 같은 자동차 공유 기업들은 차를 소유하지 않은 수천 명의 사람들이 자동차를 구매하는 비용의 일부만을 부담하면서 자동차를 소유한 사람이 누릴 수 있는 거의 모든 혜택을 누릴 수 있게 해주었다. 집카는 2012년에 76만 명의 회원을 확보했고 2억 7,000만 달러의 매출을 기록했다. 집카에 의하면, 이 회사의 차량 한 대는 15대의 자동차를 대체하고 있다. 즉 집카의 차량 1

[자료 5-1] 샌프란시스코 시빅 센터플라자에 있는 집카의 자동차 공유 장소

만 대가 15만 대의 잠재적 차량 판매를 취소시킨 셈이다.

나는 얼마나 많은 자동차회사 임원들이 지금 집카의 소유-공유 비율 때문에 잠 못 이루고 있는지는 모르지만, 조만간 잠 못 이루는 밤이 올 것은 알 수 있다.

새로운

공유경제학의

자동차

집카는 자동차산업과 공공, 민간 운송산업과 물류산업을 붕괴시킬 일련의 파도 가운데 첫 번째 파도에 불과하다.

공유경제학은 평균적인 미국인들이 가장 가치 있는 자산이라고 여기는 주택에까지 확산되고 있다. 전통적으로 내 집은 나만의 성이었다. 이제 수천 명의 주택 소유자들이 에어비앤비Airbnb.com와 같은 웹 서비스를 통해 전 세계의 낯선 사람들에게 주택을 임대해주어 돈을 벌고 있다.

약 30만 명의 주택 소유자들이 샌프란시스코에 있는 에어비앤비를 통해 900만 명의 낯선 사람들에게 자기 집을 빌려주었다. 2008년에 시작된 에어비앤비는 전 세계 192개국 3만 4,000개 도시에 50만 채의 임대주택 리스트를 가지고 있다. 5년도 안 되는 사이에 창립자의 머릿속에 들어 있던 하나의 아이디어가 세계에서 가장 큰 호텔이 된 것이다.

사람들은 카우치서핑CouchSurfing.com과 같은 서비스에 자기 집을 임대하기도 한다. 1999년 샌프란시스코에서 시작된 카우치서핑은 전 세계 600만 명의 사람들이 10만 개의 도시에서 무료로 머물 수 있도록 해주었다.

집카와 에어비앤비의 서비스에는 차이가 있다. 집카는 자동차를 위한 호텔 프랜차이즈와 같다. 호텔은 방을 소유하고 있고 이를 시간 단위로 임대한다. 집카도 자동차를 소유하고 있다.

자동차는 집 다음으로 미국인들의 가장 큰 자산이다. 그러나 미국인들은 자신의 자동차를 하루에 2시간 정도밖에 사용하지 않는다. 우리는 매달 자동차 할부금, 보험, 주차요금, 수리비, 연료비, 유지보수비로 수백 달러를 지불하는데, 90%의 시간에는 사용하지 않는 것이다.

자동차가 놀고 있는 시간을 이용해 돈을 벌 방법은 없을까? 자동차 사용 시간은 하루에 2시간 정도이기 때문에 자동차를 다른 사람들에게 임대할 시간이 충분하다. 주택 소유자들이 그들이 가진 가장 가치 있는 자산을 공유해서 행복해질 수 있다면 자동차 소유자들 역시 같은 이유로 자산을 이용할 수 있다. 자동차를 위한 에어비앤비나 카우치서핑은 없을까?

새로 시작하는 자동차 공유 서비스 기업들은 약간 다른 비즈니스 모델을 가지고 있다. 리프트Lyft는 택시 시장을 겨냥하고 있다. 이 회사는 자동차 소유주가 자기 자동차를 유휴시간에 택시로 사용할 수 있도록 빌려준다. 자동차의 사용 신청에서 지불, 운전자의 평가까지 모든 것이 스마트폰 앱으로 이루어진다.

우버Uber는 리무진 운전자들을 연결해 잠재고객의 요구에 대응하고 있다. 이 회사는 리무진의 수요와 공급 과정에서 이베이처럼 경매를 통한 가격결정 방식을 도입했다. 그 결과 가장 수요가 많은 시간대에는 표준 택시요금보다 더 비싸게 이용할 수도 있다. 나는 샌프란시스코 노스비치에서 우버 서비스를 이용하고 일반 택시요금보다 더 많은 돈인 50달러를 지불한 적이 있다. 기사는 내게 한밤중이었다면 100달러 이상이었을 수도 있다고 말했다.

리프트와 우버 서비스는 민간 운송의 중개자라는 시장을 만들었다. 두 회사는 여유시간을 공유하려는 판매자와 이러한 여유시간 서비스가 없었으면 이를 이용할 수 없었던 구매자를 연결해 시장을 더욱 효율적으로 만들었다. 두 회사는 이미 샌프란시스코의 택시 시장을 변화시켰으며 전 세계에 엄청난 속도로 확산되고 있다.

우버는 2009년 초에 시작되었다. 4년이 지나지 않은 지금, 일주일에 100만 건의 승차 신청을 받아서 그 가운데 80%를 이행하고 있다. 우버의 2013년 매출액은 약 2억 1,300만 달러에 이른다. 우버는 최근 3억 4,100만 달러의 벤처 자본을 유치했으며 총 주식가치는 35억 달러에 이른다. 가장 큰 투자자는 구글이다. 구글은 이제 4년밖에 안 된 이 회사에 2억 5,000만 달러를 투자했다.

그러나 택시는 도로 위를 달리는 자동차의 일부다. 워즈오토Wards Auto, 신차 소개, 제품 리뷰, 뉴스 등을 제공하는 미국의 자동차 전문 미디어에 의하면, 지구 상에는 10억 대가 넘는 자동차가 있다. 국제운송사업포럼International Transportation Forum은 자동차 숫자가 25억 대까지 늘어날 것으로 예측하고 있다.

전 세계 10억 대의 자동차 가운데 대부분은 90%의 시간 동안 집 앞이나 주차장에 멈춰 서 있다. 이렇게 휴면 중인 이동성의 일부분이라도 움직이게 할 수 있다면 어마어마한 시장 기회가 생겨날 수 있다.

또 다른 P2P 서비스인 겟어라운드GetAround.com는 전 세계의 자동차들을 더 유용하게 만들고자 한다. 자동차들을 매일 몇 시간 또는 며칠간 세워두기보다, 이웃이나 근처에 살고 있는 사람에게 빌려줄 것을 권하는 것이다. 소비자가 시간 또는 하루 단위로 자동차를 렌트할 수 있다는 점에서는 집카 모델과 유사하다. 그러나 겟어라운드는 기업이 수많은 자동차를 구매하거나 유지보수하지 않는다는 점에서 집카와는 다르다. 이 회사는 구매자와 판매자를 연결해주고 수수료를 챙길 뿐이다.

이 비즈니스모델이 가진 문제는 당신이 자동차를 필요로 할 때 이웃의 자동차가 근처에 있지 않을 수 있다는 점이다. 자동차 소유주가 아침에 자동차를 가지고 가서 저녁에 퇴근할 수 있다. 또는 슈퍼마켓을 가야 하는데 자동차는 25마일 떨어진 곳에 있을 수도 있다. 겟어라운드와 같은 사업모델은 구매자와 판매자가 밀집되어 있는 샌프란시스코나 뉴욕 같은 곳에서나 가능할 것이다.

면허에 상관없이

자동차를

이용할 수 있는 세상

자율주행자동차는 자동차산업, 운송산업, 물류산업을 붕괴시킬 것이다. 석유산업도 붕괴시킬 것이다. 자율주행자동차는 마차의 종말이래 한 번도 이루어지지 않았던 방식으로 도시 지도를 빠르게 바꾸어놓을 것이다.

자율주행자동차는 당신을 목적지까지 데려다준 뒤, 당신을 내려놓고 새로운 고객을 태운다. 다음 목적지로 가려면 스마트폰 앱을 통해 신청하면 된다. 그러면 또 다른 자율주행자동차가 당신을 태워 목적지에 데려다줄 것이다.

자동차가 누구의 소유인지, 집카와 같은 자동차 공유기업 소유의 자동차인지, 업무시간 동안 자신의 자동차를 임대하려는 개인인지는 전혀 상관할 필요가 없다. 언제나 어떤 곳으로나 당신을 태워줄 자동차가 있다는 것만 알면 된다. 심지어 밀집 지역에 살 필요도 없다.

자율주행자동차의 '주문자 요구에 의한 이동성 제공'이라는 비즈니스모델은 운송 시장 전체에 퍼질 것이다. 장애인, 아이들, 노인 등 운전하지 못하는 수백만 명을 생각해보라. 그들이 학교나 공원, 병원, 가족이나 친구 집에 태워줄 자동차를 갖게 되는 것이다. 부모는 아침마다 아이들을 학교에 데려다주지 않아도 되고 노인을 의사에게 데려가지 않아도 된다. 시각장애인들도 도시 반대편의 식당에 갈 수 있다. 이 모든 일이 면허를 가진 운전자나 승용차가 없어도 가능해진다.

백만 명의

생명을 구할

자율주행자동차

러시아워 시간의 샌프란시스코 만 지역 I-880 고속도로는 미국에서 최악의 교통체증을 나타내는 곳 가운데 하나다. 나는 I-880 고속도로 근처에 미팅이 잡히면 늦은 아침이나 이른 오후를 택해서 되도록 러시아워를 피하려고 한다. 그러나 우리 인생은 그렇게 단순하지 않다.

최근 내가 고문으로 있는 태양광 가속기 제조기업인 SFUN큐브의 행사에 초대된 적이 있었다. 이 행사는 오클랜드 잭런던 광장에서 오후 5시에 열렸다. 샌프란시스코의 집에 있을 때는 지하철이나 페리를 이용하면 된다. 그런데 그날은 산호세에서 있었던 오후 미팅이 늦어져 내가 I-880 고속도로에 진입했을 때는 이미 오후 4시로 러시아워가 가까워지고 있었다. 나는 오클랜드까지 38마일 거리에 1시간 정도를 예상했고 평소라면 시간이 충분했다. 하지만 I-880 고속도로는 이미 주차장 같았다. 20분 동안 겨우 5마일밖에 나아갈 수 없었다.

[자료 5-2] 구글이 자율주행자동차로 개조한 렉서스 (사진: 위키피디아)

그때 나는 자율주행자동차가 있었으면 하고 생각했다(자료 5-2 참조).

나는 이 책을 쓰고 다음 강의를 준비하기 위해 시간이 필요했다. 풍력발전소 사정 프로젝트 설계도 검토해야 했다. 전기버스회사에 대한 투자 자문을 해야 하고 런던의 사업 상대와 통화도 해야 했다. 친구 사라와 마지에게 한동안 전화하지 못했다. 그리고 휴식을 위한 시간도 필요했다.

하지만 나는 교통체증에 갇혀 있었다. 오클랜드의 행사에 가지 못할 것이 분명했다. 나는 유턴해 산호세로 다시 돌아오고 말았다.

휘발유자동차는 궁극적으로 낭비적인 기계다. 휘발유자동차는 적어도 다섯 가지 차원에서 낭비한다. 생명, 시간, 공간, 에너지, 돈의 낭비다. 자율주행자동차는 이 목록들의 낭비를 최소화할 수 있는 획기적인 상품이다.

생명의 낭비

자동차 사고로 인해 죽은 사람의 수는 인간의 비극 가운데 상당한 부분을 차지한다. 2010년 미국에서만 600만 건의 자동차 사고가 있었고 3만 2,788명이 사망했다. 사망 사고의 93%는 인간의 실수에 의한 것으로 추산된다. 2009년에 230만 명의 성인 운전자와 승객들이 응급실 신세를 졌다.

베트남 전쟁 기간 동안1956~1975년 5만 8,220명이 전사했다. 같은 기간 미국에서 전쟁 사망자의 13배에 달하는 75만 7,538명이 자동차 사고로 사망했다. 세계보건기구World Health Organization: WHO에 의하면, 2010년을 기준으로 전 세계에서 124만 명이 교통사고로 사망했다. 사망자의 거의 절반은 보행자, 자전거 또는 오토바이 이용자들이었다. 그리고 매년 2,000만~5,000만 명이 교통사고로 부상당한다.

전 세계적으로 교통사고는 15~29세의 사망 원인 가운데 가장 높은 비율을 차지하며, 5~14세의 사망 원인 가운데 두 번째로 높은 비율을 차지한다. 5~14세의 아동이 교통사고로 죽는 숫자는 말라리아, 결핵, 홍역으로 인한 사망자보다 많다.

사람은 분명히 훌륭한 운전자가 아니다. 우리는 쉽게 산만해진다. 운전하는 도중에 먹거나 마시기도 한다. 전화로 이야기하거나 문자를 보내기도 한다. 라디오 다이얼과 글러브 박스에 손이 간다. 화장을 하기도 하고 동승자와 이야기도 하고 몽상에 빠지기도 한다. 때로는 이 모든 것을 동시에 하기도 한다.

우리는 또한 육체적 한계를 가지고 있다. 시력과 반응시간, 수면 패턴이 운전 능력을 결정하기도 한다. 하버드 대학교의 센딜 멀레이너선Sendil Mullainathan 교수는 질병관리센터 자료에 기초한 수학적 모델을 통해 미국에서 일어난 치명적 교통사고 가운데 15~33%가 졸음운전과 관련이 있다고 분석했다.

자율주행자동차는 여러모로 더 훌륭한 운전자가 될 수 있다. 자율주행자동차는 360도의 시야를 가지고 있다. 컴퓨터는 산만해지지 않는다. 밤에도 볼 수 있으며 수면 패턴에 따라 컨디션이 좌우되지도 않는다. 전화 통화를 하거나 문자를 하면서 주의가 흔들리지도 않는다. 음주도 하지 않고 부적절한 속도로 주행하지도 않으며 몽상에 빠지지도 않는다.

자동주행 기술은 아직 완벽하지 않다. 그렇더라도 자율주행자동차는 이미 대부분의 인간보다 더 나은 운전을 할 수 있다. 구글의 자율주행자동차는 한 건의 사고도 없이 50만 마일을 주행했다.

영상, 센서, 프로세싱, 기계학습과 같은 기술요소들이 기하급수적으로 빨라지고 더 저렴해지며 더 향상되는 덕분에 자율주행자동차의 성능은 기하급수적으로 향상되고 있다. 자율주행자동차를 작동시키는 '인공지능' 역시 개선되고 있다. 자율주행자동차가 접속할 수 있는 데이터의 양도 기하급수적으로 증가하고 있으며 이를 구동하는 컴퓨터 플랫폼도 기하급수적으로 개선되고 있다.

인간이 무언가를 학습하면 이를 타인과 공유할 수도, 공유하지 않을 수도 있다. 공유하더라도 타인이 학습 내용에 주의를 기울일지도

의문이다. 실제로 경험하지 못하는 학습 내용은 몸에 배지 않는다. 사람들은 같은 실수를 반복한다. 이것이 그렇게 많은 교통사고가 일어나는 원인의 하나다.

이와 대조적으로 구글 자동차는 1초에 1기가바이트가 넘는 데이터를 수집한다. 아이폰5가 16~32기가바이트 용량을 가지고 있다는 것을 생각해보면 초당 1기가바이트라는 데이터양이 얼마나 큰지를 짐작할 수 있을 것이다. 구글 자동차는 최신 애플 스마트폰의 데이터 저장 용량을 32초 만에 다 채운다는 뜻이다. 다른 모든 컴퓨터 플랫폼과 같이 데이터 생성량은 기하급수적으로 증가한다. 자율주행자동차가 스마트폰 데이터 저장 용량을 매초 채우게 될 날도 멀지 않았을 것이다. 나아가 구글 자동차는 이 모든 데이터를 통해 '학습'하게 될 것이다.

자율주행자동차는 다른 자동차가 수집한 데이터를 통해서도 학습할 것이다. 뉴질랜드의 무인자동차가 실수한다면 이 실수를 통해 다른 자동차들이 학습하는 것이다. 뉴질랜드에서 일어난 실수는 뉴질랜드에서 그치지 않는다. 학습 내용은 '딥 러닝deep learning' 데이터베이스가 있는 마운틴뷰나 뮌헨으로 전송되어 다른 차들의 유사한 실수와 비교되고 재코딩 과정을 거쳐 신속히 전 세계 수백만 대의 자율주행자동차로 전송될 것이다. 그 결과 몇 시간 또는 며칠 안에 전 세계의 자율주행자동차들이 같은 실수를 피할 방법을 학습한다.

사고가 어느 곳에서 발생하더라도 모든 자율주행자동차는 더 나은 운전자가 되어갈 것이다. 정보경제학에서는 이를 네트워크 효과라고 부른다. '네트워크가 더 많은 정보를 가질수록 네트워크의 가치는 기하급수적으로 높아진다. 자율주행자동차의 학습능력이 기하급수적으로 향상되면서 곧 가장 훌륭한 인간 운전자보다 더 똑똑하고 더 빠르며 더 안전해질 것이다. 다시 말해 자율주행자동차는 조만간 나스카_{미국 내 대표적인 자동차경주 대회}의 드라이버들을 뛰어넘을 것이다. 게다가 이러한 일을 연료를 절약하고 생명을 살리면서 해낼 것이다. 자율주행자동차는 조만간 연간 100만 명 이상의 생명을 구할 것이다. 이것 하나만으로도 혁명적이다.

공간의 낭비

만약 외계의 고고학자들이 지구를 연구하기 위해 온다면, 지구를 지배하는 생명체는 자동차라고 결론지을 것이다. 도시 공간은 사람보다 차를 위해 더욱 많이 사용되고 있다.

북미 도시들의 도로와 주차장은 전체 도시 면적의 30~60%를 차지한다. 고속도로 또한 공간을 엄청나게 낭비한다. 자동차는 다른 운송수단에 비해 10~100배까지 많은 도로 공간을 차지한다. 예를 들어 고속도로에서 자동차를 운행할 때는 200㎡, 간선도로에서는 30㎡, 대중교통을 이용하면 2㎡, 도보 이용 시에는 3㎡의 공간이 필요하다.

심지어 이 정도 공간으로는 고속도로에서 시속 100km로 원활하게 달리기 부족하다. 캘리포니아 대학교 버클리 캠퍼스의 스티븐 실라도버_{Steven Shladover} 교수에 의하면, 자동차는 고속도로 공간의 5%만을 사용한다. 이 말은 고속도로 공간의 95%는 사용되지 않는다는 것이다. 공간이 낭비되는 이유는 고속도로를 달리는 자동차는 안전을 위해 전방에 40~50m 이상의 공간이 필요하기 때문이다. 또한 차량 넓이의 2배가 되는 차선도 필요하다.

연구에 의하면 인공지능자동차들은 필요공간을 극적으로 감소시킬 수 있다. 예를 들면 자율주행자동차는 끼어들기나 차선 변경에 필요한 공간이 25% 더 적다.

적응식 정속주행 시스템adaptive cruise control, ACC: 주행속도와 차간거리를 자동으로 제어하는 시스템을 갖춘 차량은 고속도로의 수용 용량을 40% 개선할 수 있다. 컬럼비아 대학교의 연구에 따르면, 정속주행 시스템과 차량 간 통신을 동시에 사용하면 고속도로의 수용 용량을 놀랍게도 273%나 개선할 수 있다. 자율주행자동차가 고속도로의 수용 용량을 3.7배 높여 혼잡을 막을 수 있다는 것이다. 자율주행자동차에 의한 붕괴가 일어난 뒤에는 남는 고속도로 공간을 어떻게 사용할지 결정해야 할 것이다.

시간의 낭비

2012년 미국의 한 해 동안의 교통 혼잡에 의한 비용은 1,010억 달러로 추산된다. 국토교통부의 '도시 이동성 보고서'에 의하면 2020년에는 교통 혼잡에 의한 비용이 1,990억 달러로 증가할 것이라고 한다. 혼잡비용에는 48억 시간의 낭비, 19억 갤런의 연료 낭비가 포함되어 있다.

페덱스나 UPS 트럭들이 이중주차를 하며 시간과 공간과 에너지를 낭비하고 있는 장면들을 보았을 것이다. 온라인 거래의 성장에 의한 트럭 배송이 폭발하기 전인 2004년에는 배달 트럭이 일으키는 교통 지체시간은 약 100만 시간이었다. 배송 트럭들이 이중주차를 하고 주차할 곳을 찾는 일이 안 그래도 혼잡한 도시를 더욱 혼잡하게 만들고 있다.

도로에서의 시간 낭비는 큰 스트레스를 준다. 교통상황이 정신건강에 주는 영향을 계량화하기 위한 도로불만지수road frustration index를 개발한 MIT의 카를로 라티Carlo Ratti 교수는 도심 운전의 스트레스가 스카이다이빙과 맞먹는다고 말했다.

자율주행자동차는 교통 혼잡을 해소해 통근 시간을 극적으로 줄여줄 뿐 아니라 운전할 필요가 없는 시간을 우리 인생에 더해줄 것이다. 자동차 안에서 웹서핑을 할 수도 있고 잘 수도 있다. 또한 자율주행자동차는 주차하는 시간이나 주차장소를 찾는 시간을 절약해준다. 우리를 목적지에 내려준 뒤 스스로 주차하거나 다음 탑승자를 태우러 가는 것이다.

에너지의 낭비

MIT 미디어연구소의 연구 결과, 혼잡한 도심 지역에서 휘발유 사용량의 40%는 주차할 곳을 찾는 데 낭비된다. 미국에서 교통 혼잡 비용에는 19억 갤런의 낭비되는 연료, 1,010억 달러의 교통지체와 연료비용이 포함되어 있다. 이를 각 통근자 수로 나누면 연간 713달러다. 자율주행자동차가 에너지를 절약하는 첫 번째 특징은 무인주차다.

주차할 때 자율주행자동차는 사람보다 더 정확하다. 평균적인 운전자들이 주차하기에 좁다고 생각하는 공간에도 쉽게 주차할 수 있다. 주차 공간을 찾기 위해 빙빙 돌 필요 없이 센서가 달린 가까운 주차장과 통신하면서 바로 주차할 곳으로 간다.

또 다른 에너지 절감 방식은 공기저항의 감소다. 다른 자동차의 존재를 더욱더 잘 감지할 수 있기 때문에 자율주행자동차는 다른 차와 더 가깝게 주행할 수 있어 공기저항을 줄이는 일이 가능하다. 로키마운틴 연구소에 의하면 공기저항의 감소는 연료 소비량을 약 20~30%까지 줄여준다.

돈의 낭비

미국자동차협회에 의하면 미국에서 미니밴을 가지고 연간 1만 마일을 주행하는 사람은 평균 8,161달러를 자동차에 사용하게 된다. 2011년에 미국인의 평균 소득이 2만 6,684달러라는 점을 고려하면 이는 상대적으로 큰 금액이다. 차량에 들어가는 비용은 평균적인 미국인 소득의 3분의 1에 해당하며 주행 마일당 81.6센트에 해당하는 금액이다.

세계적으로 교통사고와 관련한 부상으로 연간 5,180억 달러의 손실이 발생한다. 세계보건기구에 의하면 이 같은 의료비 손실액은 국민총생산의 1~3%를 차지한다. 미국 통근자의 주차비용은 연평균 1,000달러에 달하며 사고처리 비용은 연평균 1,500달러다.

자율주행자동차는 어디에서나 승객들을 태우고 내려주며 주차장소를 찾는 일이나 주차비에서 해방시켜준다. 그리고 사고나 간병 비용도 최소화해줄 것이다.

 자율주행자동차는 자동차 소유에 관한 개념을 궁극적으로 변화시켜 돈을 절약하게 해줄 것이다. 무인자동차가 어디에서나 승객을 태우고 내려줄 수 있다면 사람들은 자동차를 소유하려 하지 않을 것이다. 또 자동차를 소유한 사람들도 운행하지 않는 90%의 시간에 큰 제약 없이 자동차를 임대할 수 있을 것이다.

완전한

자율주행자동차를 향한

경주의 가속화

닛산은 2020년까지 적당한 가격의 자율주행자동차를 시장에 내놓겠다고 약속했다. 닛산의 이사인 앤디 팔머Andy Palmer는 이렇게 말했다. "2020년이면 당신이 운전석에 앉아 팔짱을 끼고 다리를 꼬고 있어도 자동차가 당신을 원하는 곳으로 데려다줄 것입니다." BMW와 메르세데스 벤츠Mercedes Benz도 2020년까지 자율주행자동차를 내놓겠다고 약속했다. 앤디 팔머는 첫 번째 무인자동차 발매 이후 두 번의 자동차 수명주기가 지나기 전에 모든 닛산 자동차 포트폴리오에 자율주행 기술이 적용될 것이라고 말했다. 그는 회사가 '치사율 제로와 배기가스 제로'를 목표로 헌신하고 있다고 강조했다.

자율주행자동차가 시장을 얼마나 빨리 점유할 것인가? 시장의 수용 여부와 정도는 시장의 상황, 인구학적 집단, 그리고 지역에 따라 다양하게 나타날 것이다. 시스코 시스템즈의 연구에 따르면 전체 조사대상자의 57%가 무인자동차를 신뢰한다고 응답했다. 이 보고서에 의하면 브라질 사람들의 95% 인도 사람들의 86%는 무인자동차에 탈 것이라고 응답했다(브라질 사람들의 92%는 자녀 역시 무인자동차에 태울 것이라고 응답했다). 그러나 독일 국민은 37%, 일본 국민은 28% 만이 자율주행자동차를 신뢰한다고 응답했다. 미국인은 중간 정도인 60%의 수용률을 나타냈다.

이 수치들은 아직 시장에 등장하지 않은 기술에 대한 조사인 점을 고려하면 놀라운 수용률이다. 운전자들이 자율주행자동차를 환영하는 것은 교통 혼잡의 지루함에서 구원해줄 자동차의 필요성에 대한 기대를 대변한다. 상파울루의 끝없는 교통지옥 속에 앉아 있으면 브라질 사람들의 자율주행자동차 수용 의지가 이해될 것이다. 나는 최근 터키의 이스탄불을 방문했는데, 택시기사가 운전 중에 아이폰으로 축구경기를 볼 수 있을 정도로 교통체증이 심했다.

자율주행자동차로의 이전은 이미 시작되었다. 이전이 어떻게 진행될지를 이해하기 위해 미국 도로교통안전국이 개발하고 있는 체계를 살펴볼 필요가 있다. 도로교통안전국은 연방 자동차 안전표준을 개발하고 정착시킬 책임이 있는 정부기관이다. 자동차 제조업체들과 의견을 나누며 자율주행자동차 운행 5단계 체계를 개발하고 있다.

0단계 : 자동화 없음

언제나 운전자가 자동차의 모든 기본 동작들브레이크, 조향, 출력 등을 완전히 통제해야 한다.

1 단계 : 한 가지 기능의 자동화, 하나의 통제 기능 자동화

만일 여러 개의 기능이 자동화되었다면 각각 독립적으로 움직이는 단계다. 운전자는 모든 통제를 해야 하며 안전 운행에 관해 전적인 책임이 있다. 다만 운전자는 자동화된 기본 통제 기능에 제한된 권한을 양도할 수 있다.

2 단계 : 두 가지 기능의 자동화와 자동화된 기능의 결합

적어도 두 가지 기본 통제 기능이 자동화되고 자동화된 기능이 함께 작동한다. 서로 다른 자동화 기능의 결합으로 자동화된 자동차가 통제권을 가지고 운전자는 자동차 운행에서 자유로워질 수 있다. 운전자는 조향장치에서 손을 떼는 동시에 페달에서 발을 뗄 수 있다.

3 단계 : 제한된 자율주행

운전자는 모든 핵심적인 기능의 통제를 양도하고 운전과 관계없는 활동을 할 수 있다. 운전자는 때로 통제 기능을 이용할 수 있지만 충분히 안전한 통제 이전 시간이 필요하다.

4 단계 : 완전한 자율주행

자동차는 스스로 주행할 수 있게 설계되며 모든 안전에 관련된 핵심 기능을 수행하고 운전자의 탑승과 관계없이 전체 주행 시간동안 도로 상황을 파악한다.

일부 자동차들은 이미 운전자를 주행에서 제외할 수 있을 정도의 소프트웨어와 하드웨어 요소를 갖추고 있다. 2012년형 아우디 A6를

예로 들면 운전자를 상당 부분 지원하는 센서, 카메라, 소프트웨어를 갖추어 다음 기능이 가능하다.

- 자동주차
- 보행자 보호를 위한 야간 투시 기능
- 차선 변경 지원장치
- 자동차를 세우고 출발하는 적응식 정속주행 시스템

메르세데스 벤츠는 운전자가 후방 추돌과 교차로 충돌을 방지할 수 있는 '교차로 경고장치cross traffic assist'를 개발했다. 자동차의 입체 카메라와 단거리, 중거리, 장거리 레이더가 시각데이터를 생성하며 자동차의 컴퓨터 시스템이 이 데이터를 처리해 교차로의 교통상황이 충돌 위험으로부터 안전한지를 결정한다. 만약 충돌이 임박해지면 운전자에게 경고하는 것은 물론 자동차를 완전히 세울 수 있도록 브레이크를 작동시킨다.

BMW X5는 자동차가 시속 0~40km의 영역에서 스스로 앞차와 일정 거리를 유지한 채 가다 서기를 반복할 수 있는 '저속 전방차량 추종 시스템traffic jam assistant'을 장착하고 있다. 다른 말로 하면 BMW 는 교통체증 상황에서는 자율주행자동차가 된다는 것이다. 미국 도로교통안전국의 자율주행자동차 레벨 3단계에 해당한다.

완전한 자율주행자동차를 위해 필요한 기술 가운데 상당수가 이미 완성되어 있다. 센서, 컴퓨터 하드웨어, 자동화 소프트웨어 기술들이 기하급수적으로 개선되고 있으므로, 현재 고급형 자동차에서만 볼

[표 5-1] 자동차 자동화 상태에 따른 미국 도로교통안전국의 체계

단계	자동화된 기능	운전자의 역할	기능을 제공하는 자동차회사
0	없음	전체 통제	모두
1	적응식 정속주행 시스템 긴급상황 시 동작하는 브레이크 지원	운전자 전체 통제, 자동화된 기능 양도 가능	아우디, BMW, 벤츠, 닛산 등
2	적응식 정속주행 시스템 차선 유지 기능 저속 전방차량 추종 시스템	운전자는 웹서핑, 독서 등을 할 수 있지만, 필요할 때 통제할 준비가 되어 있어야 함	아우디, BMW, 벤츠, 닛산
3	저속 전방차량 추종 시스템 도시의 무인셔틀 캠퍼스 무인셔틀	운전자는 잘 수 있음	구글, 인덕트, 닛산
4	완전 자동화된 자동차	없음	

• 출처 : 스티븐 실라도버Steven Shladover

수 있는 기능들은 수년 안에 낮은 가격의 자동차에도 충분히 적용될 것이다.

기하급수적인

기술 원가

개선

2012년 구글은 자사 자율주행자동차에 장착된 장비들의 가격이 15만 달러 정도라고 밝혔다. 이 가격이라면 페라리Ferrari를 타는 운전자 외에는 너무 비싸게 여겨질 것이다. 많은 '전문가'들은 우리가 살아 있는 동안에 자율주행자동차가 적절한 가격이 될 수 있을지 의문을 제기한다.

구글은 15만 달러라는 숫자 안에 라이더의 원가가 7만 달러라는 사실을 밝히지 않았다. 라이더는 자동차 지붕에 모자처럼 설치된 회전하는 원뿔형 기계다(자료 5-2 참조). 라이더라는 단어는 레이저와 레이더를 결합한 것으로, 자율주행자동차가 전면과 사방을 살펴볼 수 있도록 만들어진 기기다.

라이더는 구글 자동차 원가의 거의 절반을 차지한다. 자동차 가격이 내려가려면 라이더 기술 원가가 가장 먼저 내려가야 한다. 펄스

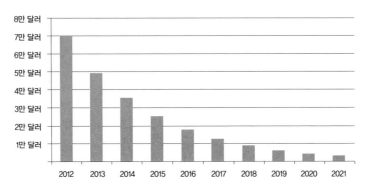
[자료 5-3] 라이더 센서 원가의 기하급수적 하락

반복주파수로 측정되는 무선 라이더 기술은 2년마다 100%씩 개선되고 있다. 연간 개선비율은 41%로, 무어의 법칙과 유사하다. 이러한 추세가 계속되면 2012년에 7만 달러인 라이더는 2020년에 4,481달러까지 하락할 것이다(자료 5-3 참조).

이러한 원가 예측에 따르면 2020년까지 자율주행자동차를 출시하겠다는 닛산, BMW, 벤츠의 발표는 일리가 있는 것이다.

기술의 변화는 예측보다 빠르게 일어날 수 있다. 구글은 차세대 자율주행자동차는 더 작아지고 기술적 성능은 과거 제품보다 적어도 2배는 향상된 라이더 센서를 사용하게 될 것이라고 발표했다.

라이더는 자동차 시각장비 기술 가운데 하나에 불과하다. 자동차는 주변 환경을 스캔하고 이해할 수 있는 HD 영상기술을 사용한다. 반도체기업들은 카메라의 정보를 읽어낼 수 있는 센서와 컴퓨터 하드웨어 및 소프트웨어 개발 경쟁을 하고 있다. 이 기술 역시 자율주행자동차의 출현을 돕고 있다. 예를 들어 후지쯔Fujitsu는 '세계 최초로 접근 물체를 감지하는 360도 광각 시스템'을 개발했다고 발표했다.

[표 5-2] 라이더 센서 원가 예측

연도	2012	2013	2014	2015	2016	2017	2018	2019	2020
원가 (달러)	70,000	49,645	35,209	24,971	17,710	12,560	8,908	6,318	4,481

후지쯔에 의하면 MB86R24 칩은 여섯 개의 입력채널비디오카메라, 세 개의 디스플레이 채널을 가지고 있다. 이 칩이 완성하는 '360도 광각 시스템'은 운전자에게 주변 환경에 대한 모든 각도의 3D 영상을 제공한다. 또 사람이나 자전거와 같이 접근하고 있는 물체를 운전자에게 알려주는 '접근 물체 감지기능'도 포함되어 있다. 후지쯔 대변인에 의하면 이 시스템의 원가는 50달러에 불과하다.

기술의 개선은 자율주행자동차의 제조 원가를 기하급수적으로 줄여준다. 2020년이 되면 자율주행자동차 기술은 지금의 부식방지 기술이나 보증 기간 연장에 드는 비용 수준일 것이다. 그 결과 휘발유 자동차 판매자에게도 자율주행자동차를 팔 수 있을 것이다. 완전한 운전자 통제 자동차에서 완전한 자율주행자동차까지의 이동은 이미 시작된 것이다.

구글, 애플,

자동차산업의

외부인들

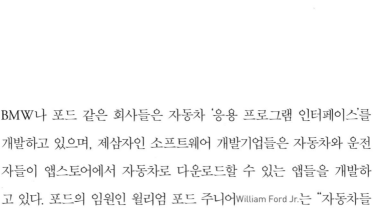

BMW나 포드 같은 회사들은 자동차 '응용 프로그램 인터페이스'를 개발하고 있으며, 제삼자인 소프트웨어 개발기업들은 자동차와 운전자들이 앱스토어에서 자동차로 다운로드할 수 있는 앱들을 개발하고 있다. 포드의 임원인 윌리엄 포드 주니어William Ford Jr.는 "자동차들이 모바일통신 플랫폼이 되고 있다"고 말했다. BMW는 이미 '해커톤 hackathon, 해킹과 마라톤의 합성어, 마라톤을 하는 것처럼 정해진 시간 동안 해킹을 하는 대회'을 주최하고 있다. BMW는 소프트웨어 개발기업에 직접 투자하는 벤처 자본 그룹아이벤처스, iVentures을 소유하고 있다.

애플이나 구글이 휴대폰 시장에 한 일처럼, 실리콘밸리는 다른 기술 시장을 붕괴시킬 준비가 되어 있다. 붕괴는 갑자기 나타나며, 업계 내부자들을 존중하지는 않는다. 테슬라의 CEO 일론 머스크는 자동차 업계 출신이 아니다. 린든 라이브와 피터 라이브Peter Rive는 솔라시티를 창업하기 전까지는 에너지 업계에서 일한 적이 없다. 애플과 구글은 2000년까지 휴대폰 사업을 하지 않았다. 첫 번째 아이폰이 출시된 것은 불과 8년 전이며2007년 7월, 안드로이드의 첫 번째 상업용 버전은 그로부터 몇 달 뒤에 출시되었다.

자동차산업의 파괴자는 운송 부문 외부에서 나타날 가능성이 있지 않을까?

자동차 운영 시스템과
'승자가 독식하는' 시장

소프트웨어 플랫폼은 강력한 네트워크 효과를 가지고 있으며 전환비용이 높다. 마이크로소프트 윈도즈 사용자들이 다른 소프트웨어로 전환하지 않는 것은 윈도즈가 가장 훌륭하기 때문이 아니라 소프트웨어를 능숙하게 다루기 위해 들였던 노력과 시간, 그리고 윈도즈의 상호보완적인 기술 때문이다. 수많은 제품을 실패했음에도 윈도즈 비스타와 윈도즈 미와 같은 마이크로소프트가 수십 년 동안 운영 시스템으로 막대한 돈을 벌 수 있었던 것은 네트워크 효과 덕분이다. 탈출 장벽은 너무 높다. 애플의 iOS와 구글 안드로이드가 스마트폰 OS 시장의 90% 이상을 차지할 수 있는 것도 네트워크 효과 덕분이다.

한편 오늘날 자동차 시장에는 네트워크 효과가 존재하지 않는다. 그리고 전환비용도 낮다. 크라이슬러 Chrysler SUV에서 포드 F150으로 금세 바꿀 수 있다.

애플과 구글이 자동차산업에 참여하기로 한 것도 놀라운 일이 아닙니다. 스티브 잡스Steve Jobs는 아이카iCar를 꿈꾸었다. 애플의 이사인 미키 드렉슬러Mickey Drexle에 의하면 잡스는 "자동차산업을 보세요. 미국의 비극입니다. 도대체 차를 설계하는 사람이 누군가요?"라고 한탄했다.

구글은 기본적으로 소프트웨어 개발기업이다. 인터넷 거인인 구글은 모토롤라Motorola를 인수해 하드웨어 산업의 마진이 얼마나 박한지 경험했다. 이와 같은 이유 때문에 구글이 자동차 제조에 뛰어들 것 같지는 않다. 대신 자율주행자동차 소프트웨어를 '자율주행자동차 운영 시스템' 형태의 패키지로 묶어 자동차 제조업체에 판매할 가능성이 높다.

구글은 자율주행자동차를 안드로이드 OS처럼 운영할 수 있다. 안드로이드를 휴대폰 제조업자에게 판매하듯이 자율주행자동차 소프트웨어 플랫폼을 전 세계의 자동차 기업에 판매하는 것이다. 운영 시스템 플랫폼의 강력한 네트워크 효과 덕분에 구글이 개발하고 있는 자동차 소프트웨어는 자동차산업의 경쟁 기반을 변화시킬 것이다.

승리하는 소프트웨어 플랫폼은 어플리케이션 판매회사들의 생태계를 장악할 것이고 짧은 시간 안에 10만 대에서 100만 대, 1억 대를 판매하며 운송산업을 완전히 붕괴시킬 것이다. 자동차업계의 거인들인 제너럴 모터스와 크라이슬러, 포드는 예전의 휴대폰 거인이었던 노키아와 블랙베리처럼 될 수 있다.

자율주행자동차가

석유산업에

미치는 영향

자율주행자동차는 개인 수준에서는 시간과 에너지, 돈을 절약해주며 사회적 수준에서는 여기에 더해 생명을 보호하기 때문에 시장 파괴적인 제품이라고 말했다. 그런데 자율주행자동차가 궁극적으로 파괴적인 이유는 자동차 소유의 유형을 근본적으로 변화시키기 때문이다. 자동차는 개인이 소유하고 싶은 대상에서 수입을 창출하는 사업으로 변할 것이다.

우리 대부분은 실제로 자동차를 원하지는 않는다. 우리가 원하는 것은 이동성이다. 필요할 때 A지점에서 B지점으로 갈 수 있는 능력을 원한다는 말이다. 대부분의 사람들에게 이동성을 보장하기 위한 가장 좋은 방법은 자동차를 소유하는 것이다. 그러나 자율주행자동차가 승객을 원하는 시간에 바로 등장해서 어디에나 태워주고 내려줄 수 있다면 자동차를 소유하는 것보다 나을 수도 있다. 나아가 자율주행자동차는 자동차를 소유하는 것보다 비용이 훨씬 덜 들 것이다.

다시 한 번 말하지만 파괴적인 것은 기술만이 아니다. 더욱 파괴적인 것은 그 기술이 가능하게 만들어준 '서비스로서의 자동차'라는 비즈니스모델이다. 언제나 어디서나 자동차를 부르면 몇 분 안에 집 앞에 자동차가 모습을 나타낸다고 생각해보자. 집카나 우버, 리프트 같은 회사들이 오늘날 이런 서비스를 제공하고 있다. 인간이 운전하는 차 대신에 무인자동차가 태우러 온다고 상상해보자.

만일 모든 자동차가 자율주행기술을 내장하고 있고 모든 자동차 소유자들이 자기 자동차를 공유하기로 계약을 맺었다고 가정할 때, 이 시나리오가 파괴적인 이유는 무엇일까?

앞서 나는 자동차 공유의 선두주자인 집카의 설명에서 공유용 차량 한 대는 15대의 차량을 대체한다고 언급했다. 모든 사람이 자동차를 공유모델로 전환하고, 집카의 소유 대 공유 비율인 1 대 15를 적용하면 연간 차량 판매 대수는 15분의 1로 줄어든다. 전 세계 자동차산업은 2012년에 8,200만 대를 판매했다. 만약 자동차 판매가 15분의 1이 되면 연간 550만 대만 팔리고 자동차산업의 생산은 현재에 비해 6.7%로 줄어들 것이다.

폭스바겐, 도요타, 제너럴 모터스의 세 회사는 연간 900만 대 이상의 자동차를 판매한다. 이 시나리오대로라면 이들 회사 가운데 하나만 있어도 세계의 모든 자율주행자동차를 공급하고도 남는다. 다른 모든 자동차회사들은 문 닫아야 한다. 파괴의 충격파는 전체 자동차산업의 가치사슬에도 영향을 주게 된다.

나아가 자동차 대수가 93% 이상 줄어들면 휘발유 수요도 극적으로 줄어들게 된다. 자율주행자동차들은 특성상 개인 소유의 자동차보다 사용 시간이 더 길어지니 휘발유 소비가 93%까지는 떨어지지 않을 수도 있다. 그러나 자율주행자동차들은 더욱 에너지 효율적이고 공간 활용도가 높으며 교통체증이나 주차장소를 찾는 데 시간을 낭비하지 않는다. 각각의 자율주행자동차들이 이전의 자동차보다 연료를 3배 더 쓴다고 가정해도 석유 사용은 75~80%까지 감소한다. 계산해보면 사우디아라비아와 러시아 두 나라만으로도 전 세계 수요를 충당할 수 있다.

단지 한 회사만 자동차를 판매할 수 있고 두 나라만 석유를 팔 수 있다면 세계 석유산업과 내연기관자동차산업은 침몰할 것이다.

이 시나리오는 자율주행자동차가 내연기관 엔진을 사용한다고 가정한 것이다. 그러나 이미 전기자동차로 인해 내연기관자동차의 붕괴가 진행 중이다. 자율주행자동차에 의한 붕괴는 전기자동차에 의한 붕괴와 중첩될 것이다. 인터넷에 의한 붕괴와 휴대폰에 의한 붕괴가 중첩되고 얼마나 상호보완적이었는지를 생각해보라. 이 둘은 결국 결합해 '모바일 인터넷'이 되었다.

닛산 실리콘밸리연구센터의 미타무라 다케시는 "자율주행자동차의 본질적 플랫폼은 전기자동차"라고 말했다. 전기자동차가 휘발유자동차산업을 붕괴시키고 자율주행자동차는 최후의 주먹을 날릴 것이다.

그 결과 두 가지 산업이 붕괴할 것이다. 자동차산업이 엄청나게 축소될 것이고, 석유산업은 자동차 시장의 에너지 공급자 역할을 잃거나 전기자동차 시나리오 엄청나게 축소되고 자율주행자동차가 내연기관을 사용하는 시나리오 결국 모두 사라질 것이다전기 자율주행자동차 시나리오. 어떤 방식이든 석유산업이 좋을 일은 없다.

만일 자율주행자동차에 의한 붕괴 이후에 상대적으로 조심스럽게 소유와 공유 비율을 1 대 5로 적용한다 해도 자동차 시장은 연간 2,000만~3,000만 대 정도로 심각하게 축소될 것이다.

전기자동차가 휘발유자동차산업을 붕괴시키지 않는다고 해도 자율주행자동차는 휘발유자동차를 약 80% 정도까지 급격하게 감소시킨다는 이야기다.

기술 자체가 아닌

비즈니스모델의 혁신이

붕괴를 불러오다

많은 사람들은 시장 붕괴가 '파괴적인 기술'에 의한 것이라고 생각한다. 하지만 많은 경우 붕괴의 근원은 새로운 기술 그 자체가 아니라 새로운 기술에 의해 가능해진 혁신적인 비즈니스모델이다.

스카이프가 장거리전화 시장을 붕괴시킨 경우를 생각해보자. 많은 회사들이 음성을 보낼 수 있는 인터넷 프로토콜 기술에 접근할 수 있었다. 그러나 업계를 혁신한 것은 스카이프의 비즈니스모델이었다.

자동차기업들은 100년 전에 같은 비즈니스모델을 이용했다. 자동차기업의 비즈니스모델은 다음과 같다. 우리는 차를 만든다. 당신은 차를 산다. 폐차될 때까지 우리가 자동차를 수리한다. 몇 년마다 이를 반복한다. 자동차업계에서 가장 급진적인 비즈니스모델 혁신은 아마 1917년경 GMAC에 의해 도입된 자동차 할부금융제도일 것이다. 이 하나만으로 자동차산업은 자동차 소유자를 8%에서 80%로 늘려

놓았다(2장 참조).

비즈니스모델에 관해 자동차산업은 지난 100년 동안 진보가 거의 없었다. 그러나 새로운 기술로 인한 새로운 비즈니스모델이 이를 변화시키려 하고 있다. 자동차가 바퀴 달린 모바일 컴퓨터가 되어가면서 게임의 규칙이 극적으로 변하기 시작할 것이다. 자동차는 무어의 법칙을 따르는 상품 범주에 들어갈 것이다. 그러면 기술의 발전은 기하급수적으로 빨라진다. 자동차회사들은 결함을 수리하기 위해 수백만 대의 자동차를 리콜하는 대신 와이파이를 통해 새로운 소프트웨어를 다운로드하게 될 것이다.

우리가 알고 있는 자동차산업이 10~20년 이후에 존속할 수 있을지 상상하기는 쉽지 않다. 전기자동차가 내연기관자동차산업을 붕괴시킬 것인가? 소프트웨어 플랫폼이 디트로이트를 집어삼킬 것인가? 몇 개의 파괴적인 파도가 다가오고 있다. 전기자동차, 소프트웨어를 이용한 자동차, 자율주행자동차 등이다. 나아가 자동차 공유는 우리의 자동차 사용방식을 급진적으로 만들어줄 것이다. 이 모든 혁신적인 비즈니스모델이 결합하면 휘발유자동차산업은 완전히 망하게 될 것이다. 이것은 일어날까 일어나지 않을까의 문제가 아니라 언제 어떻게 일어날까의 문제다.

자동차 보험산업의

붕괴

자율주행자동차에 대한 언론의 관심사 가운데 상당수는 보험업계가
자율주행자동차를 포함할까에 대한 것이다. 이러한 토론은 포인트를
빗나간 것이다. 자율주행자동차가 100년이 넘은 자동차 보험산업을
붕괴시킬 것이기 때문이다.

3장에서 나는 기후와 토양 데이터를 가지고 농업 보험상품을 개발
한 클라이밋코프라는 회사를 소개했다. 두 명의 전직 구글 직원이 만
든 실리콘밸리의 작은 기술기업이 보험에 대한 경험도 없이 어떻게 이
같은 일을 할 수 있었을까? 빅데이터 덕분이다.

클라이밋코프의 벤처 자본 투자자인 댄 라이머Dan Rimer는 이렇게
말했다. "보험상품의 가격을 정하기 위해 클라이밋코프의 플랫폼은
250만 지역의 기후자료와 주요 기후모델의 예측을 분석하고, 50테라
바이트의 실시간 데이터 관리가 필요한 10조 개의 기후 시뮬레이션

데이터를 생성하기 위해 1,500억 개의 토양 관측 데이터를 처리합니다."

자율주행자동차는 데이터 생성기계와 다름없다. 구글 자동차는 1초에 1기가바이트 이상의 데이터를 수집한다. 센서 가격이 내려갈수록 자율주행자동차가 생성하는 데이터양은 기하급수적으로 늘어간다. 도로를 달리는 자율주행자동차의 숫자가 많아질수록 데이터는 기하급수적으로 늘어갈 것이다.

이러한 데이터를 수집하고 이를 인공지능으로 분석할 수 있는 회사는 기존의 보험회사들이 꿈도 꿀 수 없는 오차 수준으로 보험상품의 가격을 책정할 수 있다. 이 회사를 '지오토'라고 하자. 지오토는 미국 정부에 의해 운영되는 9만 1,000개 공개 데이터베이스에서 기후, 주차, 에너지 데이터를 다운로드할 수 있다. 지오토는 주정부, 카운티, 도시 기관에서 운영하는 수천 개의 데이터베이스에서도 데이터를 얻을 수 있다. 덕분에 보험상품의 가격을 한 치의 오차도 없는 정확도를 가지고 책정할 수 있게 된다.

오늘날 집카는 보험, 연료, 주차비가 포함된 가격으로 자동차를 공유한다. 집카는 지오토와 같은 회사가 가진 방대한 양의 데이터에 접근할 수 없다. 하지만 지오토는 방대한 양의 데이터에 접근할 수 있고 인공지능과 컴퓨터 파워를 가지고 자율 보험, 자율 충전, 자율주차가 포함된 자율주행자동차 서비스의 보험 가격을 책정할 수 있다. 자동차 보험회사들은 아직 준비가 되지 않았다. 이제 경고를 받은 것이다.

6장

원자력의
종말

━━━━━ 군사용과 민간용 원자로의 기술적 구분은 없으며 구분이 있었던 적도 없다. 로스앨

러모스국립연구소 보고서 중에서 ━━━━━ 만약 세상이 스스로 폭발한다면, 최후에 들리는 소

리는 세상이 폭발할 수는 없다는 전문가의 말일 것이다. 피터 유스티노프Peter Ustinov, 영국의 배

우 겸 극작가 ━━━━━ 지성적인 바보는 무엇이든 더 크게, 더 복잡하게, 더 대단하게 만들 수 있

다. 그 반대로 만드는 데는 천재의 손길, 그리고 많은 용기가 필요하다. 알베르트 아인슈타인

1986년 4월 26일 체르노빌의 4번 원자로가 폭발했다 이 폭발은 20세기 산업 역사상 가장 큰 참사를 초래했다. 히로시마 원자폭탄보다 400배 더 많은 방사능 물질이 유럽과 아시아에 흩뿌려졌다. 방사선 수준이 너무 높아 체르노빌에서 1,000km 떨어진 스웨덴의 포스마크 원자력발전소의 경보가 울릴 정도였다.

1986년 5월 7일과 5월 26일에 프랑스의 원전 관련 정부기관인 방사선방호중앙국은 프랑스의 방사능 낙진 수치를 발표했다. 방사선방호중앙국은 동부 프랑스는 m^2당 500베크렐, 북서쪽 브르타뉴 지방은 m^2당 25베크렐로 그다지 높지 않은 수치라고 발표했다. 그러나 〈르몽드Le Monde〉는 이러한 수치가 사실이 아니라고 발표했다.

2005년 방사선방호중앙국의 후임 기관인 '방사능방호와 원자력안전 연구소'는 1986년의 낙진을 다시 조사했으며 전혀 다른 결론을 내렸다. 특정 지역에서알자스, 니스, 남부 코르시카에서 m^2당 2만 베크렐 이상이 측정되었고 일부 지점에서는 m^2당 4만 베크렐 이상이 측정되었다.

프랑스 정부의 1986년 발표 내용은 조작된 것이다. 프랑스에 떨어진 체르노빌 낙진의 실제 방사능 수치는 프랑스 정부가 국민에게 알린 수치보다 1,000배는 더 높았다.

방사능 실제 수치가 알려지게 된 것은 프랑스의 갑상선환자협회가 방사선방호중앙국의 후임 기관을 고소했기 때문이다. 협회는 정부기관이 고의적으로 정보를 조작했으며 유럽 인근 국가들이 취했던 최소한의 위생 수단(특정 식품 금지 등)조차 취하지 않았다는 이유로 프랑스 정부를 고소했다. 프랑스 정부는 원자력산업을 보호하기 위해 수백만 명의 국민에게 고의적으로 상처를 주었다.

2011년 3월에 일어난 후쿠시마 원자력발전소 사고 이후, 일본 정부는 이와 비슷하게 피해 규모를 최소화하며 국민에게 그릇된 정보를 제공했다.

사고 장면이 영상과 사진으로 전 세계에 퍼지고 과학자들이 조사한 방사성 오염 측정치가 공개되어 참사 수준이 체르노빌과 비슷하다는 것이 전 세계에 알려졌는데도 일본 정부가 원자력산업을 보호하기 위해 국민을 볼모로 잡고 있는 것이다.

프랑스 정부의 방사능 수치 오도에 대한 캠페인이 한 세대 뒤에 일본에서 재현될 것인가? 일본 국민이 방사능 사고에 대한 진실을 알게 될 때까지 20~30년이 더 걸릴 것인가?

후쿠시마

원전 사고로 드러난

원자력의 민낯

인터넷, 휴대폰, 퍼스널 컴퓨터PC는 시민들에게 정보를 창조하고, 수집하고, 공개할 수 있는 권력을 부여했다. 이러한 기술들은 폭넓은 참여문화를 가능하게 만들었다. 트위터, 페이스북, 아마존닷컴을 사용하는 사람들은 데이터, 아이디어, 여론에 참여하고 기여한다. 사람들은 권력으로부터 나오는 콘텐츠를 수동적으로 수용하지 않는다. 현대 기술이 만든 참여문화는 폐쇄적이고 비밀에 가득 찬 계층적 문화로 특징지을 수 있는 원자력발전산업의 반대 지점에 있다.

2011년 3월 11일 후쿠시마 원자력발전소가 멜트다운을 일으킨 지일주일 뒤, 세이프캐스트Safecast라는 비영리기관이 웹사이트를 열고방사능 측정 자료를 수집하고 공유하는 센서 네트워크를 시작했다.아두이노Arduino라고 부르는 공개 마이크로컨트롤러 플랫폼과 인터내셔널 얼러트International Alert: 런던에 기반을 둔 국제적인 평화구축단체의 가이거 방사

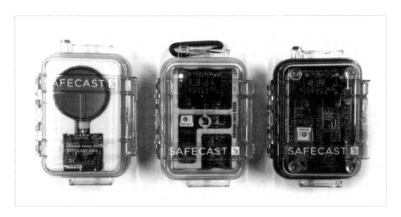

[자료 6-1] 휴대폰 크기에 450달러 가격의 벤토 가이거 장비 (사진: 인터내셔널 메드컴)

능 계수기를 이용해 세이프캐스트는 1,000달러 미만의 소형 휴대용 가이거 계수기를 만들었다. 세이프캐스트는 이 기기를 '벤토도시락의 일본어 가이거bento Geiger', 줄여서 '비가이기bGeigie'라고 불렀다. 기기의 모양이 일본 도시락 상자와 비슷하게 생겼기 때문이다. 활동 경비와 장비 마련을 위해 세이프캐스트는 크라우드펀딩 웹사이트인 킥스타터Kickstarter를 통해 3만 5,000달러를 모금했다.

현재 세이프캐스트는 일본 정부보다 더 자세한 방사능 자료를 수집하고 있다. 일본 정부가 한 도시에 하나의 가이거 계수기를 가동한다면, 세이프캐스트는 50~100m 간격으로 5초마다 방사능을 측정해 매일 데이터를 업로드해 공개한다. 누구나 이 자료를 저작권 문제나 그 밖의 제한 없이 이용할 수 있다. 거대 인터넷 기업인 야후 재팬의 날씨 페이지에 세이프캐스트 센서 네트워크의 방사능 정보가 링크되어 있다.

세이프캐스트는 1,000만 개가 넘는 데이터 포인트를 가지고 있으며 이 숫자는 갈수록 늘어나고 있다. 세이프캐스트는 세계 곳곳의 자원봉사자들에게 판매하는 새로운 버전의 비가이기 장비를 개발했다 (자료 6-1 참조).

경제학에서 '규제포획regulatory capture'이란 공공의 이익을 위해서 일하는 규제기관이 피규제기관에 의해 거꾸로 포획 당하는 현상을 말한다. 다시 말해 정부기관이 보호해야 할 공공의 이익을 희생해서 정작 규제해야 할 산업계를 보호하는 현상이다. 규제포획으로 인해 기업들은 공해, 보건안전 부문 등을 등한시하게 될 수 있다.

공개 데이터가 규제포획이나 그 밖의 비밀을 밝히면 정치적인 의도로 오해를 사기 십상이다. 세이프캐스트의 공동설립자인 숀 보너Sean Bonner는 세이프캐스트가 원자력 반대 조직인가를 묻자 이렇게 대답했다. "세이프캐스트는 원자력 반대단체도 찬성단체도 아닙니다. 우리는 데이터를 지지하는 단체입니다. 데이터는 어떤 정파와도 관련이 없습니다."

원자력산업과 정부기관이 공개를 막으려 했던 데이터가 백일하에 공개되어 원자력산업에 강제로 투명성을 가져왔다.

데이터가 보여주는 것은 명백하다. 원자력은 엄청나게 비싸고 매우 위험하며, 치명적으로 오염되어 있다. 씨티은행은 원자력산업에 대한 보고서의 제목을 이렇게 붙였다. '새로운 원자력발전소: 경제학은 이를 거부한다.'

원자력은 엄청나게 비싸기 때문에 대규모 보조금과 정부의 보호를 발생시키는 규제포획 없이는 생존할 수 없다.

해체하는 데 드는

천문학적 비용

2012년 2월 영국 의회 의원인 마거릿 호지Margaret Hodge는 셀라필드 원
자력발전소의 해체비용이 675억 파운드1,100억 달러에 이른다고 발표했
다. 정부는 이 발전소에 매년 16억 파운드26억 달러의 세금을 쓰고 있으
며, 비용 상승 현상이 언제 중단될지는 아무도 모른다고 말했다.

원자력산업에서 원자력발전비용을 이야기할 때 발전소 해체정화에
관한 비용은 포함하지 않는다. 발전소 해체는 세금을 끝없이 퍼부어
야 하는 작업이다. 영국 하원에 의해 설립된 결산위원회는 보고서에
서 셀라필드 원자력발전소의 방사능 폐기물 처리에 언제까지 세금을
투입해야 하는지 불분명하다고 밝혔다. 셀라필드 원자력발전소 밖으
로 이동된 폐기물은 없다. 원자력 폐기물은 아직 현장에 있다. 영국
의 방사성 폐기물관리 전담기관이며, 해체 계획을 맡은 원자력퇴역청
Nuclear Decommissioning Authority에 의하면, 2015년부터 폐기물을 수습할

계획이라고 한다.

누가 원자력발전소 해체비용을 부담할 것인가? 전 세계의 원자력발전소에는 두 가지 대답이 있을 뿐이다. 요금 납부자와 세금 납부자. 이는 영국만의 이야기가 아니라 원자력산업 전체의 일이다.

2013년 캘리포니아 주의회가 샌오노프레 원자력발전소의 영구 폐쇄를 결정한 뒤 발전소의 소유자이자 운영자인 서던 캘리포니아 에디슨Southern California Edison은 약 50억 달러에 이르는 복구 실패와 해체비용을 요금 납부자들에게 부담시키기 시작했다. 원자력발전소 운영 기업은 수십 년간 자신이 이익을 본 뒤에 해체비용은 납세자와 요금 납부자들에게 돌리는 것이다.

셀라필드 원전 해체에 들어갈 1,100억 달러로 태양광 설비를 사들인다면 얼마나 많이 구매할 수 있을까? 그 질문에 대답하기 위해 규제기관들이 영국의 태양광발전 설비 설치비용을 호주나 독일 수준에 이르도록 상대적으로 경쟁적인 시장을 만들어준다고 가정해보자. 2013년 7월 호주의 주택용 5킬로와트 태양광 설치비는 와트당 1.62달러다솔라초이스 자료. 1,100억 달러라면 67.9기가와트를 설치할 수 있다(보조금 없는 원가다).

2012년의 영국 전력 수요는 평균 35.8기가와트며 정점 수요는 57.5기가와트다. 단 한 기의 원자력발전소 해체비용이 영국 전체 평균 수요의 190%, 정점 수요의 117%에 해당하는 태양광발전 설비를 건설하는 비용과 맞먹는다. 이런 사실을 알게 되면 영국의 규제기관들은 원자력발전소의 개발을 중단하고 태양광이나 풍력으로 전환해야 한다는 생각을 하게 될 것이다.

세금으로

겨우 굴러가는

원자력

2010년 영국의 보수당과 자유민주당은 한목소리로 새로운 원자력발전소에는 보조금을 주지 않을 것이라고 약속했다. 그러나 불과 3년 뒤 이 약속을 철회했다. 영국 정부는 원자력 도매가격을 40년 동안 보장해주는 계약을 체결했다. 이는 잠재적으로 2,500억 파운드4,070억 달러를 납세자들에게 부담하는 계약이다. 새로 건설되는 원자력발전소의 규모는 16기가와트다. 영국 납세자들은 원자력발전 용량 와트당 15.6파운드25.4달러를 부담하게 된 것이다.

원자력은 이미 가장 비싼 발전 방식이다. 독일과 호주에서 보조금을 받지 않는 태양광이나 풍력발전은 와트당 2달러 미만이다. 영국이 10배나 더 비싼 원자력을 구매해야 하는 이유는 무엇인가? 영국은 일사량이 많은 국가가 아니다. 하지만 영국과 비슷한 기후를 가진 독일은 영국 정부가 원자력에 지불하는 비용보다 낮은 비용으로 태양광발전을 한다. 독일에서 태양광 전력이 확대된 지난 5년 동안 전력 도매가격은 40% 이상 하락했다. 원자력 원가가 오르는 동안 태양광 원가는 나날이 하락하고 있다. 영국 정부가 전력 도매가격을 인상하고 원자력산업에 보조금을 주어 국민에게 손해를 끼치는 이유는 무엇일까?

상황은 갈수록 악화되고 있다. 4,070억 달러에 달하는 원자력 보조금에는 원자력발전소의 정화와 해체에 들어가는 비용이 포함되지 않았다. 셀라필드 발전소는 각 60메가와트의 원자로 네 기로 이루어져 있고 총 240메가와트의 발전 설비를 가지고 있다. 앞서 말했듯이 셀라필드 원자력발전소의 정화 해체비용에 이미 1,100억 달러가 소요되었으며 아직 끝이 보이지 않는다. 16기가와트의 원자력발전소는 셀라필드 발전소 발전 용량의 66배에 해당한다. 40년 안에 이 발전소의 연료를 재처리하고 정화하고 해체하는 데 얼마나 큰 비용이 들까?

그뿐만 아니라 4,070억 달러에 달하는 원자력 보조금에 원자력 멜트다운에 대비하는 보험비용은 포함되지 않았다. 영국은 작은 나라다. 영국에서 체르노빌이나 후쿠시마와 같은 유형의 재난이 일어난다면 영국 전체에 큰 재난을 가져오게 되고 수조 달러의 처리비용과 수많은 생명을 앗아갈 것이다.

전력회사들이 원자력발전소 건설을 시도하는 이유는 무엇인가? 정부의 보호와 보조금 때문이다. 모든 것을 얻을 수 있고 아무런 고통도 없기 때문이다.

비용 초과,

건설 지연,

안전 결핍

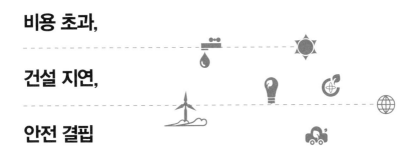

1976년에 애틀랜타 주의 서던Southern Company은 2기의 보틀Vogtle 원자로 건설을 제안했다. 이 회사는 원자로 건설에 드는 비용이 6억 6,000만 달러라고 발표했다. 그러나 1980년대 말 원자로가 가동될 무렵 총 건설비용은 그 13배인 88억 7,000만 달러에 이르렀다.

그 뒤 미국에서는 추가 원자로 건설이 없었다. 그 이유는 무엇일까? 원자력산업계에서는 스리마일 섬Three Mile Island의 원자로 사고가 대중의 원자력에 대한 '비이성적인 공포'를 가져왔기 때문이라고 주장한다. 그러나 드러난 증거들은 다른 자료를 보여준다.

원자력산업은 비용 초과, 건설 지연, 안전 결핍 등으로 특징지을 수 있다. 오늘날 원자로 건설은 1970년대 초보다 약 10배 더 비싼 건설비용이 들어간다. 이 비용은 갈수록 높아지고 있다. 세계적으로 원자력산업은 유일하게 부정적 학습곡선을 가진 메이저 산업이다. 이와 대조적으로 태양광발전은 1970년 이래 원가를 154배나 개선했다. 1970년 이래 태양광은 원자력에 비해 1,540배 원가를 개선한 셈이다.

스탠퍼드 대학교의 조너선 쿠니Jonathan Kooney는 1970년 이래 미국의 원자력발전소 건설 실제 비용을 연구했다. 그 결과 원자력산업에서는 원자로 건설 경험이 늘어날수록 건설비용 또한 상승한다는 사실을 발견했다.

그뿐만 아니라 원자력발전소 건설 기간도 길어지고 있다. 계량기로 잴 수 없을 만큼 저렴하게 에너지를 생산할 수 있다고 약속한 원자력산업은 이제 경쟁할 수 없을 만큼 비싼 원가가 소요되고 있다. 버몬트 로스쿨의 마크 쿠퍼Mark Cooper 교수는 프랑스와 미국의 원자력산업에 대해 상세한 분석 연구를 수행했다. 그는 무엇보다 원자력발전소의 건설 기간이 현저하게 늘어났다는 사실을 밝혔다.

쿠퍼 교수의 연구에 의하면, 미국 원자력발전소 건설 기간은 1970년대에는 5년 정도 소요되었지만 1980년대에는 10~15년으로 늘어났다. 일부 원자로들은 20년이 넘게 걸리기도 했다.

조너선 쿠니와 마크 쿠퍼의 연구 결과는 원자로 건설비용과 건설기간이 동시에 늘어났음을 보여준다. 기후 전문가인 조 롬Joe Romm이 말한 바와 같이 원자력산업은 메이저 산업 가운데 '부정적 학습곡선'을 가진 유일한 산업이다. 건설 경험이 늘어날수록 비용은 더욱 올라가고 건설 기간은 더욱 길어진다. 그리고 부정적 학습곡선은 적은 수치가 아니다. 데이터를 관찰해보면 1970년 이래, 원자력산업의 비용은 약 10배, 기간은 약 4배 증가했다는 것을 볼 수 있다. 어떤 산업의 원가가 증가하고 납기를 맞추지 못한다면 그 산업이 오래가지 못할 것이라는 사실은 자명하다. 특히나 그 산업이 막대한 비용을 쓴다면 말이다.

원자력발전소는 경제적으로 경쟁력을 상실해 미국에서 1980년대에 건설된 보틀 원자로 이후 한 기도 건설되지 않았다. 원자력발전소들이 생존할 수 있었던 것은 2005년 미국 정부가 에너지산업에 납세자의 금고를 열 수 있는 열쇠를 내주었기 때문이다. 원자력에너지연구소에 의하면, 2005년 미 의회는 로비 집단의 뜻에 따라 원자력산업에 대한 185억 달러의 신규 지급보증을 승인했다. 2005년에 통과된 에너지법은 미 에너지부가 원자력 프로젝트비용의 80%를 지급보증하도록 해주었다. 이 법안에 의하면, 추가로 20억 달러의 비용초과분을 보증하고 가동 시작 후 8년 동안 10억 달러의 세금을 면제해준다. 원자력산업계는 에너지 법 통과 이후 원자력의 재탄생이라고 크게 떠들어댔다. 원자력산업의 비중이 높은 프랑스를 모방하고 싶어서 프랑스어인 '르네상스'를 차용하기까지 했다.

2006년 서던의 자회사인 조지아전력회사Georgia Power는 1.1기가와트 규모의 보틀 3, 4호기를 신규로 건설하겠다고 발표했다. 미국 원자력규제위원회가 이를 승인했고 2009년 4월 착공했다. 조지아전력회사는 2기의 원자로 건설에 140억 달러가 소요될 것으로 예상하고 있으며 이 원자로들은 2016년과 2017년에 가동될 예정이다.

2009년 조자아 주 상원은 상원법안 31을 의결했다. 이 법안으로 인해 조지아전력회사는 신규 보틀 원자력발전소 건설자금을 조달하기 위해 전력요금 납부자에게 20억 달러를 거둬들일 수 있게 되었다. 전력요금 납부자들은 원자력발전소가 아직 건설 중임에도 돈을 내야 하는 것이다.

2010년 2월 6일 오바마 정부는 건설 중인 원자로를 위해 83억 3,000만 달러의 연방정부 지급보증을 해주었다. 공식적으로 보틀 3호기의 건설은 2013년 3월 12일 원자로 구역에 콘크리트를 붓는 것으로 시작되었다.

조지아전력회사와 보틀 3, 4호기의 사례는 원자력산업이 원자력발전소를 위해 세금을 이용하는 방법을 보여준다. 조지아전력회사가 규제기관 및 정책결정자들과 호의적인 관계를 유지하며 이익을 누린 내용은 다음과 같다.

• 연방정부 지급보증 : 83억 달러
• 요금 납부자들에게 건설자금 징수 : 20억 달러
• 세액공제 : 10억 달러

보틀 3, 4호기가 예산 범위 내에서 실제 에너지를 생산한다면 건설비용 140억 달러 가운데 113억 달러는 직접 세금을 사용하는 금액이다.

그러나 이러한 프로젝트가 제시간에 또는 예산 내에 종료될 것이라고는 예상되지 않는다. 보틀 1, 2호기가 원래 예산의 13배를 사용한 사실을 기억해야 할 것이다. 보틀 3, 4호기는 간신히 착공되었으며 그 시점에서 이미 2년이 지연되었고 20억 달러의 예산 초과를 나타내고 있다. 이 프로젝트는 이제 165억 달러의 예산과 2018년과 2019년 가동을 예정하고 있다.

원자력 프로젝트가 지연되고 예산을 초과한다고 해서 놀랄 사람은 없다. 원자력산업은 병적으로 지킬 수 없는 약속을 하고 기한을 지키지 않는다. 미국 내에 건설된 모든 원자력발전소는 완성 기한을 맞추지 못했고 예산을 초과했다. 심지어 건설이 취소되기도 했다. 의회 예산국에 의하면 1966~1986년에 건설된 75기의 원자력발전소는 원래의 예산보다 3배 더 비싸게 건설되었다.

나아가 1953~2008년에 원래 주문된 원자력발전소는 253기였지만 그 가운데 121기48%는 완공 전에 취소되었다. 로키마운틴연구소의 에너지 전문가인 에머리 로빈스Amory Lovins에 의하면 건설된 132기 가운데 21기는 신뢰성 또는 비용의 문제로 영구 폐쇄되었으며 27%는 적어도 한 해 또는 그 이상의 기간 동안 완전히 폐쇄되었다.

현재 노스웨스트에너지Northwest Energy로 이름이 변경된 워싱턴 공공전력 공급 시스템 서비스Washington Public Power Supply System Service, WPPSS는 1970년대 초에 다섯 기의 원자력발전소를 주문받았다. 하지만 건설 지연과 비용 초과로 인해 다섯 기 가운데 두 기는 건설이 취소되었고, 추가로 두 기가 건설 중단되어 총 22억 5,000만 달러의 채무 불이행이 발생했다. 이는 역사상 최대 규모의 지방채 채무 불이행이었다. 원래 계획한 다섯 기의 원자력발전소 가운데 단 하나인 컬럼비아 발전소만이 현재 가동되고 있다.

〈포브스Forbes〉는 1985년 2월 11일 '원자력 바보들Nuclear Follies'이라는 커버스토리를 통해 이렇게 비판했다. '미국의 원자력 계획 실패는 역사상 가장 큰 경영 재난으로 기록된다. 기념비적 규모의 재난이었다. 편향된 사람들만이 그 돈이 제대로 사용되었다고 생각할 것이다.

이는 미국 소비자들과 미국 산업 경쟁력의 패배다.'

조지아전력회사가 비용 초과를 부끄러워하거나 걱정할까? 결코 그렇지 않다. 2005년의 에너지 법은 초과한 비용을 충당할 수 있도록 20억 달러의 세금을 챙겨주었다.

국민의 세금에서 나오는 보틀 원자로 보조금은 다음과 같다.

- 연방정부 지급보증: 83억 달러
- 요금 납부자들에게 건설자금 징수: 20억 달러
- 세액공제: 10억 달러
- 비용 초과에 대한 추가 보조금: 20억 달러

원자력산업은 가장 비싸고 생산 기간이 가장 긴 상품을 생산하는 산업임이 입증되었다. 원자력은 부정적 학습곡선을 가진 경쟁력 없는 산업이다. 만약 에너지가 시장의 힘에 좌우되었다면 원자력산업은 이미 오래전에 사라졌을 것이다.

원자력산업이 도산하지 않는 유일한 방법은 세금으로 구성된 보조금을 받는 것이다. 슬프게도 일부 정부는 이 보조금을 지급하고 있다. 오바마 정부는 2012년 예산에서 원자력산업에 대한 지급보증을 185억 달러에서 545억 달러로 3배 더 증액해주기로 했다.

정부의 비호 없이

독자 생존 불가능

정부의 보호와 보조금으로 원자력산업이 비싸고 고통스럽지만, 비용이 가장 많이 들어갈 보조금은 아직 시작되지도 않았다. 바로 원자력보험이다. 미국의 원자력 보험은 '프라이스-앤더슨 원자력산업보상법 Price-Anderson Nuclear Industries Indemnity Act'이라고 부른다. 이 법의 내용은 원자력산업의 실패가 아무리 크더라도 이를 구제해주는 일종의 보험이다. 원자력산업이 실패하면 한 회사나 한 분야의 산업이 아니라 국가 전체를 파산시킬 수도 있다.

국제항공운송협회에 의하면, 140만 번의 비행마다 한 번의 사고가 일어난다고 한다. 이러한 수치는 항공기 사고를 만날 확률이 0.00007%라는 뜻이다. 한편 스탠퍼드 대학교의 마크 제이콥슨 Marc Jacobson 교수에 의하면 지금까지 지어진 모든 원자로 가운데 1.5%가 용융 사고를 일으켰다. 원자로가 용융 사고를 일으킬 확률은 당신이

다음번 비행에서 사고를 만날 확률보다 100만 배나 더 높다.

비행기가 1.5%의 확률로 폭파된다고 한다면 당신이나 가족은 비행기를 타겠는가?

후쿠시마 원전 사고는 원자력이 안전하지 않다는 사실을 우리에게 다시 한 번 상기시켜 주었다. 후쿠시마 원전 사고는 체르노빌 사고 이후 볼 수 없었던 확률의 비극이다. 일본 정부는 이 비극이 가져올 인간, 환경, 재정적 비용을 경험한 적이 없다. 일본의 아베 신조 총리는 관료들이 '국가 기밀'이라고 여기는 후쿠시마에 대한 정보에 대중이 접근하지 못하게 하는 법안을 서둘러 처리했다. 소피아 대학교의 나카노 고이치 정치학 교수는 이렇게 말했다. "아베의 진짜 의도는 후쿠시마 사고와 원자력발전의 필요성에 대한 정부의 잘못을 가리려는 것입니다."

수십 년 동안 원자력이 안전하고 깨끗하며 저렴하다는 정부의 주장을 들어온 일본 국민은 이 사고로 인해 생명과 건강을 잃는 것은 물론 지갑까지 털려야 한다는 현실과 마주쳤다. 일본 국민은 국가가 원자력산업의 사고나 재난을 보증할 때 무슨 일이 일어나는지를 힘들게 배우고 있다.

국민이 내는 세금으로 원자력 사고를 보상해야 하는 것은 일본만의 일이 아니다. 이는 원자력산업이 있는 모든 국가에 해당한다. 당신의 나라에 원자력발전소가 있다면 당신도 원자력산업 보험료를 내고 있는 것이다. 당신의 법적 책임은 얼마나 되는지 알고 있는가?

미국 의회는 납세자들이 원자력 재난에 책임이 있다고 결정했다. 이것이 '프라이스-앤더슨 원자력산업보상법'이다.

의회는 1957년에 초기 민간 원자력산업을 보호하기 위한 노력의 하나로 이 법을 통과시켰다. 1957년에는 원자력발전소의 보험 가격을 정확하게 산정할 수 있는 자료가 없었다. 그러나 1957년 이래 원자력산업은 성장했다. 세계원자력협회World Nuclear Association에 의하면, 오늘날 31개 국가에서 430기의 원자로가 370기가와트의 전력을 공급하고 있다. 프랑스, 일본, 러시아, 미국 등에서 원자력은 높은 시장점유율을 나타내고 있다. 프랑스는 59기의 원자로를 가지고 있으며 국가 전력의 약 75%를 공급하고 있다. 후쿠시마 사고 이전의 일본에는 50기의 원자로가 국가 전력의 약 30%를 공급했다. 미국은 약 100기의 원자로가 국가 전력의 약 19%를 공급하고 있다.

세계는 지난 60년 동안 원자력발전소를 건설, 운영, 유지보수하고 전력을 생산해왔으며, 보험회사들은 원자력발전소의 안전을 측정할 수 있는 충분한 자료를 갖게 되었다. 그렇지만 보험회사들은 원자력발전소에 보험을 팔려고 하지 않는다. 어떤 보험회사도 원자력발전소 재난의 전체 비용을 감당할 수 없다. 보험회사들은 새로 지은 프리덤타워세계무역센터 테러 붕괴 이후 새로 지어진 건물의 보험을 받아주었다. 항공 사고나 허리케인의 위험에 대비한 보험도 받아준다. 그러나 어느 보험회사도 원자력발전소에 대해 보험을 받아주지 않는다.

자동차 보험이나 태양광발전 설비에 대한 보험 시장처럼 원자력발전소를 위함 보험 시장이 있다고 가정해보자. 보험회사는 원자력발전소 보험에 얼마의 보험료를 받아야 할까?

독일 정부(독일 역시 납세자들이 원자력발전소를 책임지고 있다)가 이 질문에 대한 해답을 찾기 위한 연구를 진행했다. 2011년 4월에 발표된 보고서는 민간보험회사가 원자력발전소의 보험을 받기 위해서는 킬로와트시당 0.139～2.36유로(19.9~3.39달러)의 보험료가 적용되어야 한다고 발표했다.

이 수치와 팔로알토 시가 향후 25년간 태양광 전력을 킬로와트시당 6.9센트에 구매하겠다고 한 계약을 비교해보자. 팔로알토 시가 태양광 전기에 대해 지불하겠다는 금액이 원자력발전소에 대한 최소 보험료의 3분의 1에도 미치지 못한다.

이를 다른 시각으로 볼 수도 있다. 태양광 전력 생산자는 자본비용, 설치비용, 관리비용, 보험비용, 유지보수비용, 세금, 인허가비용 등 모든 비용을 대고 있다. 이 모든 비용을 지불하고 난 뒤에 약간의 이윤을 더해 팔로알토에 킬로와트시당 6.9센트에 전기를 판매한다. 그리고 독일 정부가 발표한 보험료 수치는 가장 낮은 추산요율(킬로와트시당 19.9센트)을 적용한 것이다. 가장 높은 추산요율(킬로와트시당 3.39달러)를 적용한다면 태양광 전력은 원자력발전소 보험료보다 50분의 1 수준이다.

원자력발전소는 위험 부담이 너무 커서 보험이 되지 않는다. 전력회사와 규제기관들은 '원자력의 원가'를 이야기할 때 납세자들이 부담해야 하는 보험료를 포함하지 않는다. 즉 후쿠시마나 체르노빌과 같은 재난에 대한 비용은 '원자력의 원가'를 계산할 때 제외된다.

원자력산업이 납세자의 보험 책임에 무임승차하려는 것은 놀라운 일이 아니다. 원자력은 경제학적으로 독자생존이 불가능하다. 만약 보험 가입이 가능해서 보험에 들어야 했다면 원자력은 즉시 영구 퇴출당했을 것이다.

독일의 보고서는 또한 원자력 재난의 피해규모를 5조 7,560억 유로

8조 2,700억 달러로 추산했다. 세계은행World Bank에 의하면 2012년 독일의 GDPgross domestic product: 국내총생산는 3조 4,000억 달러다. 독일에서 원자력발전소 재난이 발생할 경우 처리비용이 독일 경제 규모의 2.4배에 달하는 것이다. 한 번의 원자력발전소 재난이 유럽에서 규모가 가장 크고 세계 경제에서 다섯 번째 국가인 독일을 파산시킬 수도 있다는 뜻이다.

원자력은 천문학적으로 비쌀 뿐만 아니라 국가 전체를 파산시킬 수 있다. 경제규모가 작은 국가일수록 파산할 위험이 더 크다. 러시아의 GDP는 2조 달러이지만 1980년대 말에는 5,000억 달러 정도였다. 미하일 고르바초프Michael Gorbachev는 1986년 체르노빌 사고를 "아마도 소련이 5년 후에 붕괴한 진짜 이유"라고 말했다.

더구나 원전 사고는 주변에 국한되지 않는다. 고르바초프는 이렇게 말했다. "우리는 폭발의 영향이 주로 우크라이나에만 미칠 것으로 믿었다. 그러나 벨라루스와 북서쪽으로 상황은 더욱 악화되었고 폴란드와 스웨덴까지 중대한 피해를 당했다."

원자력,
죽음의
소용돌이

독일 정부는 이 무서운 보고서와 직면하자 후쿠시마 원전 사고 이후 여덟 기의 원자로를 즉시 가동 중단시키고 2022년까지 원자력산업 자체를 폐쇄하기로 결정했다. 독일은 이미 세계에서 태양광과 풍력발전, 에너지 효율성, 전기자동차 등 청정에너지 계획에 가장 열정적으로 박차를 가하고 있었다.

1986년 체르노빌 원전 사고 이후 유럽의 대다수 국가는 원자력발전소의 단계적 퇴출을 계획하고 있다. 이탈리아 국민은 2011년 6월에 수상이 추진하는 신규 원자력 에너지 계획의 찬반을 묻는 국민 투표에서 95%가 반대했다. 글로벌 데이터Global Data는 유럽의 186기 원자력발전소 가운데 80%인 150기가 2030년까지 폐쇄될 것으로 예측했다. 일본의 원전 50기는 가동을 중단했다. 800만 일본 국민은 정부의 원전 재가동 계획에 반대하는 서명을 했다. 이러한 국민의 원전 반대에도, 일본 정부는 일부 원자로를 재가동할 계획이다. 그러나 일본의 원전 계획은 임종을 앞둔 것이나 다름없다.

미국은 오바마 정부가 신규 원전에 대한 보조금을 3배로 증액하고 원자력을 '청정에너지'라고 언급하는 등(원자력산업은 자신들의 위치를 청정에너지에 넣으려는 시도를 반복해서 하고 있다)의 상황으로 볼 때 원자력발전소가 수십 년 내에 완전히 폐쇄될 가능성은 적다.

2011년 4월 NRG에너지의 CEO는 '재정적 이유'로 텍사스에 건설 중인 두 기의 원자로 건설을 중단한다고 발표했다. 네 기의 원자력발전소가 2013년에 폐쇄되었다. 버몬트 양키Vermont Yankee와 위스콘신 케오니Wisconsin Kewaunee 원자로는 전력 도매시장에서 경쟁할 수 없어 가동을 중단했다. 플로리다의 크리스털 리버Crystal River는 구조적 결함 때문에, 캘리포니아의 샌오노프레는 구조적 결함 및 안전 문제 등 여러 가지 이유로 가동을 중단했다.

현존하는 미국의 원자력발전소들은 점점 낡아가고 운전 및 유지보수에 더 많은 돈이 들어가는 등 비효율적이 되어 경쟁력을 상실하고 있다. 크레디트 스위스 투자은행의 보고서에 의하면 원자력발전소의 가동중단일이 상당한 수준으로 증가하고 있다(자료 6-2 참조). 가동중단일의 증가는 수리와 업그레이드비용의 증가를 의미한다. 예를 들어 2011년에 가동이 중단된 샌오노프레 원자력발전소는 증기 발전기의 고장으로 이를 교체해야 했다. 6억 7,000만 달러의 수리비를 쓴 끝에 증기발전기는 수리가 불가능하다는 결론을 내렸다. 샌오노프레는 재가동하지 못했으며 해체 수순을 밟고 있다.

운전 및 유지보수비용은 매년 4.8%씩 증가하고 있으며 연료 원가

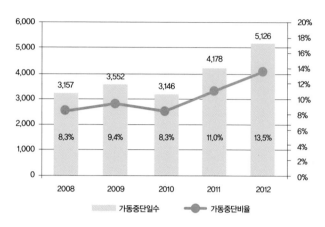

[자료 6-2] 미국 원자력산업의 가동중단일수

• 자료 : 크레디트 스위스 투자은행

는 2007~2011년 사이에 매년 9.1%씩 상승하고 있다. 크레디트 스위스 투자은행의 보고서에 의하면, 이 모든 상승분을 합하면 원가가 매년 5%의 비율로 상승할 것이다.

버몬트 로스쿨의 마크 쿠퍼 교수는 38기의 원자력발전소가 순수하게 경제적 이유로 '폐쇄의 위험'에 처해 있으며 그중 10기는 심각한 수준이라고 분석했다. 그에 따르면 미국 내 원자력발전소의 거의 절반이 순수하게 경제적 위기로 가동을 중단할 수 있다.

원자력 친화적인 국가에 있는 원전조차도 또 다른 이유로 종말을 맞이할 것이다. 태양광의 점유율이 높아짐에 따라 피크전력요금이 사라지는 것이다. 피크전력요금은 평균 전력요금보다 몇 배 더 높아서 원자력발전소가 높은 마진을 얻을 기회였다. 그러나 피크 요금이 적용되는 햇빛이 쨍쨍한 더운 날은 태양광발전량이 가장 높은 때이기도 하다. 원자력이 비수기 시장에서 돈을 벌 수 있을까? 크레디트 스위스는 이렇게 말했다. '원자력발전소는 비수기 동안에 이윤을 내기 위해 몸부림치게 될 것이다.'

프랑스의 거대 원자력기업이며, 세계에서 가장 큰 원자력발전소 운영회사인 엘렉뜨리시떼 드 프랑스Electricitee de France, EDF는 미국 시장에서 철수하기로 결정했다. EDF는 아무도 더 이상 기대하지 않는 원자력 '르네상스'에 6년 동안 27억 달러를 투자했다.

2013년 12월 16일 미국의 유일한 우라늄 농축회사인 USEC가 파산을 신청한다고 발표했다. USEC는 원자력발전소에 연료를 공급하기 위한 원심분리 우라늄 농축기술 '미국 원심분리 프로젝트American Centrifuge project'를 통해 지난 2년 동안 미국 에너지부에서 2억 5,700만 달러의 지원을 받았다. 이 프로젝트는 2005년까지 17억 달러의 예산으로 종료될 예정이었다. 하지만 현재까지 65억 달러의 예산이 들어갔고 2016년까지도 종료될 것으로 보이지 않았다. 파산 발표 한 달 전에 이 회사는 '현재의 시장 가격으로 우리의 계획미국 원심분리 플랜트을 상업화시키는 것은 정부의 추가 지원 없이는 경제적으로 불가능하다고 생각한다'고 발표했다. 원자력 프로젝트가 재정적으로 생존 가능하지 않다고, 적어도 12년 늦어진다고, 비용이 애초의 예상보다 4배가 더 든다고 해서 놀랄 사람은 없다.

태양광과 풍력발전의 점유율이 높아지게 되면 원자력은 끝장나게 될 것이다. 보틀과 같은 새로운 원자력발전소는, 결국 건설이 완료되고 가동된다고 가정했을 때, 공개시장에서 결코 경쟁할 수 없다. 이러한 '신규 원자력발전소'는 킬로와트시당 25~30센트에 전력을 생산할 것으로 예측된다. 경쟁력 없는 원가다. 미국에서 주택용 전력의 평균 소매가격은 2013년 9월 기준으로 킬로와트시당 12.5센트다. '신규 원자력발전소'의 예상 원가는 현재의 전력 소매요금의 2배에 달한다. 여기에 송배전비용과 간접비를 더하면 전력 소매요금의 3배에 달할 것이다.

이와 대조적으로 태양광의 원가는 급격하게 하락하고 있다. 퍼스트솔라의 50메가와트급 마초 스프링스 발전소는 엘패소 일렉트릭에 태양광 전기를 킬로와트시당 5.79센트에 판매하고 있다. 이는 '신규 원자력발전소' 판매가의 23% 수준이다.

시카고에 위치한 전력회사 엑셀론Exelon은 텍사스 빅토리아 카운티에 세워질 예정이었던 원자로 프로젝트를 폐기한다는 발표에서 내내 경제학에 관한 이야기를 했다. 엑셀론은 "현재, 그리고 가까운 미래의 시장 상황은 신규 상업용 원자력발전소 건설을 비경제적인 것으로 만들고 있다"고 말했다. 당시 포트폴리오의 93%가 원자력이었던 엑셀론의 CEO 존 로John Roe는 소위 르네상스와 함께 퇴출당했다. "원자력이 경제적이라고 자신을 속이지 마십시오. 원자력발전 용량을 유지하기 위해서는 적어도 3,000억 달러의 연방정부 지급보증과 기타 보조금이 있어야 합니다."

EDF는 짐을 싸서 미국을 떠나자마자 영국 정부가 35년간 원자력 산업에 현재 전력 도매가격의 2배를 주겠다고 보증한 런던으로 날아갔다. 유럽연합European Union, EU 집행위원회는 EDF가 힝클리 포인트에 건설할 예정인 원자력발전소에 얼마나 많은 보조금을 투입해야 하는지 계산했다. 170억 파운드278억 달러다. 여기에는 힝클리 포인트 원전의 해체, 정화, 보험료가 포함되지 않았다. EDF는 이 보조금이 없으면 힝클리 포인트에 대한 투자는 이루어지지 않을 것이라고 말했다. EU의 에너지 부문 커미셔너인 귄터 외팅거Guunther Oettinger는 EDF의 영국 원전 프로젝트를 '소련' 스타일이라고 표현했다.

원자력발전 용량 감소는 원자력이 죽음의 소용돌이로 가고 있다는 의미다. 원자력의 재탄생은 결코 일어나지 않을 것이며 대신 원자력의 재사망이 이루어질 것이다.

종말의 악순환에

들어서다

원자력은 좀비다. 정확히 살아 있는 것도 아니고 죽은 것도 아니다. 좀비는 살아 있는 자들의 생명을 빨아먹기 때문에 위험하다. 원자력 역시 언제나 납세자들의 세금으로 이뤄진 보조금에 의존하고 있다. 업계의 로비로 원자력이 화석연료를 대체하는 '청정에너지'로 자리 잡은 뒤에는 더 많은 보조금을 가져가고 있다. 오랫동안 많은 사람들 을 속일 수 있었지만, 이제 공개된 사회와 공개 에너지 시장에서 후쿠 시마 사고로 드러난 치명적 심각성과 경쟁력을 잃어버린 잔혹한 현실 은 더는 숨길 수 없다.

미국과 유럽에서 거대한 시장이 형성되는 동안 원자력산업에는 많 은 엔지니어, 학자, 공급사들이 모여들었다. 원자력산업이 축소되면 이들 공학자와 학자들은 더 나은 직장을 위해 떠나야 한다. 신입사원 들은 죽어가는 산업에 더는 발을 들이지 않을 것이다. 원자력산업에 중점을 둔 공급사들은 사업을 그만두거나 다른 산업으로 사업을 옮겨야 한다. 공급사가 줄어든다는 것은 원가의 상승과 공급의 지연 그리고 이전에 누렸던 규모의 경제가 상실된다는 의미다. 연구개발비를 받는 원자로는 더 적어지고 전력단위당 원가는 더욱 높아질 것이다.

그 결과 이미 엄청나게 높은 원가를 가진 원자력산업의 원가는 더욱 높아지게 될 것이다. 또한 더 많은 보조금과 정부의 보호가 필요하게 될 것이다. 한때 매력 있게 보이던 원자력산업은 다시는 최고 수준의 과학자들과 엔지니어들을 유인하지 못하며, 이에 따라 기술 발전이 더뎌지고 안전과 관련된 품질의 문제가 생겨 결국 사고로 이어질 것이다.

원자력산업은 종말을 향한 악순환에 들어서 있다. 태양광과 풍력은 계속해서 시장점유율을 높여가는 동시에 품질을 높이고 원가는 낮추고 있다. 태양광과 풍력이 원가를 낮추어 전력 소매시장과 도매시장에서 원자력 전력을 물리친다면 더 많은 원자력발전소가 순전히 경제적 이유로 가동을 중단할 수밖에 없을 것이다.

이번 장의 초반에서 태양광은 원자력에 비해 상대적으로 1,540배 원가를 개선했다고 말한 바 있다. 태양광 원가는 2020년까지 다시 3분의 1로 하락할 것이다. 만약 원자력 원가가 더 이상 오르지 않는다면(비현실적인 시나리오이기는 하지만), 태양광은 원자력에 비해 상대적으로 4,620배 원가를 개선하게 되는 것이다. 그러나 모든 상황으로 볼 때 신규 원전의 원가는 상승할 수밖에 없으므로 이를 고려하면 2020년에 태양광은 원자력에 비해 상대적으로 6,000배 이상 원가를 개선할 것이다.

붕괴하는 다른 산업들처럼 원자력산업에서 일어나는 죽음의 소용
돌이도 빠르게 끝날 것이다. NRG에너지의 CEO인 데이비드 크레인
은 "미국에서는 기저부하를 충당하기 위해 단지 몇 개의 원전만 있으
면 된다"고 말했다. 미국에서 95%의 원자력발전소는 없어져도 된다.

NRG에너지는 원자력 블랙홀에 돈을 쏟아붓는 대신 태양광에 투
자하고 있다. 이 회사는 캘리포니아 모하비 사막에 377메가와트 규모
의 태양광 집중식 타워 발전소와 같은 대규모 프로젝트를 개발하고
있다. 또 전국의 분산형 태양광발전 프로젝트에도 투자하고 있다.

기저부하로서의 태양광 시대가 왔다. 우리에게는 데이비드 크레인
이 필요하다고 말한 '몇 개의 원전'도 필요하지 않을 것이다. 솔라리
저브의 CEO인 케빈 스미스Kevin Smith는 스탠퍼드 대학교의 내 강좌에
서 기저부하 태양광 전력이 이미 신규 원자력발전소보다 싸다고 말했
다. 솔라리저브는 네바다 주의 라스베이거스와 리노 사이에 크레센트
듄즈 태양광발전소를 새로 건설하고 있다. 이 발전소는 10시간 동안
에너지를 저장해 고객들이 필요할 때 언제나 전력을 공급할 수 있다.
솔라리저브는 NV에너지와 피크시간에 킬로와트시당 13.5센트에 전
력을 공급하기로 25년 계약을 맺었다. 케빈 스미스의 예측대로라면,
솔라리저브의 110메가와트 태양광발전소는 앞으로 몇 년 안에 미국
에서 최초로 원가의 절반 이상을 다시 줄일 수 있을 것이다. 네바다
전력회사는 라스베이거스의 중심지인 스트립을 태양광 전력으로 밝
히게 될 것이다.

원자력의 종말은 민간 원자력발전산업이 생존 가능한 산업이라는
대중 기만의 종말을 의미한다. 우리는 셀라필드, 체르노빌, 후쿠시마

에서 일어난 원자력 실패를 수세대에 걸쳐 정화해야 한다. 하지만 실패 사례가 없었더라도 원자력은 이미 시대에 뒤떨어진 것이다. 원자력산업은 너무 비싸고 위험하며 더러운 에너지이기 때문에 붕괴하고 있다. 우리의 삶에 되돌릴 수 없는 피해를 주기 전에 이 좀비를 보내주자.

7장

석유의
종말

━━━━ 바람이 바뀌면 어떤 사람은 벽을 쌓고 어떤 사람은 풍차를 짓는다. 중국 속담

━━━━ 나는 내 돈을 태양과 태양에너지에 투자할 것입니다. 얼마나 훌륭한 에너지원입니

까? 나는 우리가 이 문제를 해결하지 않은 채 석유와 석탄이 고갈되기를 기다리지 않았으면 좋

겠습니다. 토머스 에디슨 Thomas Edison ━━━━ 석기시대가 종말을 맞은 것은 돌이 사라졌기

때문이 아니다. 석유 시대 역시 세계가 석유를 다 쓰기 전에 종말을 맞이할 것이다. 세이크 아

메드 자키 야마니 사우디아라비아 전 석유장관

2011년 5월 11일 사우디아라비아는 향후 20년 동안 1,090억 달러를 투입해 4만 1,000메가와트41기의 원자력발전소 발전량의 태양광발전소를 건설하겠다는 계획을 발표했다. 사우디아라비아는 매일 52만 3,000배럴의 석유를 태워 전기를 생산하고 바닷물을 담수화하고 있다. 사우디아라비아 전력규제기관의 압둘라 알 셰리Abdullah Al-Shehri에 의하면 인구와 경제활동, 에너지 수요가 증가함에 따라 2030년이 되면 매년 8억 5,000만 배럴을 소비할 것으로 예상된다. 이는 원유 생산량의 30%를 발전에 쓰는 꼴이다.

사우디아라비아가 대규모 태양광발전 프로젝트를 추진하는 것은 타당한 일이다. 태양광 기술을 이용해 전력을 생산하고 담수화하는 비용은 석유에너지의 원가에 비하면 10~20% 수준에 불과하다. 공개시장에서 배럴당 100달러 이상에 판매되는 석유를 태우는 대신 태양광 전력을 이용하면 원가는 배럴당 20달러 미만이 되는 것과 같다.

돌을 다 소모했기 때문에 석기시대의 종말이 온 것은 아니다. 상위기술인 청동에 의해 석기시대가 붕괴한 것이다. 이와 마찬가지로 석유를 다 소진했기 때문에 석유 시대의 종말이 오는 것은 아니다. 상위기술인 태양광, 전기자동차, 자율주행자동차와 새로운 비즈니스모델 때문이다.

세계 최대의 원유 생산국인 사우디아라비아는 석유 시대를 빠져나갈 길을 밝혀주는 빛을 발견한 것이다.

태양광,

석유 비해

기하급수적 원가 개선

사우디아라비아는 좀 더 서두를 필요가 있다. 41기가와트 규모의 태양광발전 계획은 20년 동안이나 원유를 수출해 번 돈으로 자금을 마련할 필요가 없다. 태양광은 석유에 비해 상대적으로 기하급수적 원가 개선을 나타내기 때문이다.

세계적으로 원유 가격이 태양광과 같은 원가 곡선을 따랐다고 가정해보자. 1970년대에 원유 가격은 배럴당 3.18달러였으며 미국의 휘발유 소매가격은 갤런당 0.36달러였다. 만일 원유의 가격이 태양광과 같은 비율로 하락했다면 현재 배럴당 2센트, 휘발유 소매가격은 갤런당 0.234센트였을 것이다. 4갤런의 휘발유가 1센트인 것이다. 이 상상의 세계에서는 15갤런 연료탱크를 채우는 비용이 3.5센트에 불과하다. 그러나 현재 원유 가격은 배럴당 110달러를 맴돌고 있으며 연료탱크를 채우는 비용은 50달러가 넘는다.

현실에서는 원유 가격이 배럴당 3.18달러에서 110달러로 35배 오르는 동안(자료 7-1 참조) 태양광패널은 와트당 100달러서 65센트로 154분의 1이 되었다. 이 수치들을 합치면 태양광은 1970년 이후 석유에 비해 상대적으로 5,355배 원가를 개선한 것이다.

만일 어떤 산업이 기술 개발을 통해 당신보다 5,000배의 원가 개선을 해냈다면 당신의 사업은 붕괴가 임박했다는 사실을 부정할 수 없을 것이다. 어떤 산업이 붕괴 직전이라면 회사들은 다음 세 가지 방법 중에서 선택할 수 있다.

1. 빠져나간다. 가능한 한 높은 가격에 매각한다.
2. 붕괴를 가져올 산업에 투자한다.
3. 그냥 죽는다.

사우디아라비아 왕국은 1과 2를 선택했다. 높은 가격에 원유를 판매해 파괴적 기술인 태양광을 기반으로 하는 새로운 에너지 인프라에 투자하려는 것이다.

석유업계의 상황은 갈수록 나빠지고 있다. 태양광패널의 가격은 2020년까지 다시 3분의 1로 하락할 것이다. 만일 원유 가격이 배럴당 110달러에 머물러 있다면, 태양광은 원유에 비해 원가를 1만 2,000배 개선하는 셈이 된다.

석유는 지정학적 차원의 상품이며, 미래 가격 예측에서 매우 취약하다. 어떤 시나리오를 따르더라도 석유는 태양광에 비해 어려움을 겪게 될 것이다. 2020년에 배럴당 55달러로 떨어지거나 220달러로 오

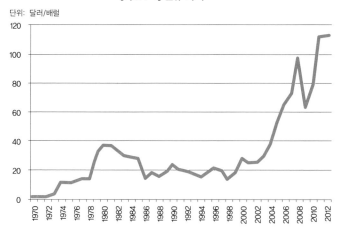

[자료 7-1] 원유 가격

단위: 달러/배럴

• 출처 : BP 세계에너지통계자료

른다고 해도 태양광은 석유에 비해 6,000배 또는 2만 배 원가 곡선을 개선할 것이다. 어떤 경우라도 석유산업은 붕괴를 맞이한다.

만일 태양광이 석유와 경쟁하지 않는다고 생각한다면, 다시 따져 보라. 석유산업은 다음 세 개의 상호 보완적인 파괴적인 파도에 의해 붕괴할 것이다.

1. 전기자동차는 내연기관자동차산업을 붕괴시킬 것이다. 전기자 동차는 운송산업에서 휘발유와 디젤을 시대에 뒤떨어진 것으로 만들 것이다(4장 참조).
2. 자율주행자동차는 운송산업의 효율을 크게 개선하고 전 세계 의 자동차 수를 10분의 1 정도로 축소시킬 것이다(5장 참조).
3. 태양광은 발전에 쓰이는 에너지디젤와 난방 및 조명에 사용되는

연료등유를 대체할 것이다. 디젤과 등유는 전 세계의 수십억 명이 사용하는 값비싼 에너지다. 태양광은 이미 디젤과 등유보다 저렴하다.

캐나다 오일샌즈의

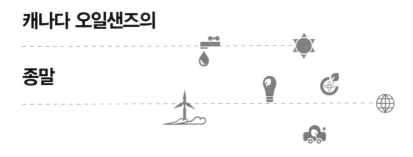

종말

세계에서 가장 환경 파괴적인 석유 프로젝트는 동시에 가장 비싼 것이기도 하다. 캐나다의 오일샌즈Canadian Oil Sands 프로젝트는 환경 파괴적이기 때문이 아니라 재정적으로 생존 불가능하므로 조만간 좌초될 것이다.

해상 굴착이나 샌드오일 지하에서 생성된 원유가 지표면 근처까지 이동하면서 수분이 사라지고 돌이나 모래와 함께 굳은 원유 프로젝트에 필요한 자본투자를 유지하기 위해서는 원유 가격이 지속적으로 높아야 한다. 예를 들면 캐나다 오일샌즈에서 원유를 생산하는 원가는 배럴당 65~100달러다. 원가는 프로젝트의 유형이나 사용되는 기술에 따라 달라질 수 있다. 에너지 컨설팅 기업 우드 맥킨지 Wood McKensie 에 의하면 새로운 증기 시추 프로젝트의 손익분기점은 65~70달러이며 굴착 방식 프로젝트의 손익분기점은 90~100달러에 이른다. 캐나다 천연자원부 장관인 조 올리버Joe

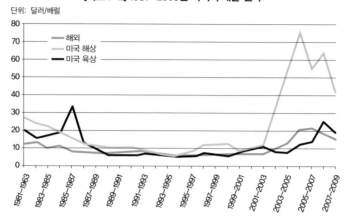

[자료 7-2] 1981~2009년 사이의 개발 원가

단위: 달러/배럴

해외
미국 해상
미국 육상

• 출처: 에너지정보청

Oliver는 앨버타 오일샌즈 프로젝트에는 향후 10년 동안 6,500억 달러의 투자가 필요하다고 말했다.

투자자들은 자신들의 투자금에 대해 가능한 한 높은 수익을 원한다. 원유 가격이 손익분기점 이상으로 유지될 가능성이 없다면 그들은 투자할 이유가 없다. 투자자들이 가까운 미래에 원유 가격이 배럴당 50달러가 될 것으로 예측한다면, 캐나다의 오일샌즈 프로젝트는 투자자를 모으지 못해 개발되지 못할 것이다. 만일 투자자들이 원유 가격을 배럴당 80달러로 예측하고 있다면, 배럴당 원가 65~70달러인 증기시추 방식의 프로젝트라면 추진될 것이고 더 비싼 굴착 방식 프로젝트는 추진되지 못할 것이다.

해상굴착 프로젝트에도 같은 논리를 적용할 수 있다. [자료 7-2]는 육상과 해상 생산 원가에 많은 차이가 있음을 보여준다. 자료에 의하면 2007~2009년 배럴당 원가가 80달러까지 치솟았다가 50달러 이

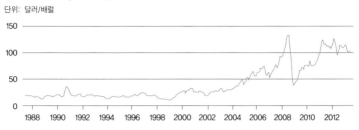

단위: 달러/배럴

• 출처: 에너지정보청

하로 떨어진 것을 볼 수 있다. 배럴당 원가의 급격한 하락은 2010년 4월 BP의 멕시코 만 원유 유출 사고 직전에 일어났다. 이는 석유회사들의 기술 개발에 의한 원가 하락이거나 작업자의 안전이나 환경문제를 도외시한 원가 삭감이 원인일 것이다.

브렌트 원유 기준가격^{수시로 변하는 신탁 재산을 일정 시점에서 평가한 것}은 세계 원유 시장에서 가장 잘 알려진 기준가격일 것이다. 브렌트 원유 기준가격은 2011년 이래 100달러를 웃돌고 있다. 서부 텍사스 중질유의 기준가격은 같은 기간 동안 100달러를 살짝 밑돌고 있다. 만약 원유 가격이 100달러 선을 유지한다고 투자자들이 예상한다면 캐나다의 오일샌즈 프로젝트들은 대부분 개발될 것이다.

그러나 원유 가격은 극단적으로 불안정하다. 배럴당 100달러가 지금은 일반적이지만 [자료 7-3]을 잠깐 보기만 해도 1990년대에는 원유 가격이 상당히 낮았음을 볼 수 있다. 1999년 2월만 해도 원유 가격은 배럴당 10달러였다.

2030년이 되어 전기자동차와 자율주행자동차가 자동차산업을 붕괴시키고 태양광이 디젤산업을 붕괴시켜 석유 수요가 줄어들게 되면 원유 가격은 떨어질 수밖에 없다.

화석연료산업에서는 높은 시장 가격이 탐사와 투자에 대한 인센티브라고 주장한다. 그러나 〔자료 7-2〕에서 보듯이, 2000년까지는 상대적으로 낮은 가격에도 불구하고 상당한 양의 원유가 개발되었다. 그 이유는 〔자료 7-2〕에서 나타나듯이 육상의 개발 원가가 상당히 낮아서 최대 20달러 이내이기 때문이다. 석유회사들은 대부분 20달러에 채굴해 이를 100달러에 팔고 있다. 생산 원가의 5배다. 계속할 수만 있다면 더없이 좋은 일이다. 원유 가격이 1990년대 수준인 배럴당 20~30달러 선이 된다면 다음과 같은 일들이 벌어질 것이다.

1. 낮은 생산 원가를 가진 원유회사만 살아남을 수 있다. 손익분기점이 15~20달러 미만인 가장 생산성 높은 지역에서만 생산될 수 있을 것이다.
2. 환경에 재난을 가져오는 개발 프로젝트의 대부분은 중단될 것이다. 배럴당 65달러의 생산 원가를 가진 캐나다 오일샌즈, 60~70달러의 손익분기점을 가진 해상유전, 재정적 환경적 비용이 알려지지 않은 북극 심해유전 개발이 여기에 해당한다. 합리적인 투자자라면 다시는 이런 프로젝트에 관심을 두지 않을 것이다.

캐나다의 스티븐 하퍼Stephen Harper 총리는 캐나다의 오일샌즈 개발은 이집트 피라미드보다 더 큰 규모의 서사시가 될 것이라고 말했다. 그는 옳았다. 하지만 그가 의도한 방식으로 옳았다는 것은 아니다.

캐나다 오일샌즈 투자는 기념비적 규모의 좌초된 자산이 될 것이다. 피라미드처럼, 캐나다 오일샌즈는 과대 망상적 투자가 부유하고 건강한 사회에 끼친 손실을 다음 세대로 하여금 기억하게 하는 거대한 비석이 될 것이다.

디젤에서 태양광으로

전환한 결과

2012년 10월 29일 남태평양의 섬나라인 토켈라우는 세계 최초로 100% 태양광발전 국가가 되었다. 토켈라우는 1,411명의 인구가 총 12km² 면적의 산호섬 세 개에 분포되어 살고 있는 작은 국가다. 토켈라우가 태양광으로 전환한 이유는 디젤 발전 중심의 경제가 가지는 일반적인 문제를 안고 있었기 때문이다.

토켈라우는 매년 83만 달러어치의 디젤 연료를 사용했다. 이 나라의 연간 GDP가 150만 달러임을 고려하면 상당히 많은 금액이다. 이 섬나라 수입의 55%가 발전을 위한 디젤을 구매하는 데 소비되고 있었다.

그러나 태양광을 선택하게 되자 모든 것이 바뀌었다. 사람들은 에너지 원가와 화석연료에 의존하는 삶의 질에 대해 생각했다. 디젤은 너무 비싸서 토켈라우는 밤에 디젤발전기의 가동을 중단했다. 24시간 냉장 보관되어야 하는 약품들이 상하기 시작했고 야간에도 치료를 받아야 하는 환자들이 제대로 치료받지 못하게 되었다. 디젤은 한 달에 한 번 배로 배달되었다. 때로는 디젤이 다 떨어져서 어둠 속에서 다음 배가 오기를 기다리기도 했다. 디젤은 간헐적인 에너지원이었다.

현재 디젤을 사용하지 않는 토켈라우 주민들은 수입이 2배로 늘었고 삶의 질이 높아졌으며 언제나 이용할 수 있는 에너지를 갖게 되었다.

뉴질랜드 타우랑가에 있는 파워스마트솔라PowerSmart Solar라는 회사가 토켈라우의 태양광발전 설비를 건설했다. 이 회사의 공동설립자인 딘 파촘척Dean Parchomchuck은 설치 팀을 이끌고 섬으로 왔다. 나는 오클랜드 비즈니스 스쿨에서 그를 만난 적이 있다. 그는 내게 태양광발전 설비 건설에 총 22주가 소요되었다고 말했다. 첫 번째 산호섬에 10주, 그리고 두 번째와 세 번째 산호섬에 각각 6주씩이 소요되었다. 만약 네 번째 산호섬이 있었다면 그곳의 설치 기간은 더 단축되었을 것이다. 세 기의 태양광발전 설비는 1.5메가와트의 태양광패널 및 야간과 비 오는 날에 사용할 에너지를 저장할 수 있는 배터리 은행으로 구성되었다.

태양광발전소 건립비용 750만 뉴질랜드달러620만 달러는 뉴질랜드 에이드프로그램New Zealand Aid Programme의 보조금으로 충당했다.

다섯 달 만에 남태평양의 섬나라는 디젤에서 태양광으로 완전히 바뀌었다. 이것은 소규모 에너지 시장의 사례지만 교훈은 명백하다. 붕괴가 일어나면 신속하게 이루어질 것이다.

디젤의 종말은
에너지 빈곤의

종말

1991년에 인도에는 500만 대의 전화가 있었다. 2012년 5월, 인도에는 9억 6,000만 대의 전화가 있으며 매월 800만 대씩 신규 전화가 추가 되고 있다.

1991년 인도 정부는 독점적이고 중앙 집중화되어 있으며 비효율적 이고 오래된 전화산업을 해체하기 위한 새로운 법안을 만들었다. 그 목적은 모든 사람에게 전화통신을 공급하는 것이었다. 그로부터 20 년이 되지 않아 인도의 전화 사용자는 인구 대비 0.05%에서 80%로 늘어났으며 이는 1만 9,100% 성장을 의미한다. 인도는 이제 세계에서 두 번째로 큰 전화 시장이 되었다.

2012년 8월 인도의 전력망에 문제가 생겼을 때, 11억 명의 사람들이 전기를 이용할 수 없게 되었다. 6억 명이 정전의 영향을 받았다. 그러나 또 다른 5억 명은 애초에 전기를 사용할 수 없었기 때문에 정전이 있었는지 인지하지도 못했다. 이 사람들은 에너지 수요를 디젤, 등유, 땔나무에 의존하고 있었다. 인도인들은 킬로와트시당 2달러의 전기요금을 내는데, 이는 보조금을 받지 않는 태양광 전력 원가의 10배가 넘는다. 신뢰할 수 있고 저렴한 전력을 갖지 못하면 모든 국민은 빈곤의 수레바퀴에서 영원히 벗어날 수 없다.

인도 정부는 스스로 연료 문제를 악화시키고 있다. 국제에너지기구International Energy Agency, IEA에 의하면 2011년 인도의 화석연료 보조금은 397억 달러에 이르렀다. 인도 정부 스스로 수백억 달러의 비용을 들여 자국민의 빈곤 순환을 영속화하고 있는 것이다.

인도만 그런 것은 아니다. 반도체 제조업체인 소이텍Soitec의 CEO 앙드레-자크 오베르통-에르베Andree-Jacques Auberton-Hervee는 "에너지산업이 가지고 있는 작고 더러운 비밀은 디젤 연료에 대해 주고 있는 정부 보조금이 전 세계적으로 3,000억~4,000억 달러에 이른다는 사실"이라고 말했다.

정부 관료들은 항상 에너지 보조금은 가난한 사람을 돕는 것이라고 주장하지만 여러 증거를 볼 때 보조금은 가난한 사람을 위한 것이 아니라 부자를 위한 것이다. 국제통화기금International Monetary Fund, IMF에 의하면 중하위권 소득 국가에서 상위 소득계층 20%는 하위 소득계층 20%보다 6배나 많은 연료 보조금을 받는다.

인도 국민 가운데 10억 명은 휴대폰을 가지고 있다. 그러나 위생적인 화장실을 이용할 수 있는 인구는 3억 6,600만 명에 불과하다. 화장실과 휴대폰 숫자는 상하수도 파이프라인, 중앙처리식 발전소, 지휘 통제 관리로 구성된 원자 기반 인프라보다 분산형 비트 기반 인프라를 갖추기가 더 쉽다는 사실을 증명한다.

현재 전기를 이용할 수 없는 5억 명의 인도 국민에게 태양광 전기를 공급하기 위한 비용은 얼마나 들까?

인도 국민 1인당 100와트의 태양광 전기를 공급한다고 가정해보자. 3인 가족이라면 300와트 또는 하나의 태양광패널이 있으면 된다. 5인 가족이라면 500와트가 필요할 것이다. 인도는 일평균 5시간의 일사량을 가지고 있다. 이 말은 5인 가족에게 매일 2.5킬로와트시의 태양광 전력을 공급할 수 있다면 휴대폰을 충전하고 컴퓨터를 쓰거나 TV를 보고, 여러 개의 LED 등을 켜고, 선풍기와 커피포트를 켜는 데 충분하다는 뜻이다.

하루 2.5킬로와트시는 전기를 사용하는 대부분의 인도 국민이 소비하는 전력량보다 높은 수준이다. 2005년에 45%의 인도 국민은 전기를 사용할 수 없었고 33%는 전기를 사용할 수는 있었지만 월 50킬로와트시_{하루 1.6킬로와트} 이하를, 11%는 월 50~100킬로와트시_{하루 1.6~3.3킬로와트}를 사용했다. 나머지 11%의 인도 국민은 월 100킬로와트시 이상을 사용했다.

오늘날 태양광발전 설비 원가는 와트당 0.65달러다. 이는 패널 가격만이며 여기에 인버터, 케이블, 설치비용 등을 더하면 와트당 2달러가 된다. 이것이 독일의 주택용 태양광발전 설비의 전체 설치비용이다. 여기에 야간전기 사용을 위해 소형 배터리를 더하면 와트당 3달러가 된다.

1억 명의 인도 국민에게 태양광 전기를 공급하기 위한 총비용은 약 300억 달러로 오늘날 인도 정부가 디젤과 기타 화석연료에 지급하는 연간 보조금보다 적은 금액이다. 다른 말로 하면, 만약 인도 정부가 화석연료 보조금에 해당하는 금액을 분산형 태양광발전 설비에 쓴다면 단 5년 안에 5억 명의 국민에게 전기를 공급할 수 있다는 의미다. 이렇게 하면 디젤과 등유 산업은 완전히 붕괴할 것이다. 새로운 석탄발전소나 수력발전소 또는 송전 설비도 필요하지 않다.

5억 명의 국민에게 태양광 전력을 공급하는 것은 화석연료에 보조금을 주는 것보다 비용이 적게 들 뿐 아니라 실내공기 오염으로 인한 불필요한 사망자 수를 줄일 수 있다. 세계보건기구에 의하면 인도 국민이 실내에서 바이오매스를 태우고 출라 인도인이 주방에서 사용하는 진흙으로 된 전통화덕를 사용하는 까닭에 실내공기오염과 일산화탄소 중독으로 매년 30만~40만 명이 사망한다고 한다.

1,411명의 국민이 사는 작은 나라인 토켈라우나 인도의 5억 명이나 마찬가지다. 에너지 빈곤은 빠르게 끝낼 수 있다. 태양광은 이미 디젤이나 등유보다 값이 싸고 땔감으로 쓰이는 나무보다 몇 배 더 가치가 있다. 정부가 이를 깨닫고 화석연료에 대한 보조금을 중단하면 에너지원으로서 석유의 붕괴는 추가 비용 없이 신속하게 이루어질 것이다.

인도 정부는 태양광에 보조금을 지급할 필요가 없다. 인도 정부가 해야 할 일은 석유, 석탄, 수력발전, 원자력발전소에 대한 보조금 지급을 중단하는 것이며, 현재의 지휘 통제적 에너지 조직을 보호하는 규제장치들을 변화시키는 일이다.

1991년 인도 정부는 모든 국민에게 통신수단을 제공하기 위해 시대에 뒤떨어진 유선전화 인프라 구축을 건너뛰기로 결정했다. 20년 뒤 거의 10억 명의 인도 국민이 최신 전화 서비스를 누리고 있다. 이와 같이 인도 정부가 참여적이고 안전하며 청정한 미래 에너지 미래를 건설할 사업자들을 위해 시대에 뒤떨어진 에너지를 구조하기 위해 보조금을 주고 보호하는 일을 그만둔다면 기존 에너지산업의 붕괴는 시작될 것이다.

태양광과
전기자동차가
융합하면

2010년 BP의 원유 유출 사고 이후 나는 전기자동차와 태양광의 결합에 대해 궁금해지기 시작했다.

태양광에 대한 근거 없는 믿음 가운데 하나는 땅을 많이 차지한다는 것이다. 나는 《솔라 트릴리언스》를 통해 이러한 믿음을 떨쳐버렸다고 생각했지만, 화석연료산업은 대중에게 잘못된 정보를 너무 잘 전달하고 있었다. 나는 독자들이 사실을 알게 되고 주변에 이를 알려 화석연료 산업의 허위 선전을 극복하게 될 수 있기를 희망한다.

먼저 계산해야 하는 문제는 미국의 모든 전기자동차에 전력을 공급하기 위한 태양광 설비를 건설하는 데 토지 면적이 얼마나 필요한가 하는 것이다. 이 계산을 하고 난 뒤에 모든 내연기관엔진 자동차에 연료를 공급하기 위해 굴착해야 하는 토지 면적을 보여줄 것이다.

전기자동차 전력 100% 공급을 위해 필요한 태양광 설비 토지 면적

미국 내 모든 자동차와 트럭이 전기자동차라고 가정해보자. 나아가 모든 전력이 태양광에 의해 발전된다고 가정해보자. 미국 내 모든 자동차에 전력을 공급하기 위한 발전 설비에 얼마나 많은 토지 면적이 필요할까?

미국 운수부에 의하면 미국인들은 1년에 약 3조 마일4조 8,000억㎞을 운행한다. 3조 마일을 운행하는 전기자동차에 필요한 전력은 얼마나 될까?

이러한 질문에 대답하기 위해, 평균적인 전기자동차의 에너지 단위킬로와트시당 주행거리가 필요하다. 에너지부는 미국 시장에서 판매되는 모든 전기자동차의 연비에 대한 정보를 가지고 있다. 에너지부는 100마일을 달리기 위한 에너지 단위를 측정한다.

이 목록에는 도요타 RAV4 EV와 같은 SUV와 테슬라 모델 S와 같은 대형 자동차, 포드 포커서 EV와 같은 소형차들이 모두 들어 있다. 계산을 위해 나는 목록에 있는 모든 차 가운데 평균 수치를 가진 자동차인 닛산 리프를 택했다.

세계에서 가장 잘 팔리는 전기자동차인 닛산 리프의 에너지 사용량은 킬로와트시당 3.45마일5.5㎞이다. 테슬라 전기자동차는 킬로와트시당 4마일6.4㎞ 이상이다(5장 참조). 이러한 숫자들은 미래에는 기술이 더 향상될 것이라는 기대를 보여준다. 사실 닛산 리프의 효율은 주행 조건에 따라 킬로와트시당 5마일8㎞을 이미 넘어섰다. 다만 여기서는 계산을 위해 닛산 리프의 연비인 킬로와트시당 3.45마일5.5㎞을 적용해보겠다.

모든 전기자동차에 필요한 에너지양을 구하기 위해 총 주행거리3조 마일를 연비킬로와트시당 3.45마일로 나눈다. 1년 동안 미국 내의 모든 전기자 동차에 필요한 전력은 8,696억 킬로와트시다.

태양광패널에서 햇빛이 전기로 전환되는 효율성은 평균 16%다. 햇 빛이 전기로 전환되는 효율성은 사용되는 기술에 달려 있다. 시장에 서 가장 저렴한 박막태양전지thin film photovoltaic의 효율성은 약 12% 정 도이며 다결정질 패널polycrystalline PV의 효율성은 약 16%, 단결정 패널 monocrystalline PV의 효율성은 20%에 가깝다. 태양에너지 집적 시스템 concentrating solar power, CSP 기술은 이 수치를 2배로 만들 수 있다. 집광 형 태양광발전concentrating photovoltaics, CPV은 약 36%를 기록했으며 열병 합 태양에너지 집적 시스템combined heat and power, CHP은 75~89%의 효 율성을 나타냈다.

계산을 위한 다음 단계는 1년에 얼마나 많은 태양에너지일사량가 패 널에 와 닿는가 하는 것이다. 일사량이란 연간 ㎡ 면적의 지표면에 닿 는 태양에너지를 환산한 것으로, 태양광발전소의 입지에 좌우된다. 캘리포니아 주 바스토의 태양광발전소는 2,700킬로와트시 이상의 일 사량을 가지고 있다. 라스베이거스나 애리조나 투산의 태양광발전소 는 2,560킬로와트시이고, 그다지 햇볕이 많지 않은 나의 고향 샌프란 시스코는 1,785킬로와트시 정도다.

미국 남서부의 사막 어딘가 약 2,400킬로와트시의 일사량을 가진 곳에 태양광발전소가 세워진다면, 3조 마일의 주행거리를 달리는 전 기자동차의 에너지 충전에 필요한 토지는 약 874제곱마일2,263㎢이다.

이는 한 변의 길이가 29.6마일47.6km인 사각형이다. 이를 요약하면, 미국 내 모든 전기자동차가 달리는 데 필요한 전기를 태양광으로 발전하는 데는 약 1,000제곱마일2,590km²의 태양광발전 설비가 필요하다는 뜻이다. 텍사스 주의 킹 랜치1,289제곱마일 규모의 태양광발전소라면 미국 내 모든 전기자동차를 충전한 전력을 생산하고도 40% 정도의 여유 전력을 가진다.

이제 874제곱마일 크기의 태양광발전소와 석유산업이 사용하는 토지 규모를 비교해보자.

석유와 가스 산업의 토지와 수면 사용

미 하원의 자료에 의하면, 석유 및 가스기업들은 미국 정부로부터, 원유를 굴착하기 위해 7만 4,219제곱마일19만 1,986km²의 토지를 임대하고 있다. 이 회사들은 해상유전을 위해 6만 8,750제곱마일17만 8,055km²를 추가 임대하고 있다. 이를 합하면 석유 및 가스기업들은 미국 운송산업 수요의 3분의 1 수준의 에너지를 생산하기 위해 미국 정부로부터 약 14만 3,000제곱마일37만km²을 임대하고 있다. 14만 3,000제곱마일을 3배 곱하면 석유 및 가스산업이 미국 내 모든 주행거리에 필요한 연료를 공급하기 위한 토지 면적이 나온다. 약 40만 제곱마일111만 km²이다.

석유산업은 겨우 미국 내 휘발유자동차들이 필요로 하는 연료의 3분의 1을 공급하기 위해 태양광발전소 면적의 143배를 사용한다. 이는 즉 태양광과 전기자동차의 조합은 석유와 휘발유자동차의 조합보다 토지 이용 효율성이 400배 더 좋다는 뜻이기도 하다.

새로운 기술의 융합태양광과 전기자동차이 현존하는 기술석유와 내연기관자동차
보다 400배나 더 효율적으로 자원을 사용한다면 주의 깊게 살펴볼
필요가 있다. 태양광과 전기자동차의 융합은 파괴적일 수밖에 없다.

물론 874제곱마일의 태양광발전소를 건설하는 것은 가능하지도
않고 생산적이지도 않다. 태양광 기술이 파괴적인 잠재력을 가지는
것은 단지 낮은 원가 때문이 아니라 분산적이라는 본질 때문이다. 자
동차와 가까이 있는 주택이나 상업용 건물의 옥상, 쇼핑몰, 빅 박스
형태의 점포, 주차장, 쓰레기 매립장 등에서 전력이 생산되는 편이 더
좋다.

월마트는 2015년까지 218제곱마일에 패널을 덮을 것으로 예상된다.
월마트 혼자 미국 전체 전기자동차 연비의 4분의 1을 감당할 수 있게
되는 것이다. 모든 월마트의 지붕을 태양광패널로 덮고 주차장에도
태양광 캐노피를 설치할 예정이다.

누출,
유출,
오염

원유 굴착 과정에서 토양과 수면에 기름이 누출, 유출되는 사고는 드러난 것보다 훨씬 더 많다는 사실은 이야기할 필요도 없다. 2010년 BP의 멕시코 만 원유 유출 사고는 수만 제곱마일에 피해를 주었다. 미국해양대기청 수산국은 2010년 6월 유정 주변 8만 제곱마일에서 상업적 어업을 금지했다.

BP의 유출 사고 면적만 해도 미국 전체 전기자동차 연비를 충당할 수 있는 태양광발전소 면적의 80배다.

태양광이 누출되었다는 이야기는 아무도 들어보지 못했다. 석유는 더러울 뿐만 아니라 비싸다. 석유는 토지와 수면을 독차지한다. 전기자동차와 태양광의 융합은 석유에 비해 400배의 토지효율성을 나타내며, 석유처럼 어떤 종류의 오염도 일으키지 않는다.

요약 :

석유 시대의 종말

석유는 시대에 뒤떨어진 에너지다. 석유는 2030년경에 종말을 맞이할 것이다. 전기자동차와 자율주행자동차, 태양에너지가 석유산업을 붕괴시킬 것이다. 석유 사업에 쏟아부은 수조 달러의 투자 자산은 좌초될 것이다.

　석유산업이 붕괴하고 석유가 시대에 뒤떨어질 것이라는 예측에는 다음과 같은 많은 이유가 있다.

- 1970년 이래 태양광은 석유에 비해 5,355배 원가를 개선했다.
- 태양광과 전기자동차의 융합은 석유와 내연기관자동차의 결합보다 400배의 토지효율성을 갖는다.
- 태양광은 분산된 자원이다. 비싸고 비효율적인 파이프라인, 철도, 화물 운송장치, 정유공장, 저장장치, 주유소 등이 필요하지

않다.

- 태양광 전력은 이미 디젤발전 전력보다 싸다.
- 태양광 전력은 이미 난방과 조명에 사용되는 등유보다 싸다.
- 태양광 전력은 이미 담수화에 사용되는 석유보다 싸다.
- 전력을 언제나24시간, 주 7일 이용할 수 있는 배터리 저장장치는 이미 소규모 디젤발전보다 싸다.
- 전력을 언제나24시간, 주 7일 이용할 수 있는 용융염 저장장치는 이미 대규모 디젤발전보다 싸다.
- 전력 저장장치의 가격은 빠르게 내려가고 있다. 2020년이 되면 태양광발전기와 저장장치의 원가는 석유를 사용하는 어떤 규모 의 발전소보다 싸질 것이다.

석유 시대의 붕괴는 이미 빠르게 진행 중이다. 2030년경에 전기자 동차는 석유산업을 붕괴시킬 것이다. 좀 더 빨리 다가올 수도 있다. 앞으로 몇 년 동안은 에너지 집약적 경제인 중국과 인도의 성장으로 인해 석유 수요 역시 증가하면서 석유 시대가 저물고 있다는 사실이 감춰질 것이다. 태양광은 발전 자원이며 자동차의 연료가 되는 석유 산업을 붕괴시킬 것이다. 마지막으로 자율주행자동차는 전 세계 자 동차 수를 줄이고 자동차를 더욱 효율적으로 만들 것이다. 석유산업 에 남아 있는 것이 무엇이든 2030년이면 없어질 것이다.

8장

천연가스,
갈 곳 없는 다리

━━━ 우리는 스스로 변화할 수 있는 속도보다 더 빨리 세상을 만들어간다. 그리고 과거의

습관을 현재에 적용한다. 윈스턴 처칠 Winston Churchill ━━━ 모든 사람을 일시에 속일 수 있

고 또 몇 사람을 오랫동안 속일 수 있다. 그러나 모든 사람을 언제까지나 속일 수는 없다. 에이

브러햄 링컨 Abraham Lincoln ━━━ 속임수가 만연한 시대에는 진실을 말하는 것이 혁명적이

다. 조지 오웰 George Orwell

2010년 9월 10일 캘리포니아 주 샌브루노 인근의 크레스트무어 주민들은 마치 지진처럼 강력한 천연가스 파이프라인 폭발로 자리에서 벌떡 일어났다. 목격자에 따르면 불길이 300m나 치솟았다고 한다.

나중에 미 지질조사국United States Geological Survey, USGS에서는 이 폭발을 진도 1.1의 지진으로 분류했다. 이 폭발로 모두 여덟 명이 사망했고 넓이 51m, 깊이 7.9m의 폭발공이 생겼으며 이웃집들이 모두 무너졌다. 샌브루노 폭발 사고는 그동안 무시하고 있던 위험인 가스파이프라인 유출을 머릿속에 되살리는 계기가 되었다. 샌브루노 폭발 사고가 일어나기 100년 전인 1906년에 일어난 지진과 이에 따른 화재는 미국 서해안의 문화적, 경제적 중심이고 무역의 중심지였던 샌프란시스코를 무참히 파괴했다. 2만 5,000채의 건물이 무너졌고 3,000명이 사망했으며, 총인구 40만 명 가운데 30만 명이 이재민이 되었다. 진도 7.9의 강력한 지진이 닥쳤을 때 샌프란시스코의 90%가 파괴된 것은 가스 본관의 파열 때문에 일어난 화재가 원인이었다.

천연가스는
청정에너지인가?

20세기 전반에 새로운 물질 하나가 엄청나게 유행했다. 이 물질은 1939년 뉴욕세계박람회에서 '마법의 광물'로 광고되었고 '인류에 대한 공헌'으로 극찬을 받았다. 이 물질은 단추에서 전화, 전기 패널에 이르기까지 수십 가지 상품에 사용되었다. 심장 전문의는 이 물질을 봉합사로 썼고 정제된 음식에 사용할 정도로 안전하다고 여겨졌으며 치약 제조에 들어가기도 했다. 이 마법의 물질의 이름은 석면이다.

천연가스는 새로운 '마법의' 화석연료다. 석유가스산업에서는 천연가스가 청정에너지원이라고 교묘하게 홍보하고 있다. 천연가스발전소는 석탄발전소에 비해 온실가스가 절반밖에 나오지 않는다는 사실을 사람들에게 주지시키고 있다. 그러나 석유가스산업에서 이야기하고 있지 않은 사실이 있다. 연소되지 않은 가스가 공기 중에 유출될 경우, 천연가스의 주된 성분인 메탄은 이산화탄소보다 72배 나쁘다는 것이다.

천연가스는 공급망 전체에서 누출되고 있다. 하역과 저장 과정, 수
십만 마일의 파이프라인을 통해 이송되는 과정에서 누출된다. 미 환
경보호국Environmental Protection Agency에 의하면 매년 850억m^3의 메탄이
누출된다. 이 수치는 전 세계 천연가스 생산량의 3.2%에 해당하는
양이다.

석유가스기업들은 경쟁적으로 새로운 파이프라인을 건설하고 있
다. 2008년에만 4,000마일 이상의 새로운 파이프라인이 건설되었다.
그러나 가스 이송량의 대부분은 낡은 가스관을 통해 이루어진다. 미
국 내 천연가스 파이프라인 30만 5,000마일 가운데 절반이 넘는 라
인이 1950년대와 1960년대에 건설된 것이다. 미 운송부의 자료에 의
하면, 12%는 1940년대 이전에 건설되었다. 샌브루노의 파이프라인은
천연가스 붐이 일던 당시에 건설된 것이다. 연방 파이프라인 안전 규
제법령은 1968년 이후에야 처음으로 시행되었다.

미 에너지부의 예측에 의하면 앞으로 20년 동안 미국의 천연가스
소비량은 50% 증가할 것이다. 연방 안전규제가 시행되기도 전에 건설
된 수만 마일의 낡고 녹슨 파이프를 따라 흐르는 천연가스의 양과 압
력이 증가하면 얼마나 많은 메탄이 누출될지 아무도 알 수 없다.

파이프라인 누출에 관한 자료가 놀랄 만큼 적은 이유는 파이프라
인 소유 기업들이 이러한 자료를 제출할 필요가 없기 때문이다. 최초
의 미국 내 파이프라인 누출에 대한 조사 결과 785마일의 보스턴 로
드 파이프라인에서 3,356곳의 누출이 있다고 보고되었다. 1마일당 4.3
곳의 누출 지점이 있는 것이다. 같은 비율로 추론하면, 미국 내 30만

5,000마일의 천연가스 파이프라인에 130만 곳의 누출 지점이 있다는 것이다.

듀크 대학교의 로버트 잭슨Robert Jackson 교수가 주도하는 보스턴 로드 연구조사팀은 최근 워싱턴 DC의 천연가스 파이프라인 시스템에서 5,893곳의 누출지점을 찾아냈다. 일부 가스맨홀의 메탄 농도는 50만 ppm에 이를 정도로 높았다. 이는 폭발이 일어날 수 있는 농도보다 10배나 높은 것이다. 보스턴 대학교 지구환경학과의 교수이자 연구팀의 멤버인 네이선 G. 필립스Nathan G. Phillips 교수는 이렇게 말했다. "평균 누출 밀도는 두 도시에서 비슷하게 나타났지만 평균 메탄 농도는 워싱턴이 더 높았다." 일부 누출 지점의 가스는 최소 두 집에서 일곱 집 정도가 사용하는 천연가스 양과 맞먹는 정도였으며, 열두어 곳의 누출 지점은 폭발의 위험에 노출되어 있었다.

온실가스인 메탄은 20년이 넘는 기간 동안 이산화탄소보다 72배 더 강한 영향을 미친다. 1%의 누출비율만으로도 메탄이 석탄발전소보다 이산화탄소 배출량이 50% 더 적다는 유리함을 무효로 만든다. 그러니 3%의 누출비율은 천연가스가 석탄보다 지구온난화에 영향을 덜 미친다고 볼 수 없다.

샌브루노 천연가스 폭발 사고가 일어난 지 3년이 지난 2013년 10월 31일에 PG&E는 〈샌프란시스코 크로니클San Francisco Chronicle〉에 90개소에 새로운 자동화 밸브를 설치했고 자사가 보유한 6,750마일의 가스 파이프라인 가운데 69마일을 대체했다고 자랑스럽게 발표했다. 미국에서 가장 큰 전력회사시가총액으로가 20억 달러를 들여 비극적인 폭발 사고가 일어난 지 3년 뒤에 겨우 1% 정도의 파이프라인을 교체한

[자료 8-1] 천연가스 연료를 사용하는 산호세의 '클린 에어 버스'

것이다. PG&E가 아직 고치지 않은 나머지 99%의 파이프라인을 업그레이드하려면 얼마나 들까?

PG&E에 의하면 69마일의 가스 파이프라인을 업그레이드하는 데 마일당 약 2,900만 달러가 들었다고 한다. 이 수치를 바탕으로 추론하면 아직 교체되지 않은 99%의 파이프라인을 업그레이드하려면 1,937억 달러의 비용이 든다. 2012년 말 현재 PG&E는 440만 명의 천연가스 고객을 보유하고 있다. 누가 업그레이드비용을 부담해야 할까? 당연히 고객들이다. 얼마나 부담해야 할까? PG&E 전체 파이프라인 시스템을 업그레이드하려면 고객 1인당 4만4,000달러를 부담해야 한다. 참으로 '저렴한 가스'다.

그러나 전 세계 사람들에게 천연가스가 청정에너지라고 믿도록 만드는 끈질긴 광고 캠페인은 제 역할을 다하고 있다. 캘리포니아 주의 산호세에서 스페인의 세비야에 이르기까지 천연가스 연료를 사용하는 '클린 에어clean air' 버스를 자랑스럽게 내세우고 있다(자료 8-1 참조).

우리가 아는 한 천연가스는 청정하지 않다. 내가 청정에너지와 분산형 에너지의 미래에 관해 이야기할 때 의심할 여지없이 천연가스는 어느 쪽에도 포함되지 않는다.

천연가스는
저렴한가?

1999년 3월의 원유 가격은 배럴당 11달러였다. 20세기가 저물어갈 무렵, 에너지 전문가들은 우리가 저렴하고 풍부한 석유에너지 시대로 들어가고 있다고 말했다. 〈이코노미스트Economist〉는 원유 가격이 배럴당 5달러 선까지 내려갈 것으로 예측했다. 알제리 에너지부 장관은 배럴당 2, 3달러까지 추락할 것이라고 선언했다.

1배럴은 42갤런158.9리터이다. 미 에너지정보청의 자료에 의하면, 미국 정유회사들은 1배럴의 원유에서 19갤런의 휘발유를 생산한다. 1999년 휘발유의 원가는 갤런당 10~25센트 범위까지 하락했다. 소비자의 손에 넘어갈 때까지의 이윤을 배로 잡는다 하더라도 갤런당 휘발유 가격은 20~50센트리터당 5.3~13.2센트 범위에 있었다.

디트로이트는 역사상 가장 많은 기름을 잡아먹는 자동차들을 만들었다. 제너럴 모터스는 기름 많이 먹는 자동차의 상징인 허머

Hummer를 인수했다. 자동차와 에너지산업에 종사하는 모든 이들이 저렴한 에너지의 밝은 미래에 확신을 가지고 있었다.

물론 역사는 다르게 흘렀다. 원유의 시장 가격은 급상승했다. 계속 오르는 원유 가격은 2008년 7월에 147달러까지 치솟았다. 8년 사이에 원유 가격이 14배 오른 것이다. 〈이코노미스트〉 예측의 거의 30배, 알제리 에너지부 장관의 예측보다는 50~70배 오른 것이다. 원유와 가스 시장은 매우 불안정하다. 자원상품을 기반으로 하기 때문에 가격은 급격하게 변할 수 있다.

수압파쇄법hydraulic fracturing: 셰일층에 매장되어 있는 석유 자원을 채취하기 위해 고압으로 액체를 주입하는 방식의 등장이 천연가스시장을 변화시켰다. 미국의 가스 도매가격은 20년 만에 최저로 떨어졌다. 1999년에 새로운 밀레니엄은 싸고 풍부한 석유 시대라고 예측했던 전문가들이 이제 새로운 밀레니엄은 싸고 풍부한 천연가스 시대라고 말하고 있다.

에너지정보청의 자료에 의하면, 천연가스 유정의 가격도 1970년 0.18달러1,000제곱피트당에서 2012년 2.66달러로 상승했다. 소위 수압파쇄법 혁명에도 불구하고 1970년 이래 14.8배나 상승한 것이다. 태양광패널 가격은 같은 기간 동안 154분의 1로 하락했다. 태양광패널은 1970년 이래 천연가스에 비해 상대적으로 2,275배 원가를 개선한 것이다.

수압파쇄법에 대한 투자 확대로 가스 원가는 2008년 7.97달러를 정점으로 2012년에는 2.66달러까지 하락했다. 천연가스발전소가 낡은 석탄발전소를 대체하기 시작하면서 전력 시장의 점유율을 높여갔다. 가스산업은 1999년처럼 파티를 벌이며 2000년대의 저렴한 에너지가 될 것을 약속했다. 가스 가격이 향후 몇 년 또는 10년 동안 이렇게 낮게 유지될 확률이 얼마나 될까?

미래의 화석연료 가격을 예측하는 것은 쉬운 일이 아니다. 천연가스는 특히 불안정하다. 태양광은 1970~2020년 사이에 원가를 400배 개선할 것이다. 가스 가격이 2020년까지 현재 수준을 유지한다고 가정했을 때, 태양광은 1970년 이래 가스 가격에 비해 상대적으로 5,911배 원가를 개선하게 된다. 가스 가격이 2000~2012년의 평균 가격인 4.90달러로 되돌아갈 경우 태양광은 1970년 이래 가스 가격에 비해 상대적으로 1만 884배 원가를 개선하게 된다.

더구나 이 수치는 미국의 경우에 한정된다. 모든 국가가 셰일가스를 이용할 수 있는 것은 아니다. 지정학적 상황이 수압파쇄법을 이용할 수 있는 지역에 국한된 것이다. 기존에 원유와 가스를 생산할 수 있는 국가만이 수압파쇄법으로 더 많은 원유와 가스를 생산할 수 있다는 것이다.

고려해야 할 또 다른 점은 가스가 도매 수준에서 가장 싸다는 것이다. 같은 국가 안에서도 소매로 판매되는 가스 가격은 비싸다. 미국에서 가스 수출 원가는 추출 원가보다 비싸다. 높은 수출 원가는 낮은 국내 원가의 이점을 상쇄시킨다.

[자료 8-2]는 미국의 주택 소비자가 사용하는 천연가스의 가격을 보여준다. 이 표에서 두 가지 사실에 주목할 필요가 있다. 첫 번째는 가격이 불안정하다는 것이다. 불안정성은 증가하고 있다. 1년 안의 가격등락 폭은 갈수록 커지고 있다. 2년의 기간을 두고 보면 가격이 2배가 되었다가 다시 반으로 떨어지곤 한다. 두 번째 주목할 사실은

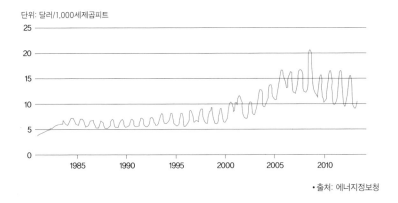

[자료 8–2] 미국 주택용 천연가스 가격

단위: 달러/1,000세제곱피트

• 출처: 에너지정보청

2008년 7월에 최고 가격인 1,000세제곱피트당 20달러를 웃돌았다가 떨어지기 시작했다는 점이다같은 시기에 석유 가격도 최고를 기록했다. 그러나 '수압 파쇄법 혁명'으로 인한 가격 하락에도 불구하고 지난 몇 년간의 가격은 1990년대보다 2배 수준에 머물고 있다. 소비자들은 소위 혁명의 혜택을 받지 못하는 것이다.

정보기술이나 태양광패널의 가격과 이를 비교해보라. 인터넷의 혜택은 생산자가 아니라 소비자에게 대부분 돌아간다. 다시 한 번 말하지만, 수십 년 동안 지속적으로 가격이 하락하는 정보기술 경제학은 자원 경제학을 패배시킬 것이다.

법 위에 선

천연가스

액체_{석유}와 고체_{석탄} 화석연료 형제와는 달리 천연가스는 선적하기가 쉽지 않다. 가스 시장이 지역적인 것은 이 때문이다. 국제에너지기구 자료에 의하면, 천연가스가 미국에서 가장 낮은 가격을 기록했던 2012년에 유럽의 수입 가격은 미국 대비 5배였으며 일본에서는 8배에 달했다.

천연가스를 수출하기 위해서는 압축하거나 액화시켜야 한다. 이를 선적하기 위해서는 특수한 선박이 필요하며 압력을 낮추거나 다시 기화시키는 과정이 필요하다. 가스를 수출하고 수입하기 위해서는 수출입 항구에 각각 압축천연가스compressed natural gas, CNG 또는 액화천연가스liquefied natural gas, LNG 설비가 있어야 한다. CNG와 LNG 설비의 가격은 천문학적이다.

호주 한 나라에서만, 석유 및 가스기업들이 천연가스 액화 플랜트 건설에 2,000억 호주달러1,790억 달러를 쏟아부었다. 셰브런Chevron은 고르곤Gorgon LNG 플랜트 건설에 520억 호주달러466억 달러가 들었다고 발표했다.

이 비용을 호주의 전력 수요에 대응하기 위한 태양광발전소 건설비용과 비교해보자. 비교를 위해 다음과 같은 호주 에너지산업의 자료를 사용한다.

- 2009년 호주의 연간 발전량: 241.6테라와트시
- m^{2}당 연간 일사량 : 2,100킬로와트시
- 태양광패널 효율성 : 15.9%
- 와트당 태양광 설치비용 : 1.62달러

와트당 태양광 설치비용에 놀랄 것이다. 호주의 태양광 설치비용은 미국에 비해 상당히 저렴하다. 솔라초이스에 의하면, 2013년 7월 현재 호주에서 5킬로와트급 주택용 태양광 시스템의 평균 설치비용은 와트당 1.76호주달러1.62달러다. 퍼스에서는 이보다 낮은 1.38 호주달러1.27달러면 된다.

평균 설치비용을 적용하면 호주의 모든 전력을 태양광으로 발전하는 데 드는 투자비용은 1,860억 달러다. 가장 낮은 지역의 설치비용을 적용하면 1,460억 달러다. 발전소 규모의 태양광 프로젝트라면 주택용보다 비용이 훨씬 적게 들 것이다. 게다가 태양광의 원가는 계속 빠르게 내려가고 있다. 최종 금액은 아마 1,860억 달러보다 낮을 것이다.

이 계산에 의하면, 호주의 모든 전력을 태양광으로 발전하는 데 드는 투자비용은 석유가스산업이 현재 돈을 쏟아붓고 있는 LNG 플랜트(1,790억 달러) 투자 규모와 비슷하거나(1,860억 달러의 경우) 이보다 낮을 것이다(1,460억 달러의 경우).

1,790억 달러라는 수치는 단지 천연가스를 액화시키는 설비에 대한 투자다. 액화는 재래식 에너지 가치사슬의 한 단계에 불과하다. 1,790억 달러에는 채굴비용, 항구까지의 파이프라인 건설비용, 선적, 재가스화 설비, 발전소까지의 파이프라인 건설비용 등은 포함되어 있지 않다.

가치사슬의 각 단계를 수립하기 위해서는 수백억 또는 수천억 달러의 투자가 있어야 한다. 이 모든 비용은 천연가스를 발전소까지 이송하는 데 드는 비용이다. 발전소를 건설하고 가스를 태워 전기를 생산하며, 가스를 이송해 각 가정에 연결하는 데 추가비용이 든다. 지하에 묻혀 있는 천연가스가 각 가정의 컴퓨터 전원이 되기까지는 길고 고통스러운 과정을 거쳐야 한다.

이 모든 비용을 더하면 천연가스는 태양광보다 그저 비싼 정도가 아니다. 여기에 수압파쇄법의 환경비용과 대기, 수질, 토양에 영향에 주는 파이프라인 누출을 고려한다면 터무니없이 비싸다.

예를 들어 노스다코타 주의 수압파쇄법 유정은 매일 27톤이 넘는 방사성 폐기물을 배출한다. 셰일층에는 암 치료에 이용되는 방사성 물질인 라듐이 높은 수준으로 함유되어 있다. 라듐-226은 1,601년의 반감기를 가지고 있다. 이 말은 라듐 폐기물의 절반은 16세기가 지나도록 방사능을 내뿜고 있다는 뜻이다. 누가 이 오염을 감당해야 하는

가? 석유가스산업이 아니다. 바로 우리다.

천연가스를 높은 가격에 수입하는 유럽에서는 이미 상당한 점유율을 나타내고 있는 태양광이나 풍력과 경쟁이 되지 않는다. 독일의 가장 큰 전력회사인 E.ON은 두 기의 가스발전소에서 돈을 태우고 있다. 이 발전소들은 전력망 회사로부터 특별한 거래 제안이 있을 경우에만 가동된다.

수압파쇄법에 의해 화석연료를 채굴할 때, 석유가스산업은 미국 정부로부터 다음과 같은 법률로부터 예외가 되는 특혜를 받는다.

- 대기오염 방지법Clean Air Act
- 수질보호법Clean Water Act
- 음용수 안전법Safe Drinking Water Act
- 국가환경정책법National Environmental Policy Act
- 자원보존 및 재생법Resource Conservation and Recovery Act
- 비상계획 및 지역사회의 알 권리에 관한 법Emergency Planning and Community Right-to-Know Act
- 포괄적 환경대응 책임 보상법Comprehensive Environmental Response, Compensation, and Liability Act(슈퍼펀드법Superfund)

기본적으로 석유가스산업은 채굴에서 비롯되는 오염에 관해서는 법률 위에 있거나 법률을 스스로 만들고 있다. 석유가스산업은 거의 마음대로 물과 공기를 오염시킬 수 있는 권리를 가지고 있다. 이런 규제포획은 BP의 멕시코 만 원유 유출 사고와 같은 재난을 필연적으로 불러온다.

우리는 에이브러햄 링컨의 게티즈버그 연설에서 "국민의, 국민에 의한, 국민을 위한 정부가 지구 상에서 소멸하도록 해서는 안 될 것입니다"라는 말을 잊고 있다. 대신 "에너지산업의 에너지산업에 의한, 에너지산업을 위한 정부가 지구 상에서 소멸하도록 해서는 안 될 것입니다"라는 말을 듣고 있다.

오염 처리비용을 오염을 유발한 산업이 아니라 납세자들이 지불하고 있다. 석유가스산업은 토지또는 수면에서 수압파쇄를 할 때 나오는 수백 가지의 유독화학물질의 이름을 공개할 의무가 없다. 우리는 땅속에서 방사성 라듐이 나온다는 것을 알고 있다. 방사성 우라늄이나 플루토늄이 나오지는 않는지도 궁금하다. 미국 국민은, 비록 유정 인근에 살고 있는 주민이라고 해도 여기에 대해 알 권리가 없다.

천연가스보다

백만 배 효율적으로

물 사용하는 태양광

하나의 천연가스정을 수압파쇄법으로 시추하기 위해서는 200만 ~400만 갤런의 물이 사용된다. 다음에 수압파쇄법에 대해 듣거나 읽을 때는 얼마나 많은 물이 소요되는지를 고려하기 바란다.

미국에서 지금까지 100만 건이 넘는 수압파쇄가 이루어졌다. 2009년 현재 미국에는 49만 3,000개의 채굴 중인 천연가스정이 있다. 이 가운데 90% 이상이 가스를 더 많이 채굴하기 위해 수압파쇄법을 사용하고 있다. 펜실베이니아 주에만 15만 개의 버려진 석유가스정이 있다.

수압파쇄법에 의한 발전량을 태양광이나 풍력으로 발전한다고 할 때 얼마나 많은 물이 보존될 수 있을지 상상해보라. 태양광이나 풍력으로 미국에서 필요한 하루분의 에너지를 발전한다고 할 때 사용되는 물의 양은 1만 1,000m³다. 미국 전체의 전력을 발전하기 위해 태양광이나 풍력 설비에 필요한 물의 양은 하나의 천연가스정에서 사용되는 물의 양과 같다. 태양광은 가스에 비해 문자 그대로 100만 배 더 효율적으로 물을 사용한다. 물의 사용 측면에서 가스는 태양광이나 풍력과 경쟁할 수 없다.

수압파쇄법은 수압파쇄에 사용된 오염된 물을 그대로 바다나 강에 버린다. 이렇게 오염된 물을 방출하는 것은 불법이다. 소셜미디어 시대에 살고 있는 오늘날, 석유가스산업의 DNA에 새겨져 있는 사실 은폐가 계속되기는 어렵다. 구글에서 '수압파쇄법의 오염수 불법 투기'를 검색하면 5만 건 이상의 결과가 나온다. 검색 결과에는 〈블룸버그〉의 '엑손Exxon, 펜실베이니아 주에서 불법 폐기물 투기로 기소' CBS의 '센트럴 밸리에서 수압파쇄 폐기물 불법 투기로 석유회사 기소' 등의 자료도 나온다. 후자의 뉴스에서는 캘리포니아 주 컨 카운티에 사는 한 농부가 녹화한 영상이 나오는데, 가스회사 직원이 시추에 사용한 물을 불법으로 강물에 투기하는 모습이다.

책임은 국민이 지고

이익은 가스회사가

국제에너지기구의 자료에 의하면, 원유 수요는 2011년의 일일 8,740만 배럴에서 2035년에는 일일 9,970만 배럴로 증가할 것이다. 새로운 원유는 대부분 수압파쇄, 오일샌즈 등의 '비전통적인' 방식으로 채굴될 것이다. 이 증가분을 연간 성장률로 환산하면 0.5%다.

국제에너지기구는 천연가스 생산이 2012년 3조 7,210억㎥에서 2035년에는 5조 1,120억㎥로 총 37.4% 늘어나 천연가스의 '황금시대'가 될 것이라고 주장한다. 이를 연간 성장률로 환산하면 1.37%다. 2010~2035년 사이에 석유가스산업은 늘어나는 전 세계 원유와 가스 수요에 대응하기 위해 탐사 및 시추활동에 15조 달러를 투자할 것이다. 2010년에서 2035년 사이, 소위 '황금시대'에 연간 0.5%에서 1.4%의 성장을 달성하기 위해 미국의 GDP보다 많은 돈을 투자하는 것이다.

석유가스산업은 '황금시대'를 약속했다. 그러나 이 '황금시대'는 수조 달러 이상의 투자가 필요하다. 여기에는 말로 다할 수 없는 양의 모래, 물, 누구도 알지 못하는 화학물질도 포함되어 있다. 사회는 공포와 환경비용의 부담을 떠안아야 한다. 그 최종 결과가 겨우 1.37%의 연간 성장률인 것이다.

어떤 기업의 임원이 1%대의 성장을 위해 15조 달러의 회사 돈을 투자할 수 있을까? 국제에너지기구의 보고서를 보면 석유 및 가스기업의 임원만이 '예스'라고 말할 수 있는 이유가 있다. 보고서에는 화석연료산업이 2011년에 연간 보조금 5,230억 달러를 받는다고 적혀 있다. 2010~2035년 사이 보조금은 총 13조 5,000억 달러에 이를 것으로 보이는데, 이는 석유가스산업이 이 기간에 투자해야 할 금액인 15조 달러의 약 90%다.

석유기업의 대차대조표는 이렇다. 납세자들이 시추에 필요한 자본투자의 90%를 댄다. 시추작업은 주로 공공 토지나 정부 소유의 수면에서 이루어진다. 회사는 공기, 수질, 토양오염의 책임에서 면제된다. 납세자들이 위험과 비용을 감당하고 기업은 수조 달러의 이익을 챙긴다. 이러한 공식이 석유 및 가스기업들에게 믿기 어려울 정도의 수익을 가져다주는 것이다.

9장

바이오연료의
종말

■■■■■ 우리는 하느님을 믿는다. 그러나 다른 사람들은 데이터를 가져와야 한다. 에드워즈 데밍W. Edwards Deming ■■■■■ 두 가지는 무한하다. 우주와 인간의 어리석음이다. 그리고 우주에 대해서는 아직 확신하지 못한다. 알베르트 아인슈타인 ■■■■■ 무지에 의한 행동보다 두려운 것은 없다. 요한 볼프강 괴테Johann Wolfgang von Goethe

2011년 6월 18일 미국 자동화기기 전문기업 하니웰Honeywell은 바이오연료로 대서양 횡단 비행에 최초로 성공했다고 발표했다. 이 회사는 걸프스트림 G450으로 뉴저지 주의 모리스타운에서 프랑스 파리까지 비행했다. 걸프스트림 G450은 하니웰 그린제트연료 50%와 원유에서 나온 제트연료 50%를 섞어 연료로 사용했다. "하니웰은 70만 갤런 이상의 하니웰 그린제트연료를 생산했습니다. 이는 카멜리나, 자트로파, 조류藻類 등 지속적인 생산이 가능하고 먹지 못하는 식물을 상업적이고 군사적인 용도에 사용하도록 만든 것입니다."

바이오연료특히 에탄올는 적어도 지난 30년 동안 '재생 가능하고 지속 가능한' 이라는 단어의 대명사로 간주되어 왔다. 2012년 미 대선 후보 토론에서 밋 롬니Mitt Romney와 버락 오바마Barack Obama 양 후보는 '재생 가능한 에너지'에 대한 지원이라는 말을 사용했다. 롬니는 이 주제에 대한 오바마의 입장을 반영해 이렇게 말했다. "우리는 재생 가능한 능력을 믿습니다. 에탄올, 풍력과 태양광은 우리가 사용하는 에너지의 중요한 부분이 될 것입니다."

'재생 가능'하다는 것은 무슨 뜻인가? 미 에너지정보청에 의하면 '반복해 생산이 가능하며 무한히 지속 가능한 에너지원'이라고 되어 있다.

태양은 무한히 빛나며적어도 10억 년 이상 바람은 무한히 분다고 알고 있다. 그런데 농업을 통해 얻는 바이오연료가 무한히 '반복 생산 가능'하고 '지속 가능'할 수 있을까? 바이오연료를 사용해 파리로 날아간 걸프스트림이 '재생 가능'하고 '지속 가능'한가? 우리는 바이오연료를 무한히 재배할 수 있는가? 이 질문에 대한 증거들을 보면 대답은 명확하다. '아니요'다. 이번 장에서는 바이오연료가 '재생 가능'한지, 바이오연료가 청정에너지에 의한 붕괴에 기여할 수 있는지에 대한 증거들을 살펴본다.

바이오연료가

지구를

사막으로 만든다

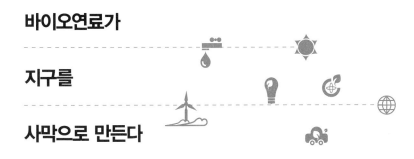

물은 에너지이고 에너지는 물이다. 물을 펌프질하고 정화하며 이송하는 데 에너지가 사용된다. 물은 채굴, 세척, 발전에 사용된다. 농업을 이용한 바이오연료에서 물은 에너지를 '재배'하는 데 사용된다.

열에너지산업은 엄청난 양의 물에 의존하고 있다. 세계은행에 의하면, 전 세계 담수의 약 15%는 에너지 분야에 사용된다. 이 비율이 계속되면 세계 인구 가운데 거의 절반이 '고도의 물 스트레스' 지역에 살게 될 것이며, 열에너지산업에 담수를 공급하는 일은 갈수록 힘들어질 것이다. 물발자국water footprint: 사람의 활동이나 제품의 생산·사용·폐기 전체 과정에서 얼마나 많은 물을 쓰는지 나타내는 환경 관련 지표 관련 기관의 자료에 의하면 콩에서 1갤런의 바이오연료를 생산하기 위해 사용되는 물의 양은 1만 3,676갤런이다.

60갤런의 콩 바이오디젤 버스 연료탱크를 채우기 위해서는 82만

[자료 9-1] '이 버스는 청정하고 재생 가능한 바이오디젤을 사용하고 있습니다.' 그러나 바이오디젤은 청정하지도, 재생 가능하지도 않다. (사진 : 토니 세바)

650갤런의 물이 필요한 것이다. 올림픽 수영장에는 약 66만 갤런의 물을 채울 수 있다. [자료 9-1]의 '청정하고 재생 가능한' 버스의 연료 탱크에 콩 바이오연료를 채우기 위해서는 올림픽 수영장을 채우고 남을 물이 필요하다.

　SUV 자동차를 옥수수에탄올로 채우기 위해서는 얼마만큼의 물이 필요할까? 나는 코넬 대학교의 데이비드 파이멘틀David Pimentel 교수에게 이 질문을 던졌다. 그는 30년 이상 바이오연료를 연구해왔고 물과 바이오연료에 관해서는 가장 앞선 권위자다. 파이멘틀 교수는 이렇게 대답했다. "1갤런의 에탄올을 생산하기 위해서는 1,700갤런의 물이 필요합니다. SUV의 연료탱크 용량을 30갤런으로 본다면 옥수수에탄올로 탱크를 채우기 위해서는 5만 1,000갤런의 물이 필요해요."

　미 지질조사국의 자료에 의하면 2005년 미국 국민 1인당 물 소비량은 하루 기준 99갤런이며, 이는 1995년 101갤런보다 약간 줄어든 것이다. 일일 물 소비량은 메인 주의 51갤런에서 네바다 주의 189갤런

[표 9-1] 에너지원에 따른 총 물 소비량(m³/메가와트시당)

	물소비량(m³/메가와트시당)	미국의 일일 에너지 생산에 필요한 물의 양(100만m³)
태양광	0.0001	0.011
풍력	0.0001	0.011
가스	1.0000	11,000
석탄	2.0000	22,000
원자력	2.5000	27,500
석유	4.0000	44,000
수력	68.0000	748,000
바이오연료(1세대)	178.0000	1,198,000

• 출처: 탄소공개 프로젝트 보고서

까지 지역에 따라 다양하다.

이 수치를 바탕으로 계산하면, SUV를 옥수수 에탄올로 한 번 채우는 데 사용되는 물의 양은 평균 미국인 한 명이 16개월 동안 사용할 수 있는 물의 양과 같다.

모든 형태의 전력은 생산 과정에서 물이 사용된다. 그러나 사용되는 물의 양은 에너지에 따라 엄청나게 다르다. IBM의 '탄소공개 프로젝트세계 시가총액 상위 500대 기업을 대상으로 기업의 이산화탄소 감축 대응을 평가하는 협의회 성격의 기구' 보고서가 그 차이를 보여준다(표 9-1 참조).

1메가와트시미국 가정이 한 달 정도 사용하는 전력량를 생산하기 위한 물의 양은 다음과 같다.

• 태양광과 풍력은 0.1리터 또는 반 컵 정도로, 무시해도 될 정도의 사용량이다.

- 천연가스는 태양광보다 1,000배 많은 물을 사용한다.
- 원자력과 석탄은 천연가스보다 2배 더 많이 사용한다.
- 석유는 석탄보다 2배 더 많이 사용한다 태양광의 4,000배.
- 수력발전은 태양광보다 68만 배 많은 물을 사용한다.
- 바이오연료는 같은 양의 에너지를 생산하는 데 놀랍게도 태양광보다 178만 배의 물을 사용한다.

또 다른 방식으로 볼 수도 있다. 미국의 하루 치 에너지에 해당하는 바이오연료를 생산하는 데 필요한 물의 양은 12억m³다. 중국과 인도를 두 나라가 사용하는 물이 연간 24억m³다. 이 말은 미국의 이틀 치 에너지에 해당하는 바이오연료를 생산하는 데 드는 물의 양이 중국과 인도의 25억 인구가 1년 동안 마시고, 농업용수로 사용하며, 발전소와 공장에서 사용하는 물의 양과 맞먹는다는 것이다.

전 세계 인구는 1년 동안 약 90억m³의 물을 사용한다. 미국의 일주일 치 에너지에 해당하는 바이오연료를 생산하는 데 드는 물의 양은 지구 전체 인구가 1년 동안 사용하는 물의 양보다 많다. 미국의 일주일 치 에너지에 드는 바이오연료를 생산하려 하다가는 지구 전체가 사막이 되고 말 것이다.

이를 태양광 및 풍력과 비교해보자. 미국의 하루 치 에너지에 해당하는 전력을 생산하기 위해 태양광이나 풍력이 필요로 하는 물의 양은 1만 1,000m³이며 다섯 개의 수영장을 채울 수 있는 물의 양보다 적다.

하나의 유정을 수압파쇄하기 위해서는 이보다 더 많은 물을 사용한다. 하나의 천연가스정을 수압파쇄공법으로 굴착하는 데 드는 물의 양은 400만 갤런이다.

물처럼 귀중한 자원을 이렇게 사용한다는 것은 도무지 이해가 가지 않는다. 기록적인 기온과 인구 증가, 음료와 식품 생산에 필요한 물 수요가 증가하고 있는 시대에 바이오연료는 생존 가능한 에너지 전략이 전혀 아니다. 농사를 통해 얻을 수 있는 바이오연료는 진정한 환경적 재난을 만들고 있는 것이다.

에너지 생산에 드는 물,

유한하다

하지만 물은 재생 가능하지 않은가? 자연적인 물의 순환으로 물은 다시 사용되지 않는가? 그렇게 된다면 우리는 물을 무한하게 소비할 수 있지 않을까?

물이 재생 가능한지 여부에 대한 질문에 대답하기 위해 많은 사람들이 한 번도 들어본 적이 없는 매우 중요한 물의 원천에 대해 이야기하고자 한다. 바로 오갈랄라 대수층Ogallala Aquifer이다.

오갈랄라 대수층은 세계에서 가장 크고 풍부한 지하 담수 '바다'다. 이 대수층은 사우스다코타에서 텍사스에 이르는 미국의 길이만큼 길게 형성되어 있으며 전체 면적은 17만 4,000제곱마일45만km²이다. 독일 면적보다 20% 정도 더 큰 오갈랄라 대수층은 미국의 중서부를 세계의 농업자산으로 만들어주었다. 미국 관개용수의 30%는 오갈랄라 대수층에서 퍼 올리고 있으며 대수층 주변에 사는 인구가 마시는 물의 82%를 공급하고 있다.

이 대수층은 1년에 0.024~6인치_{0.61~150mm}씩 다시 채워진다. 그러나 퍼 올리는 양은 산업적 규모다. 일부 지역에서는 지하수면이 매년 1.5m씩 낮아진다. 전체적으로 오갈랄라 대수층은 매년 $12m^2$씩 줄어들고 있는데, 이는 매년 콜로라도 강이 바다로 흘려보내는 물의 양보다 18배 많은 것이다.

오갈랄라 대수층의 물이 '재생 가능'한 것인가? 아니다. 이 속도라면 언젠가 고갈되고 만다. 심지어 우리가 살아 있는 동안 말라버릴 수도 있다. 어떤 사람들은 이렇게 되기까지 20년 정도가 남았다고 이야기한다. 농업을 통한 바이오연료산업은 세계의 빵바구니를 거대한 사막으로 바꾸게 될지도 모른다.

이번 장의 첫 부분에서 하니웰이 바이오연료를 사용한 걸프스트림 G450으로 대서양을 횡단했다고 언급했다. 뉴저지에서 파리까지의 하니웰의 비행이 얼마나 재생 가능하고 지속 가능한 것인지 숫자로 이야기하고자 한다.

걸프스트림 G450은 4,402갤런의 연료를 싣는다. 바이오연료 혼합연료를 사용했으니 여기에 실린 바이오연료를 절반인 2,201갤런이라고 하자. 하니웰은 자사의 그린제트연료가 카멜리나, 자트로파, 조류로 구성되어 있다고 말했다. 편의상 자트로파를 100%로 상정하고 이야기해보자. 물발자국에 의하면 자트로파에서 1갤런의 바이오연료를 생산하려면 1만 9,924갤런의 물이 필요하다. 이 숫자에 근거하면 뉴저지에서 파리까지의 걸프스트림 G450 비행에 필요한 바이오연료를 생산하는 데 들어간 물의 양은 4,380만 갤런_{1억 6,600만 리터}이다.

자트로파에서 2,201갤런의 바이오디젤을 얻으려면 44만 2,956명의 일일 물 소비량에 맞먹는 물이 필요하다. 이를 다른 말로 하면, 4∼19명의 승객을 태우고 연료의 절반을 바이오연료로 채운 작은 비행기로 뉴저지에서 파리까지 비행하려면 애틀랜타 시민42만 명 전체가 하루에 사용하는 물이 필요하다는 뜻이다. 말도 안 되는 물의 낭비다.

나는 이 숫자들을 네덜란드 트벤터 대학교의 아르옌 훅스트라Arjen Y. Hoekstra 교수에게 보여주었다. 그는 물발자국의 창시자이며, 물 관리 부문에서 세계에서 가장 앞선 권위자 가운데 한 사람이다. 그는 내게 메일을 보냈다.

'당신이 보여준 숫자는 정확합니다. 우리는 담수와 같은 제한된 자원을 어떻게 사용하는지 주의 깊게 살펴보아야 합니다. 지속 가능한 에너지를 이용해 전기를 생산하려는 사람들은 태양과 바람을 주목할 필요가 있습니다. 만약 바이오연료를 생산하고자 한다면 그것은 농업이 아니라 바이오 폐기물을 생산하기 시작하는 것이나 다름없습니다.'

2012년 1월 16일 루프트한자Lufthansa는 유럽에서 미국까지 바이오연료 비행에 성공했다고 자랑스럽게 발표했다. 보잉에 따르면 747-400은 5만 7,285갤런21만 6,840리터의 연료탱크를 가지고 있다. 루프트한자가 사용한 바이오연료는 미국에서 생산된 카멜리나 오일, 브라질에서 생산된 자트로파 오일, 핀란드에서 생산된 '약간의 동물성 지방'을 혼합한 것이었다. 논의를 돕기 위해 전부 자트로파 바이오연료를 사용했다고 가정하자.

1갤런의 자트로파 바이오연료를 얻기 위해 1만 9,924갤런의 물이 필요하니, 프랑크푸르트에서 뉴욕까지의 비행에 쓰인 바이오연료를 생산하기 위해서는 11억 4,000만 갤런43억 리터의 물이 소비된다.

독일의 1인당 물 사용량은 하루에 122리터다. 루프트한자 747 비행기의 프랑크푸르트에서 뉴욕까지의 편도비행에 3,540만 명의 독일인이 하루에 사용하는 물의 양이 사용된 것이다. 만일 바이오연료를 독일에서 재배해야 한다고 하면 루프트한자는 아마 다시는 바이오연료를 사용하지 않을 것이다. 과학적 증거들은 농업에 의한 바이오연료는 지속 가능하지도, 재생 가능하지도 않다고 말하고 있다. 오직 정치가들만 그렇게 말한다.

바이오연료를
포기하는 기업들

때로 '바이오연료 신봉자'들에게 앞의 계산을 보여주면 일반적으로 믿지 못하겠다는 반응을 보인다. 몇 초 후에는 필연적으로 다음과 같은 질문이 뒤따른다. "그래요. 하지만 차세대 바이오연료는 어떤가요?" '차세대 바이오연료'는 대개 섬유소 바이오연료 cellulosic biofuel다.

1세대와 차세대 바이오연료의 차이는 전자가 식물의 '식용 가능한' 당분이나 오일을 사용하는 데 반해 후자는 식물의 나머지 부분인 잎, 줄기 등의 섬유소를 분해해서 만든다. 내가 '식용'에 따옴표를 한 것은 자트로파와 같은 바이오연료는 식용으로 사용할 수 없을 뿐 아니라 독성이 있기 때문이다.

'차세대 바이오연료'는 석탄산업 로비단체들의 '청정석탄' 캠페인에서 전략을 차용한 것으로 보인다. 두 가지 슬로건 모두 재정 보조금과 정치적 보호를 유지하기 위한 것이다. 막대한 보조금과 바이오연료 시장을 만들기 위한 정부의 의무 소비량 부과에도 불구하고 기업들은 바이오연료 사업에서 손을 떼고 있으며 투자자들도 기업을 따라 탈출하고 있다. 투자자들은 바이오연료 산업이 조만간 무엇을 달성하리라고 믿지 않는다.

칼리스타에너지Calysta Energy의 CEO인 앨 쇼Al Shaw는 바이오연료 업체 두 곳에 수백만 달러를 투자했지만 이제 포기했다. 그의 회사는 천연가스를 연료로 사용하기로 했다. 쇼는 이렇게 말했다. "바이오매스는 엉터리다. 탄수화물은 석유의 대체품이 될 수 없다. 내가 실수한 것이다."

쇼의 이전 회사인 코덱시스Codexis에 투자했던 쉘은 바이오연료 연구에서 발을 뺐다. BP 역시 바이오연료 계획을 취소했다.

월스트리트 투자자들도 차세대 바이오연료에 진전이 있을 것이라고 기대하지 않는다. 신재생에너지 연구기관 블룸버그 뉴에너지파이낸스Bloomberg New Energy Finance에 의하면, 전 세계의 바이오연료에 대한 투자는 2007년의 76억 달러에서 2013년의 5,700만 달러로 99% 감소했다. 원래 바이오연료용 농업을 하던 칼리스타에너지와 다른 몇 개의 기업들은 이 사업을 포기했다. 바이오매스를 천연가스로 대체했다.

천연가스의 루브 골드버그 기계 같은 가치사슬을 바이오연료산업에서도 볼 수 있다. 그 결과 복잡한 보조금, 정부 보호정책, 소비할당량 등 풀기 어려운 혼란만 가져왔다. 에탄올 시장은 농업 바이오연료 로비에 의해 정부에서 주도한 지원 메커니즘의 산물일 뿐이다. 에탄올 가격은 이러한 지원에 의해 인위적으로 부풀려졌다.

태양 효율성이

가장 좋은

태양광발전

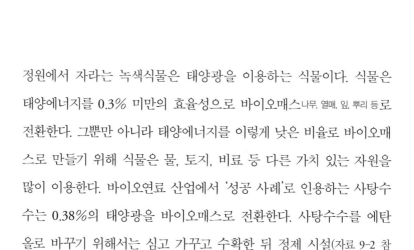

정원에서 자라는 녹색식물은 태양광을 이용하는 식물이다. 식물은 태양에너지를 0.3% 미만의 효율성으로 바이오매스나무, 열매, 잎, 뿌리 등로 전환한다. 그뿐만 아니라 태양에너지를 이렇게 낮은 비율로 바이오매스로 만들기 위해 식물은 물, 토지, 비료 등 다른 가치 있는 자원을 많이 이용한다. 바이오연료 산업에서 '성공 사례'로 인용하는 사탕수수는 0.38%의 태양광을 바이오매스로 전환한다. 사탕수수를 에탄올로 바꾸기 위해서는 심고 가꾸고 수확한 뒤 정제 시설(자료 9-2 참조)로 운송해야 한다. 그리고 여기에서 에너지와 대량의 물을 이용해 처리한다. 이렇게 해도 결국 태양광에서 에탄올로 변환되는 비율은 0.13%에 불과하다.

이 수치를 태양광패널의 변환비율 16%와 비교해보자. 태양광패널은 햇빛을 사용할 수 있는 에너지로 변환하는 데 123배 더 효율적이

[자료 9-2] 바이오연료 정제 시설 (사진 : 토니 세바)

다. 게다가 태양광패널은 햇빛을 전기로 전환시키기 위해 비료나 물, 살충제, 기타의 에너지를 필요로 하지 않는다.

집광형 태양광발전의 태양에너지 변환비율은 40%에 이르는데, 이는 사탕수수 에탄올 바이오연료보다 300배 이상 더 효율적이다. 또 다른 태양광 기술인 열병합 태양에너지 집적 시스템 방식의 태양에너지 변환비율은 72%에 이른다. 이는 사탕수수에 비해 550배 더 효율적이다.

즉 태양광은 바이오연료에 비해 123~550배까지 더 효율적이다. 태양광은 세계적으로 가치 있는 자원인 토지와 물을 훨씬 덜 사용하며, 오염을 가져오는 비료와 독성 살충제가 없이 바이오연료에 비해 적어도 100배 이상은 더 효율적으로 태양 빛을 에너지로 전환시킨다.

농업 바이오연료의 실제 시장이 존재하게 될까? 바이오연료 처리 기업인 아이오젠Iogen의 이사 제프 패스모어Jeff Passmore는 "바이오연료 전체 시장은 100% 정치적인 것"이라고 말했다.

많은 정부는 어떤 상품의 유효 기간이 끝난 뒤에도 수십 년 동안 보조금을 지급해 수명을 연장시키곤 한다. 예를 들어 전보는 이미 수십 년 전에 시대에 뒤떨어졌으며, 박물관이나 서부영화에서나 볼 수 있다. 하지만 인도 정부는 2013년에 와서야 전보 서비스를 중단했다. 이때는 이미 인도의 휴대폰 인구가 8억 6,700만 명이나 되었다.

농업 바이오연료는 실패한 선의의 실험이며 이미 시대에 뒤떨어진 것이다.

헝거 게임 : 시대에 뒤떨어진 바이오연료와 석유 간의 마지막 전쟁

8장에서 석유가 향후 20년 안에 시대에 뒤떨어진 것이 될 것이라고 말했다. 두 개의 파괴적인 파도전기자동차와 자율주행자동차가 석유 수요를 축소시킬 것이다. 태양광에 의한 파도는 디젤발전 시장을 축소시켜 석양의 그림자 속으로 사라지게 만들 것이다. 석유 수요의 감소에 따라 유가도 폭락할 것이다. 그러면 해상 시추나 캐나다 오일샌즈와 같은 비싸고 비효율적인 생산 방식에 대한 투자는 중단된다. 더 이상 경제적으로 생존 불가능하기 때문이다. 생산 원가가 낮은 유정만이 시장에 남을 것이다.

바이오연료는 경쟁력이 더욱 떨어져 보조금이 폭발적으로 늘어나게 될 것이다. '무료'로 사용할 수 있는 물과 생산보조금, 소비할당량에도 불구하고 바이오연료는 배럴당 100달러 수준인 석유와 경쟁할 수 없다. 2030년에 가서도 바이오연료를 생산할 수 있는 담수가 충분히 있다고 가정하더라도, 바이오연료가 현재 시장 가격과 비교해 70~80% 하락한 석유 가격과 경쟁할 수 있을까? 정부는 바이오연료의 높은 생산 원가와 경쟁제품인 석유의 하락하는 시장 가격 사이에 커지는 차이를 세금으로 메워야 할 것이다.

석유회사들은 바이오연료를 더 이상 심각한 경쟁자로 생각하지 않는다. 그들은 바이오연료가 석유와 경쟁할 수 없다는 수십 년간의 증거를 가지고 있다. 그러나 미래에 석유산업이 붕괴하고 축소될 때는 필연적으로 서로 시장의 작은 조각을 차지하기 위해 싸워야 할 것이다.

2030년에 축소되고 상처 입은 석유 로비와 아직 힘을 가진 농업 바이오연료 로비가 정면으로 부딪칠 때 누가 이기게 될까? 두 개의 낡은 에너지원은 정치적 파워의 장에서 서로 싸우게 될 것이다. 석유 측 로비스트들은 환경 문제의 싸움터에서 바이오연료의 전체 생산 사이클_{비료, 에너지, 운송, 제조 등}을 고려해야 한다고 주장할 것이다.

- 석유는 바이오연료에 비해 이산화탄소와 기타 온실가스의 배출량이 적다.
- 석유는 바이오연료에 비해 물 사용량이 훨씬 적다.
- 석유는 에너지 생산을 위해 농토를 사용하지 않는다.
- 석유는 많은 보조금이 필요하지 않다.

두 종류의 액체 운송에너지는 시장을 잃고 정치라는 대안우주에서 서로 싸울 것이다. 이는 마치 주크박스와 8트랙 테이프 기업이 정부를 향해 납세자의 지갑의 일정 부분을 달라고 싸우는 것과 비슷하다고 할 수 있다. 환경 문제의 싸움터에서는 석유산업이 바이오연료에 비해 더 높은 자리를 차지하고 싸울 것이다.

10장

석탄의
종말

━━━━━ 경제 발전의 경계를 정하는 것은 창조적인 아이디어의 부족이 아니라 현재의 기술적

상황을 지지하는 강력한 사회경제적 이해집단이다. 조지프 슘페터 Joseph Schumpeter ━━━━━

나는 죽음이요, 세상의 파괴자가 되었노라. 로버트 오펜하이머 Robert Oppenheimer, 미국의 물리학

자. 세계 최초의 원자폭탄 제조를 감독한 지도자 ━━━━━ 힘이 아닌 지식은 없다. 랠프 월도 에머슨

Ralph Waldo Emerson

2013년 6월 23일 세계은행은 신규 석탄발전소에 대한 금융을 중단한다고 발표했다. 세계은행은 웹사이트에 올린 발표문에서 석탄에 대한 금융지원은 석탄의 대안이 없는 경우 등 '극히 제한된 상황'에서만 이루어질 것이라고 말했다. 다음 달 유럽투자은행 역시 신규 또는 교체되는 석탄발전소에 대한 지원을 중단한다고 발표했다. EU 28개국에 투자하고 있는 유럽투자은행European Investment Bank은 석탄발전소가 특정한 배출 기준을 만족시킬 수 있는 경우에만 지원이 가능하다고 말했다.

오바마 대통령은 미국의 다국적 금융기관에 "이산화탄소 포집기술을 채택하지 않은 해외 신규 석탄발전소에 투자하지 말 것"을 요청했다.

세계은행과 유럽투자은행의 움직임만으로는 석탄이 그동안 누려온 에너지 왕전력과 정치력에서의 지위를 빼앗지는 못할 것이다. 석탄산업은 지난 300년 동안 정치기구에 로비를 해왔다. 석탄산업은 정부와 에너지기구들을 어떻게 다루어야 하는지 알고 있다. 그야말로 규제포획 분야에서 예술의 경지에 올라 있다.

20세기에 세계은행, 유럽투자은행, 미주개발은행Inter-American Development Bank, 미 수출입은행Ex-Im Bank 등은 석탄 화력발전소에 앞다퉈 투자해왔다. 예를 들어 세계은행은 지난 5년 동안에만 62억 6,000만 달러를 석탄발전소에 투자했다.

금융기관들이 석탄발전소에 열심히 투자한 결과, 역사적으로 볼 때 석탄발전소의 자본비용은 매우 낮았다. 세금이 다국적 금융기관들에 자금을 대고 있기 때문에 결과적으로 납세자들이 전 세계의 석탄산업에 보조금을 주어 자본비용을 낮게 유지한 것이라고 할 수 있다. 이제 상황이 바뀌고 있다. 세계은행, 유럽투자은행 등 금융기관들이 석탄발전소에 투자하는 것을 꺼리고 있으며, 따라서 석탄발전소의 자본비용은 상승할 것이다.

정부의 관대한 대출과 대출지급보증이 뒷받침되지 않으면 월스트리트의 대출 기준은 더 엄격해질 것이며, 그 결과 석탄발전소의 자본비용은 상승할 것이다. 자본비용이 높아지면 석탄산업에 다음 두 가지 일이 일어나게 된다.

석탄발전소의 건설이 줄어들 것이다. 경제적으로 생존 불가능하기 때문이다. 부자연스럽게 낮은 금융비용 때문에 긍정적 순현재가치를 유지하고 있던 많은 프로젝트들의 순현재가치가 마이너스로 전환되어 프로젝트가 취소될 것이다.

석탄발전소들은 전력을 더 높은 비용에 생산하게 될 것이다. 은행 대출금에 더 높은 이자율을 지급해야 하므로 전력 원가가 오를 수밖에 없다.

투자 대상에서

제외되는

석탄

세계은행이 신규 석탄발전소 지원을 중단하겠다고 발표한 지 한 달 뒤인 2012년 8월 21일 석탄의 역사에 새로운 일이 발생했다. 미 토지관리국Bureau of Land Management, BLM이 와이오밍에서 석탄광산의 임대를 추진했는데 아무도 응찰하지 않았던 것이다.

전통적으로 토지관리국이 석탄광산을 위한 토지 임대를 제안하면, 이전에 토지에 응찰했던 회사가 단독 응찰자가 되는 것이 상례였다. 이 경우 토지관리국의 입찰이 있기 7년 전에 토지 임대에 응찰했던 클라우드피크에너지Cloud Peak Energy가 단독 응찰자가 될 것으로 예상되었다. 하지만 클라우드피크에너지의 CEO 콜린 마셜Colin Marshall은 이렇게 말했다. "우리는 현재 이 지역에 대해 경제성 있는 응찰을 할 수 없습니다."

이 회사는 코르데로 로호 광산에 버금가는 규모인 1억 4,900만 톤의 석탄을 판매할 시장을 찾을 수 없었을까? 아니면 한때 천하무적이었던 석탄산업의 자본비용 상승이 부담스러웠을까?

펀드 평가기업 모닝스타Morningstar에 의하면 석탄산업의 거대 기업인 월터에너지Walter Energy의 15억 5,000만 달러짜리 신용 재융자는 취소되었고 2013년에 이 회사의 주식 가격은 절반으로 하락했다.

2013년 스토위 글로벌 석탄지수Stowe Global Coal Index에 포함된 32개 석탄회사의 총 시장가치는 1,320억 달러다. 페이스북의 시장가치는 1,360억 달러다. 구글의 시장가치는 3,730억 달러로 스토위 글로벌 석탄지수에 포함된 상위 32개 기업을 모두 합한 총 시장가치의 3배에 달한다.

월스트리트는 석탄프로젝트에 투자하는 것이 위험도가 낮은 전략이라고 여겨왔다. 하지만 현실은 급변하고 있으며 위험에 대한 인식이 현실을 따라잡고 있다. 월터에너지가 낮은 이자율의 자본을 유치하지 못한 사실은 월스트리트가 석탄 프로젝트의 자본비용을 올리고 있음을 말해준다. 석탄회사의 낮은 시장가치는 월스트리트가 성장을 더 이상 기대하지 않는다는 신호다. 석탄은 위험한 투자 대상이 되고 있으며, 따라서 자본비용이 상승할 수밖에 없다.

석탄회사들도 이러한 위험을 감지하고 있다. 클라우드피크에너지는 2013년 2분기에 석탄 판매보다 금융파생상품으로 더 많은 돈을 벌었다. 석탄산업의 선도적 업체인 이 회사가 석탄 가격에 반대로 베팅해 실제 석탄을 채굴하고 판매하는 것보다 더 많은 돈을 번 것이다. 이는 분명한 위험신호라 할 수 있다. 석탄산업은 하락세에 있다. 석탄산업은 퇴출될 것인가?

석탄 사망

예고

석탄산업의 죽음이 선진국 사람들을 놀라게 하겠지만 사실 석탄산업은 지난 수십 년간 죽음으로 향하고 있었다. 미 에너지정보청에 의하면 석탄발전소 건설 붐은 1950년대 중반에 시작되어 1980년대 초에 정점을 이루었다(자료 10-1 참조). 1970년대부터 전력회사들은 1980년대에 본격적으로 가동하기 시작한 원자력발전소의 약속된 땅으로 나아가기 시작했다. 그리고 1990~2012년 사이 미국에서 건설된 대부분의 신규 발전소들은 천연가스발전소였다. [자료 10-1]은 천연가스발전소 건설 붐이 현재의 '셰일가스 혁명' 이전에 이루어졌다는 사실을 보여준다. 천연가스 건설 붐이 일어난 이유는 세 가지다.

첫째, 1987년에 제정된 천연가스발전법Natural Gas Utilization Act이다. 이 법률은 발전 용도로 천연가스 사용을 금지하는 발전소와 산업연료 사용에 관한 법률Powerplant and Industrial Fuel Use Act, 1978년 제정을 폐지시켰

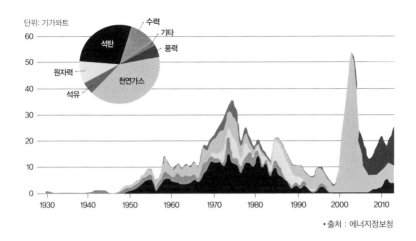

[자료 10-1] 연도별 신규 발전소의 연료 종류와 발전 용량

• 출처 : 에너지정보청

다. 산업연료 사용에 관한 법률은 1973년 제1차 석유 파동의 결과로 제정된 법률이다. 1973년 석유 위기가 닥쳤을 때 미국 내 발전 시장의 16.9%는 석유, 18.3%는 가스를 이용하는 발전소였다. 석유와 가스 공급 축소로 위기를 겪은 미 의회는 1978년에 석유나 가스를 주원료로 이용하는 신규 발전소의 건설을 금지했다. 또한 산업 용도의 석유와 가스 사용을 제한하고 원자력 개발과 석탄발전소를 장려했다.

미국 전력 시장에서 석유가 차지하는 부분은 1973년 16.9%에서 1987년에 4.6%까지 떨어졌으며, 같은 기간 천연가스는 18.3%에서 10.6%까지 떨어졌다. 1987년의 천연가스발전법은 발전과 산업 용도로 천연가스를 사용하는 것을 다시 허용해주었다.

둘째, 전력 시장의 규제를 철폐하는 두 가지 법률이다. 1978년에 제정된 공익사업규제정책법Public Utility Regulatory Policies Act, PURPA은 독립적인 신규 전력회사들이 전력 시장에 진입하는 것을 허용해 발전산업의 수직통합 원재료 생산에서 최종 제품의 판매까지 기업의 모든 경영활동 단계에 관련된 회사를 체계적으로 매입하는 것을 무너뜨렸다. 1992년에 제정된 에너지정책법 Energy Policy Act, EPACT은 전력 도매시장의 경쟁적 구조를 만들었다. 이 법은 연방에너지규제위원회에 국가적 전력 전송 시스템을 만들고, 보증 받지 않은 발전소들이 전력 시장에 진입하는 것을 막는 장벽을 철폐했다. 신규 발전소의 대부분은 가스를 연료로 사용하는 것이었다.

셋째, 기술의 발전이 가스시장 부흥을 가져왔다. 가스터빈 기술은 제2차 세계대전 시절부터 꾸준히 향상되어 왔다. 1970~1990년 사이 복합사이클 발전소의 도입으로 가스발전소의 변환효율은 2배로 증가했다. 에너지정책법이 도입되던 시기에 새로운 복합사이클 발전 터빈의 열변환효율은 50%를 웃돌았고 현재 60%를 향해 가고 있다. 열변환효율이란 연소를 통해 만들어진 열에너지가 실제로 기계적 힘이나 전기로 변환되는 비율을 말한다. 새로운 복합사이클 발전 터빈의 열변환효율과 비교해 석탄발전소의 열변환효율은 33%다. 석탄의 연소 때 만들어지는 열에너지의 3분의 2는 버려진다는 의미다.

천연가스발전법에 의해 산업과 발전 용도로 가스를 재사용할 수 있게 된 점, 전력 시장의 규제 철폐, 가스터빈 기술 개선 등의 이유로 전력 시장에 극적인 변화가 일어났다.

미국 내 대부분의 석탄발전소는 퇴역할 시기가 되었거나 지났다. 일반적인 석탄발전소는 40년 동안 가동할 수 있다. 에너지정보청에 의하면 미국 내 발전소의 540기가와트 51% 이상이 30년 이상 된 것이다.

석탄발전소의 경우 74% 이상이 30년을 넘게 가동했다. 이러한 발전소들은 10~20년 안에 대체되어야 한다. 사실 발전소의 상당수는 퇴역 시기약 40년를 지났다. 석탄발전소와 원자력발전소가 퇴역하면 무엇이 이를 대체하게 될까? 여러 가지 증거로 볼 때 미국의 석탄발전소와 원자력발전소는 퇴출의 길을 가고 있다. 2012년 이전의 20년간은 천연가스와 풍력발전이 신규 발전 용량의 대부분을 차지했다. 미국의 전력회사들은 퇴역을 앞둔 발전소를 어떻게 대체할 것인가? NV에너지가 한 가지 사례를 보여준다.

2012년 4월 NV에너지는 2025년까지의 투자전략을 발표했다. 엔비전NVision이라고 부르는 이 회사의 전략은 다음과 같은 두 부분으로 되어 있다.

- 네 기의 석탄발전소를 폐쇄한다. 2014년에 모아파 계곡에 있는 세 기를, 2017년에 네 번째 발전소를 폐쇄한다. 그 시점이 되면 NV에너지는 남부 네바다에서 더 이상 석탄발전소를 운영하지 않을 것이다.
- 석탄 대신 천연가스와 청정에너지에 6 대 4로 투자한다.

NV에너지는 이미 솔라리저브와 110메가와트 기저부하24시간/7일 태양광발전소를 네바다 주 크레센트 듄즈에 건설하는 25년 계약에 서명했다. 크레센트 듄즈 프로젝트는 10시간의 에너지 저장장치를 가지고 있으며 고객의 주문량에 따라 전기를 생산할 수 있다.

기저부하, 주문량에 따른 태양 전력은 스페인 등의 시장에서 이미 증명되었다. 그러나 크레센트 듄즈 프로젝트가 곧 가동되면 한차원 높은 태양광 전력의 힘을 보여줄 것이다. NV에너지의 계약에 의하면 피크시간의 전력 구매 가격은 킬로와트시당 13.5센트로, 천연가스 발전소의 피크 요금보다 몇 배 더 저렴하다. 솔라리저브의 CEO 케빈 스미스는 스탠퍼드 대학교의 내 강좌에서 솔라리저브는 향후 5년 안에 원가를 절반 이상 감축시킬 것으로 예상한다고 말했다.

12개년 신규 계획을 발표한 직후 NV에너지는 워런 버핏의 미드아메리칸 에너지에 인수되었다. 미드아메리칸 에너지는 2015년에 가동될 예정인 세계에서 가장 큰 태양광발전소579메가와트 개발 프로젝트를 인수하기 위해 이미 20억~25억 달러를 투자했다.

미 의회의 연구조사 보고서에 의하면, 이미 건설 중인 곳을 제외하면 미국에서 새로운 석탄발전소 건설은 더 이상 없을 것이다. 아마 석탄산업은 새로운 규제를 비난하겠지만, 석탄발전소는 1990년대 초반부터 미국 내 신규 발전소 발전 용량 점유율이 10% 미만이었다.

석탄은 더러운 연료이기 때문이 아니라 경쟁력을 잃었기 때문에 죽어가고 있다. 석탄은 이미 시대에 뒤떨어졌다. 미국에서 석탄은 천연가스, 태양광, 풍력에 시장점유율을 빠른 속도로 내주고 있다.

그러나 석탄은 아직 죽지 않았다. 머리가 여러 개 달린 히드라처럼 석탄은 지구 상의 다른 곳에서 머리를 내밀 것이다.

석탄산업과

정부의 밀월

규제포획은 국민을 위해 산업을 규제해야 하는 기관이 산업을 위해 국민을 규제할 때 발생한다. 다른 말로 하면 규제포획은 규제 시스템이 규제를 받아야 하는 기업들의 이익을 위해 움직인다는 것이다. 규제포획이 발생하면 정부가 오염을 방지해야 하고 오염 정화비용에 세금을 써야 한다는 사실을 명백히 알면서도 기업에 대규모 오염을 발생시킬 여지를 주기도 한다. 규제포획은 재래식 에너지 세계에서는 고질적인 병폐다.

미국에서는 전력회사들이 천연가스, 풍력, 태양광으로 전환하고 있기 때문에 석탄이 죽어가지만, 전 세계적으로 볼 때 석탄은 여전히 40~50%의 전력을 생산하고 있으며 앞으로도 조금씩 성장할 것이다. 중국은 2010년에 전 세계 석탄 소비량의 46%를 차지했다. 중국과 인도에서는 미국의 모든 발전 전력량과 맞먹는 1테라와트의 신규 석탄발전소가 건설되고 있다. IMF 자료에 의하면 중국은 세계에서 두 번째로 많은 에너지 보조금을 지급하는 국가이며 보조금의 규모는 세후 기준으로 연간 2,790억 달러다. 미국은 세계에서 가장 많은 에너지 보조금 지급 국가로 연간 5,020억 달러에 달한다. 인도의 국내 연료보조금은 2011~2012년에 GDP의 2%에 육박했다. 그러나 이러한 보조금들은 국가 예산에서는 찾아볼 수 없다. IMF 보고서에 의하면 '연료에 대한 보조금은 예산 외 항목 등 여러 개의 채널을 통해 지급된다.'

중국과 인도 정부가 석탄을 지원하고 석탄산업에 대해 규제 보호와 재정지원을 하는 동안에는 석탄산업은 세계에서 인구가 가장 많은 두 나라에서 번성할 것이다. 중국과 인도 정부 외에도 독자노선을 걷고 있는 다국적 금융기관들이 있다. 일본의 국제협력은행은 석탄 프로젝트에 100억 달러 이상을 융자하고 있다.

이러한 국가들이 아마 신뢰할 수 있는 사업계획을 가지고 석탄에 투자하고 있는 것은 아닐 것이다. 화석연료의 가격은 중단기적으로 보면 극히 유동적이고 장기적으로 보면 상승해왔기 때문이다.

석유 가격은 10년 동안 14배로 인상했고1999~2008년 천연가스 가격도 변동 폭이 심했다. 석탄 역시 '비싸고 유동적인' 원칙의 예외는 아니었다(자료 10-2 참조).

미 에너지정보청에 의하면 미국의 석탄 가격F.O.B. free on board: 수출항 본선인도 가격이란 뜻으로, 화물에 대해 선박 적재부터 인도가 끝난 이후까지 소모되는 운임과 보험 등 일체의 비용과 위험의 부담을 매수자가 가지는 것을 말한다은 1970년의 1톤당 6.34달러에서 2011년에는 36.91달러로 올랐다. 석탄 가격은 1970년 이래 5.8배 인상되었

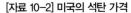

[자료 10-2] 미국의 석탄 가격

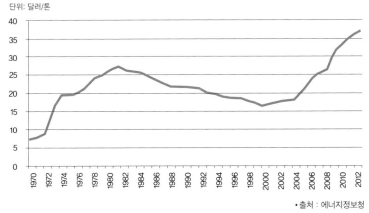

단위: 달러/톤

• 출처 : 에너지정보청

다. 같은 기간 태양광패널 가격은 154분의 1로 내렸다. 태양광은 1970
년 이래 석탄에 비해 상대적으로 원가를 900배 개선한 것이다.

 석탄 가격은 1970년 이래 생산성의 향상과 시장점유율 상승에도
불구하고 계속 올랐다. 1980~2000년 사이의 가격 인하는 석탄산업
의 생산성 향상과 대규모 해고가 있었던 기간과 일치한다(자료 10-3
참조). 석탄산업의 생산성은 1980~2000년 사이에 21% 향상되었고,
같은 기간 동안 광산 노동자의 69%는 일자리를 잃었다. 석탄광산 노
동자들은 1980년에 22만 8,569명에서 2000년 7만 1,522명으로 감소
했다. 2000년 이래 석탄 가격은 다시 상승하기 시작했다.

 석탄 가격은 앞으로 어떻게 될 것인가? 다른 모든 화석연료처럼 석
탄 가격 역시 상승할 것이다. 단기간의 생산성 향상은 공개적으로 '저
렴한 전력'의 '새 시대'가 온 것처럼 선언할 수 있는 기회를 주었다. 언
론, 정치인, 규제기관 등이 녹음실에 모여 더러운 자원 기반 에너지석
탄, 가스, 석유, 원자력에 의한 에너지 천국이 왔음을 대중에게 확신시키려 한

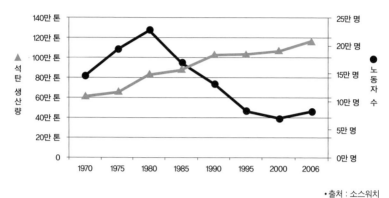

[자료 10-3] 미국의 연도별 석탄 총생산량과 석탄광산 노동자 수

• 출처 : 소스워치

다. 그러나 증거들은 명백히 말한다. 재래식 에너지 가격은 역사적으로 계속 상승했다.

다시 한 번 말하지만 태양광패널 가격은 1970년 와트당 100달러에서 2020년 25센트로 400분의 1로 하락할 것이다. 2020년에 가서 석탄 가격이 현재 가격으로 안정된다 하더라도 태양광은 석탄에 비해 상대적으로 2,700배 원가를 개선하게 된다.

정부는 석탄산업의 원가 대부분을 납세자들이 지불하도록 해 석탄산업에 혜택을 주어왔다. 정부는 법률과 규제를 통해 토지를 저렴하거나 무료로 이용하도록 하고 공기와 물, 토지를 오염시킬 수 있도록 허용하며 근로자의 보건관리비용과 연금을 지불하지 않아도 되도록 해주었다.

석탄발전 탓에
사막화되어 가는
중국

지난 20년 동안 경제학자들과 소위 중국 전문가들은 중국의 연간 GDP 성장률이 지속 가능한 것이 아니라고 끊임없이 주장해왔다. 중국은 그들이 틀렸다는 사실을 입증했다. 중국은 미국을 제치고 세계 최대의 자동차 시장과 에너지 시장이 되었다. 두 가지 모두 불과 10년 전까지는 상상하기 힘든 것이었다.

중국은 중앙통제와 시장 기반 경제를 결합하는 예술과 과학에 통달한 것처럼 보인다. 중국은 만들 수 있는 것이라면 무엇이든 만들고 지을 수 있는 것이라면 무엇이든 짓는다. 중국이 못하는 것은 아무것도 없어 보인다.

그러나 중국은 가장 귀중한 요소 하나를 잊어버리고 있다. 바로 물이다. 값싸고 풍부한 물은 문명을 만드는 데 중요한 역할을 해왔다. 우리는 에너지를 생산하기 위해 물이 필요하다. 그 물을 퍼 올리고 이송하며 정화 처리하는 데 에너지를 쓴다. 물과 에너지는 식품을 재배하는 데도 쓰인다.

중국은 이미 물 위기에 처해 있다. 중국은 세계 인구의 20%를 차지하지만 담수는 7%밖에 소유하지 못했다. 산업과 인구의 급속한 성장으로 인해 강과 대수층의 물이 유지될 수 없는 속도로 끌어 쓰고 있다. 그 결과 1950년 이래 중국은 5만 개의 강 가운데 2만 7,000개를 상실했다. 중국의 600개 도시 가운데 400개 도시, 32개 대도시 가운데 30개가 다양한 수준의 물 부족에 직면해 있다. 도시 지하수원의 90%, 강과 호수의 70%가 오염되었다. 중국 인구 가운데 3억 명은 안전한 음용수를 마시지 못한다.

현재 상황도 위기임에도 불구하고 연간 물 총사용량은 2010년의 5,990억m³에서 2020년에는 6,700억m³로 증가할 것으로 예상된다. 이 수치는 증가하는 중국 인구를 충분히 먹여 살릴 수 없다. 농업 부문에 사용되는 담수의 양은 2010년의 62%에서 2020년에는 54%로 줄어들 것으로 예상된다. 귀한 담수가 어디로 사라지는 것일까? 다름 아닌 석탄산업의 만족할 수 없는 갈증을 채우는 데 사용된다.

세계에서 가장 많은 석탄을 사용하고 있는 중국은, 이미 석탄산업의 채울 수 없는 갈증으로 인한 스트레스를 받고 있다. 석탄산업은 연간 1,380억m², 중국 전체 담수의 23%를 사용하고 있다. 2020년에는 1,880억m³으로 담수 사용량의 28%를 차지하게 될 것으로 예측된다.

중국 정부가 석탄산업을 어떻게 보호하고 있는지를 또 다른 방법으로 볼 수 있다. 2010년에서 2020년까지 중국의 담수 소비 증가량은 719억m³다. 귀중한 담수 증가량 가운데 499억m³, 즉 69%는 석탄산업에서 소비될 것이다.

중국에서 석탄은 진정한 왕이다. 존경받는 왕처럼 설사 물을 낭비하는 성향이 있더라도, 물 소비 습관에 지불할 필요도, 사용한 뒤에 정화할 필요도, 어떤 책임도 없다.

중국 정부의 석탄에 대한 지원이 더욱 안타까운 이유는 중국에서 물 스트레스가 가장 높은 지역인 북부와 북서부에서 석탄이 나오기 때문이다. 세계자원학회World Resources Institute의 자료에 의하면, 중국 내 신규 석탄발전소의 60%는 여섯 개 지역 내몽고, 산시성, 간수성, 닝시아성, 산시성, 허베이성에 집중되어 있는데, 이들 지역은 중국 내 총 담수의 5%만을 보유하고 있다. 여섯 개 지역에 세워질 60%의 석탄발전소는 이 지역들을 '고도 또는 초고도의 물 스트레스' 지역으로 만들 것이다.

북부지방의 물 문제를 완화하기 위해 중국은 역사상 가장 거대한 물 프로젝트를 추진하고 있다. 620억 달러 규모의 예산이 들어가며 수십 년이 소요될 '남북 간 물 이동 프로젝트'는 남쪽의 양쯔 강 유역에서 448억m³의 물을 건조한 북부지방으로 이송시키는 것이다. 수천 마일의 운하와 터널, 강과 저수지를 포함한 세 개의 라인 동부, 중부, 서부으로 구성되는 이 프로젝트는 대규모 공사가 될 것이다. 동부라인만 해도 716마일 1,152km에 이르며 23개소의 펌프장을 갖추게 되며, 454메가와트의 전력이 필요하다. 이는 일반적인 석탄발전소 1개소의 발전량이다. 이 수치들을 유심히 보면 다음과 같은 사실을 알아차릴 수 있다.

- 북부지방에 주로 위치한 석탄 부문의 물 사용량은 2010~2020 년에 499억m³의 증가가 예상된다.
- '남북 간 물 이동 프로젝트'는 남부에서 북부로 448억m³의 물을 보낼 것이다.

다른 말로 하면 '남북 간 물 이동 프로젝트'는 '석탄을 위한 물 이동 프로젝트'인 것이다.

'남북 간 물 이동 프로젝트' 건설비용은 620억 달러는 석탄산업의 원가에 반영되지 않지만 사실상 석탄산업의 원가다. 산업계와 기업 친화적인 정부는 늘 그렇듯이 이익은 개인화하고 비용은 사회화한다.

중국은 광대한 규모의 사막화에 시달리고 있다. 중국에서는 1998 년 이래 8만 5,000km²의 농토가 생산을 중단했다. 중국 산림국에 의하면, 현재 국토의 27% 260만km²가 사막화되고 있다고 한다. 유엔 사막화방지협약의 자료에 의하면 토양 침식은 수백만 중국인의 삶에 영향을 주고 있으며 100억 달러의 경제적 손실을 가져온다.

석탄산업을 먹여 살리기 위해 온 나라가 말라붙고 있다. 원자바오 전 총리는 물 부족이 국가의 생존을 심각하게 위협하고 있다고 말했다. 중국 정부는 석탄산업에 혜택을 주기 위해 국민을 계속 희생시킬 것인가?

화석연료로 인한

미세먼지의

심각성

2012년 10월 22일 중국 북동부의 스모그가 극심해지자 중국 정부는 도로, 학교, 주요 공항을 폐쇄했다. 인구 1,000만 명이 넘는 하얼빈 시의 가시거리는 20m 이하였다. 헤이룽장 성 내의 모든 고속도로는 폐쇄되었다.

공기는 PM2.5로 알려진 미세먼지 2.5 _{2.5 마이크로미터 이하의 입자상 물질}로 가득 찼고 세계보건기구의 최대 권장수준인 m³당 25마이크로그램의 40배가 넘는 m³당 1,000마이크로그램에 이르렀다. 이러한 사태는 석탄과 휘발유, 디젤, 나무와 같은 화석연료들을 태운 결과다.

PM2.5는 심폐질환, 기관지와 폐암, 급성 호흡기 감염을 유발하며 단시간 노출에도 심장병을 유발한다. 또한 사람의 폐포까지 깊숙하게 침투해 기관지와 폐에 쌓이는 미세먼지는 각종 호흡기 질환의 직접 원인이 되며 몸의 면역기능을 떨어뜨린다. 천식과 호흡곤란을 일으키며 장거리를 이동해 비나 눈 속의 중금속 농도를 증가시키기도 한다.

샌프란시스코 지역 대기관리본부에 의하면 이 지역의 인구 규모 2010년에 720만 명로 볼 때, PM2.5를 m³당 1마이크로그램만 줄이면 1만 1,530일의 근로일수 손실을 절감할 수 있다고 한다. 하얼빈의 수치는 m³당 1,000마이크로그램이었다.

중국의 대기오염은 인류의 재난이다. 의학저널인 〈랜싯Lancet〉에 의하면, 야외 대기오염으로 인해 중국에서 120만 명이 조기 사망할 위험에 처해 있다.

중국에서 대기오염에 따른 예상 수명은 극명하게 나타난다. 미 국립과학원 회보에 실린 최근 연구에 따르면, 석탄 연소로 유발된 심폐질환으로 인해 중국 북부지방의 예상수명은 남부지방보다 5.5년 더 짧다. 석탄에 관한 대부분의 토론은 기후 변화에 미치는 장기적 영향이었다. 그러나 석탄이 이미 질병과 죽음의 주요한 원인의 하나인 만큼 새로운 토론이 추가되어야 한다.

석탄은 결코 싸지 않다. 우리는 병원비용, 생명의 손실, 경제적 성과의 감소, 삶의 질 저하라는 비용을 지불하고 있다. 석탄산업이 이익을 챙기고 비용은 국민이 지불한다.

인도에서는 석탄과 관련된 인류의 재난이 커지고 있다. 2010년에 야외 공기오염으로 인해 60만 명이 사망했다. 인도는 120기가와트의 석탄발전소를 가지고 있지만 추가로 519기가와트의 석탄발전소 건설을 계획 중이다. 인도의 석탄층은 주로 갈탄이다. 산업 분류에 의하면 갈탄은 품질이 가장 낮은 석탄으로, 무연탄에 비해 휘발성 유기물질이 10배 정도 더 많다. 또한 열용량은 더 낮기 때문에 같은 양의 에너지를 얻으려면 더 많은 양을 연소시켜야 한다. 석탄 인프라 역시 지금보다 4배 더 늘려야 한다. 그만큼 공기오염으로 인한 사망자 수도 오늘날보다 10배가 더 증가해 연간 600만 명에 이르게 될 것이다. 인도 정부가 이러한 사정을 알면서도 계획대로 지원하는 것은 이성적 판단을 넘어선 것이다.

나아가 석탄산업의 물 수요는 이미 잘못된 물 관리와 사막화에 의해 파괴되고 있는 이 나라를 더 황폐화시킬 것이다. 유엔 사막화방지협약에 의하면, 인도의 사막화는 6배 더 증가할 것이다.

석탄에 의해 발생하는 대기오염으로 인한 수백만 명의 죽음에도 불구하고 정부 기관들은 석탄 생산을 증가시키려 하고 있다. 그들은 '석탄은 싸다'고 말한다. 과연 사실일까?

미국도 석탄으로 인한 대기오염에서 자유롭지 못하다. 미국 폐협회 American Lung Association에 의하면 석탄으로 인한 대기오염으로 매년 2만 4,000명의 미국인이 조기 사망한다. 2001~2013년 미군 전사자 수는 5,281명이었다. 같은 기간 동안 31만 2,000명의 미국인이 석탄으로 인한 대기오염으로 사망한 것이다.

하버드 대학교의 보고서에 의하면 석탄은 미국 경제에 매년 5,000억 달러의 보건, 경제, 환경 피해를 입힌다. 이 말은 석탄 채굴, 운송, 연소, 처리로 인해 미국 국민 1인당 매년 1,600달러의 피해를 입는다는 뜻이다.

만약 석탄산업이 유발한 외부 피해를 보상한다고 하면 우리에게 킬로와트시당 26.89센트를 지불해야 한다. 이를 다른 말로 하면, 미국의 납세자들은 석탄산업에 킬로와트시당 26.89센트의 보조금을 주고 있는 것이다.

석탄산업은 에너지 자유시장이 있다면, 그리고 정부의 보호가 없었다면 존재할 수 없다. 자유시장에서는 기업의 오염비용을 국민에게 전가할 수 없고 정부의 보호라는 축복을 누릴 수도 없다.

석탄산업의

최종 붕괴

2013년 가을 나는 베이징에서 온 기업 임원들을 대상으로 스탠퍼드 대학교에서 이틀간의 기술혁신전략 과정을 연 적이 있다. 기분 좋게 맑은 날이었다. 점심 식사 후 나는 학생들과 함께 쿼드 _{스탠퍼드 대학교의 중심을 차지하는 광장 구역}에서 사진을 찍었다. 나는 스탠퍼드 대학교의 로댕조각공원과 메모리얼 교회, 줄지어 늘어선 아치 기둥의 그림자가 있는 풍경을 사랑한다. 그때 몇몇 학생들이 파란 하늘을 찍는 것을 보았다. 나는 그들에게 하늘에 뭔가 흥미로운 것이 있는지 물어보았다. 그들은 이렇게 말했다. "중국에는 푸른 하늘이 전혀 없어요. 너무 아름다워요."

나는 이렇게 대답했다. "그렇게 될 수 있습니다. 2030년이 되면요." 나는 붕괴에 대해 알려주었고, 그들은 웃으며 한목소리로 "그렇게 되면 좋겠네요"라고 말했다.

[자료 10-4] 스탠퍼드 대학교 쿼드 풍경 (사진 : 토니 세바)

내가 석탄산업을 지원하고 있는 대륙 규모의 루브골드버그 엔지니어링 프로젝트가 조만간 종료될 것이라고 기대하는 것은 아니다. 단지 석탄발전소가 좌초된 자산이 될 것이라고 예측할 뿐이다.

로비스트와 그들의 친구인 규제기관들은 석탄산업을 보호하기 위해 이야기를 꾸며내고 잘못된 정보를 퍼뜨릴 것이다. 그러나 보조금을 받지 않는 태양광이 보조금을 받는 석탄보다 더 저렴해지면, 정치가들과 규제기관들이 석탄산업을 보호하는 것은 더 이상 쉽지 않을 것이다. 더 싸고 청정한 대안이 존재하는데 석탄산업을 보호하기 위해 시민들에게 생명을 내놓고 지갑을 열라고 하기는 어려울 것이기 때문이다.

전력회사들은 아직 전력은 '본질적으로 독점'이라는 오래된 이야기를 늘어놓고 있다. 수직적으로 통합된 전력 독점체제는 늘어나는 원가를 요금납부자에게 전가하는 원가 가산방식 비즈니스모델이다. 전력회사들은 석탄발전소나 원자력발전소와 같이 연료비용이 증가하는 자본집약적 발전소를 좋아한다. 이 발전소들이 전력회사의 수입을 매년 증가시켜 주기 때문이다.

태양광은 이러한 비즈니스모델을 파괴한다. 태양광 원가는 내려갈 뿐이지 올라가지 않는다. 태양광은 전력회사의 도움 없이도 고객의 지붕에 설치할 수 있다. 또한 연료의 채굴, 처리, 이동, 연소, 폐기 과정이 필요 없다.

석탄 가격은 1970년 이래 5.8배 올랐다(자료 10-2 참조). 올랐을 뿐 아니라 변동이 심하다. 석탄회사들은 석탄 가격의 변동성을 잘 알고 있으며 가능한 한 많은 수입을 올리고자 한다. 2013년 2분기에 클라우드피크에너지는 석탄을 파는 대신 금융파생상품으로 더 많은 돈을 벌었다. 에너지 흐름은 현금의 흐름이다. 에너지의 변동성 또한 현금의 흐름이다. 석탄회사들의 수입은 왔다 갔다 할 것이다. 하지만 태양광이나 풍력처럼 20년간 같은 가격을 보증할 수는 없다.

좋은 소식은 석탄산업에 대한 막대한 보호와 보조금에도 불구하고 석탄이 이미 태양광과 풍력에 밀리고 있다는 것이다. 〈블룸버그〉에 의하면 일반적인 신규 석탄발전소는 킬로와트시당 12.8센트에 전력을 생산한다. 태양광은 이 원가 이하를 이미 달성하고 있다. 퍼스트솔라의 50메가와트 마초 스프링스 프로젝트는 엘패소 일렉트릭에 태양광 전력을 킬로와트시당 5.79센트에 판매하게 될 것이다. 뉴멕시코의 요금 납부자들은 석탄에 비해 절반도 안 되는 요금을 태양광 전력 요금으로 내게 될 것이다. 더 좋은 것은 이 저렴한 요금 계약이 20년

짜리라는 점이다.

캘리포니아 주에서 태양광산업은 현존하는 전력 패러다임을 파괴하고 있다. 태양광 설치업체인 선지비티의 공동설립자 대니 케네디는 최근 이렇게 말했다. "90%가 넘는 고객이 매일 돈을 절약하고 있습니다."

실리콘밸리는 정보기술의 지배를 받는 전체 산업의 기하급수적 향상 비율_{무어의 법칙과 같은}을 수립했다. 수십 년 동안 실리콘밸리 기업들은 지속적으로 컴퓨팅에 관련된 원가를 하락시켜 왔다. 오늘날의 스마트폰은 과거의 슈퍼컴퓨터보다 더 뛰어난 능력을 가지고 있다. 태양광 원가는 컴퓨팅 원가와 마찬가지로 지속적으로 하락하고 품질은 더 높아질 것이다.

애플과 인텔, 구글을 만든 사람들이 태양광 전력의 시대를 열고 있다. 비트는 원자를 파괴했다. 다음에는 비트와 전자의 결합이 원자에 기반을 둔 전력회사들을 소멸시킬 것이다. 산업 에너지 시대는 지식 기반 에너지 시대에 길을 내주고 있다.

2020년이 되면 태양광패널 원가는 3분의 1로 하락할 것이다. 보조금을 받지 않는 태양광이 보조금을 받는 석탄보다 훨씬 저렴해질 것이다. 심지어 주택용 태양광발전 원가가 석탄발전 원가보다 낮아질 것이다.

씨티은행에 따르면 2020년이 되면 대규모 태양광발전소 건설 총원가는 와트당 0.65달러까지 하락할 것이다. 이 숫자는 달성하기 어려운 것이 아니다. 사실 이미 근처까지 가 있다. 이 책에서 말했듯이, 호주의 주택용 태양광 원가는 와트당 1.40달러다. 대규모 발전소의 원가는 주택용보다 훨씬 낮다. 여기에 6년간의 태양광 학습곡선을 적용하면 2020년에 대규모 태양광발전소 건설비용이 와트당 0.50달러 이하로 내려가더라도 결코 놀랄 일이 아니다.

2020년 대규모 태양광발전소 건설 총원가가 와트당 0.65달러까지 하락할 것이라고 말한 씨티은행의 예측이 정확하다고 가정하고, 로스앤젤레스 근교에 태양광발전소를 건설하고 금융비용을 4%라고 한다면, 이 발전소는 킬로와트시당 3.4센트에 전력을 생산하게 된다. 균등화 전력비용에는 보험, 운영, 유지보수, 폐기 등 전체적인 비용이 포함되어 있다. 지구 상에서 보조금을 받지 않는 어떤 더러운 에너지원도 이렇게 낮은 원가에 전력을 생산할 수 없다. 원자력도 아니다. 석탄도 아니다. 천연가스나 석유도 아니다. 지금도 아니고 2020년에도 아니다. 2030년에도 아닐 것이다.

석탄산업은 정부가 대규모 지원을 하고 시민들이 비용 대부분을 부담하지 않으면 생존할 수 없다. 규제포획 환경 속에서도 석탄은 태양광과 같은 기술 원가곡선과 경쟁할 수 없다. 석탄과 비교해 태양광은 원가를 900배 개선했으며 2020년이 되면 적어도 2,700배 개선하게 될 것이다.

2020년에 지어질 태양광발전소를 이길 수 있는 에너지원은 오직 2020년 이후에 지어질 태양광발전소뿐이다. 태양광 원가는 미래에도 계속 하락할 것이기 때문이다. 20년의 상환 기간이 끝나면 태양광패널의 발전비용은 기본적으로 제로가 된다. 새로운 태양광패널의 보증기간은 대개 20년이다. 그러나 품질 개선으로 인해 최초 20년이 지난 뒤에도 수십 년간 계속 작동할 것이다. 생산량은 감소하겠지만¹년에 1%

정도 2014년에 건설된 3킬로와트 태양광발전 설비는 20년이 지난 2034년에는 원가 제로에 2.4킬로와트를 생산할 것이다. 이 태양광패널들은 2044년에는 2.2킬로와트, 2054년에는 2킬로와트의 전기를 원가 제로에 생산할 것이다.

컴퓨팅기술 원가처럼 태양광에너지 원가도 끝없이 내려갈 것이다. 우리는 세상이 그동안 한 번도 경험하지 못했던 무엇을 경험하게 될 것이다. 에너지 원가의 하락과 풍부하고 참여적이며 청정한 에너지가 그것이다. 베이징에 다시 태양이 비치고 푸른 하늘이 돌아올 것이다.

"승리했을 때는 자기 공이라고 나서는 사람이 100명이지만,
실패했을 때는 나서는 사람이 없다."

존 F. 케네디

나는 스탠퍼드 대학교의 '시장의 붕괴와 이해' '청정에너지와 청정 운송 시장과 투자의 기회'강좌의 초청강사를 맡아주신 분들과 이 책을 위해 인터뷰에 응해주신 모든 분들, 이노우에 마사토닛산, 미타무라 다케시, 이와무라 기미히코닛산 실리콘밸리 연구센터, 대니 케네디선지비티, 데이비드 아핀David Arfin 솔라시티, 케빈 스미스솔라리저브, 호세 마틴Jose Martin 세네르 유에스에이, 크레이그 혼Craig Horne 에너볼트, 피터 르리에브르Peter LeLievre 크로마선, 레이 아틀루루Raj Atluru DFJ 벤처스, 매니 에르난데스Manny Hernandez 선파워, G. G. 피케G. G. Pique 에너지 리커버리, 피터 칠더스Peter Childers 유틸리티 스케일 솔라, 스티브 나시리Steve Nasiri 인벤스, 에이브 레이첸탈3D 시스템즈, 리치 마호니Rich Mahoney SRI 인터내셔널, 안드레아스 랩토포울로스Andreas Roptopoulos 매터넷, 댄 로슨모자이크, 에밀리 커시SFUN 큐브에게 감사의 말을 전한다.

스탠퍼드 대학교의 '청정에너지와 청정 운송-시장과 투자의 기회',

'시장의 붕괴와 이해' 강좌의 학생들에게도 감사의 말을 전한다. '청정에너지' 강좌와 '시장의 붕괴' 강좌가 교차하는 지점은 이 책의 핵심 아이디어가 되어주었다. 나는 세상을 바람직한 방향으로 변화시키고 있는 혁신가들과 기업가들을 가르칠 수 있는 축복을 받았다. 학생 중 많은 이들이 실리콘밸리의 청정에너지, 청정운송수단, 정보기술 분야에 입사하거나 창업했다. 그들은 기술, 비즈니스모델, 생산 혁신의 경계를 더욱 확장했다. 학생 가운데 일부는 수백 메가와트 급 태양광, 풍력발전소를 개발하고 있다. 씽크탱크와 비정부기구, 공공정책연구소에서 좋은 활동을 하고 있는 학생들도 있다.

나는 학생들을 가르치고 영감을 주며, 기존의 관념과 경계를 벗어난 사고를 할 수 있도록 최선을 다했다. 학생들은 나에게 도전하고 영감을 주어 결과적으로 특별한 인생의 경험을 할 수 있게 해주었다. 학생들에게 감사한다.

12년 전, 내게 스탠퍼드 대학교에서 가르칠 기회를 준 할 로치하임 Hal Louchheim에게 감사를 드린다. 나는 스탠퍼드에서 다섯 개의 강좌를 개설하고 가르쳐왔는데, 할은 언제나 나를 믿고 내 노력을 지지해주었다. 또한 스탠퍼드 평생교육원장인 댄 콜먼Dan Colman과 훌륭한 직원들에게도 감사의 말을 전한다.

나는 태양광, 풍력발전 기술, 전기자동차, 자율주행자동차, 에너지 저장기기, 로봇과학, 지능형 디바이스, 센서기술, 인공지능, 그리고 청정에너지와 청정운송수단의 세계를 가능하게 만들어주는 생산, 서비스, 비즈니스모델과 다양한 기술 분야에서 일하고 있는 수많은 과학자, 엔지니어, 기업가들의 신세를 지고 있다. 그들은 우리 모두가 더욱 청정한 미래, 더 민주적인 세계를 향해 나아가는 길을 닦아나가고 있다.

샌프란시스코의 빌리지마켓커피 직원에게 감사드린다. 어떤 친구는 책을 쓰는 데 필요한 것은 '사랑과 인터넷'이라고 말하지만 나는 이 조합에 커피를 추가하고자 한다.

훌륭한 비즈니스 파트너가 되어준 바베시 싱Bhavesh Singh 이지스 캐피털 파트너즈의 우정에 감사드린다.

마지막으로 메일린 레이펄스Maylén Rafuls의 모든 도움에 감사한다. 그녀가 없었으면 이 책이 나올 수 없었을 것이다. 그리고 이 책을 읽는 독자들에게도 감사드린다.

에너지 혁명 2030

초판　1쇄 발행 2015년 7월 30일
초판 23쇄 발행 2024년 6월 10일

지은이 토니 세바
옮긴이 박영숙
펴낸이 안병현 김상훈
본부장 이승은 **총괄** 박동옥 **편집장** 임세미
책임편집 김혜영 **마케팅** 신대섭 배태욱 김수연 김하은 **제작** 조화연

펴낸곳 주식회사 교보문고
등록 제406-2008-000090호(2008년 12월 5일)
주소 경기도 파주시 문발로 249
전화 대표전화 1544-1900 **주문** 02)3156-3665 **팩스** 0502)987-5725

ISBN 978-89-98886-10-3 03320
책값은 표지에 있습니다.